涵芬楼文化 出品

写真 乾隆

陈捷先⊙作品

商务印书馆

2011年·北京

谨以此书献给

岳父侯慕彝教授

岳母侯李碧云夫人　　在天之灵

乾隆二十五岁朝服像

乾隆元年八月吉日

乾隆画像

乾隆戎装像

乾隆朝服像

乾隆熏风琴韵图轴

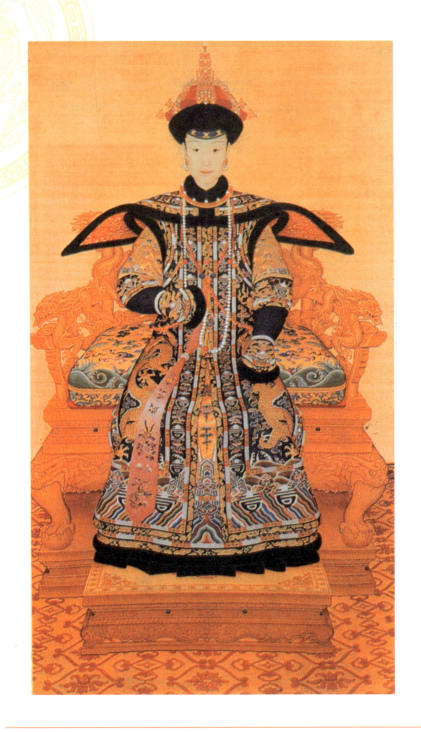

乾隆孝贤皇后富察氏

🏵 乾隆慧贤贵妃像

🏵 香妃画像

8　🏵 香妃戎装像

🏵 乾隆写字像

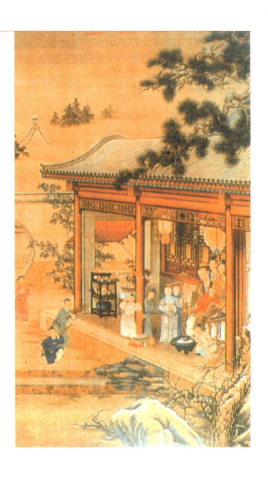

乾隆岁朝行乐图

哈萨克贡马图〔郎世宁绘〕

❀ 乾隆赐宴图

❀ 乾隆万树园赐宴图

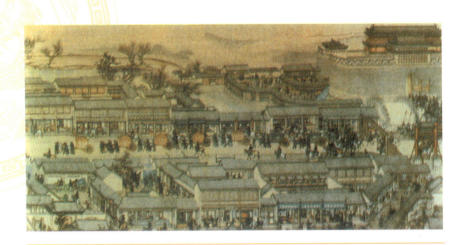

🏵 乾隆南巡图卷，此图描绘北京前门一带商业活动的情景。

🏵 乾隆南巡图卷·京郊

❀ 乾隆太和殿筵宴图

❀ 乾隆平准回得胜图

❀《四库全书》是中国历史上卷帙最大的一部丛书，修于清乾隆年间。

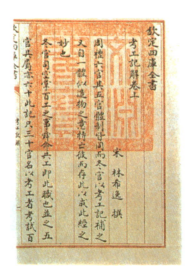

❀《四库全书》内页

🌼 乾隆射箭图屏

🌼 平定两金川战图册之乾隆御笔

✿ 乾隆北海游骑图

✿ 乾隆裕陵金券

推荐人的话
《乾隆写真》使你认识真实乾隆

仓修良

　　我的朋友陈捷先教授，其著作之多这里我且不必说，近两年出书之神速，实在令人敬佩：去年初曾收到寄赠大著《康熙写真》，下半年又收到寄赠新著《雍正写真》，而近来《乾隆写真》又问世了。其著述速度之快捷，不能不说神速，可见作者学识之渊博、根底之深厚，否则是不可能做到的。在收到《康熙写真》的时候，我正在为山西大学朋友的《山西历代纪事本末》一书写书评，因而想到《康熙写真》所用的也正是纪事本末之体，所以在该文中就写了这样一段话："近日接到台湾著名学者、前台湾大学历史系主任陈捷先教授寄赠的新著《康熙写真》一书，看了真是喜出望外。这是一部康熙的传记，按照'常规'，无疑都是用章节体编写，而该书却完全例外，全书用五十个题目，将康熙的一生写完，实际上竟也采用了纪事本末体，其篇目如：《康熙继承之谜》、《康熙皇帝的相貌》、《康熙的血统》、《君臣翰墨因缘》、《康熙对西藏的经营》、《康熙与台湾开发》，最后以《康熙之死》一篇而告终。通过五十个问题的叙述，将一个真实的而不是虚构的康熙皇帝展示在读者面前。"[1]当然，《雍正写真》、《乾隆写真》也都采用了同一体裁。这正是陈教授为了普及史

---

[1]　此文发表在《山西大学学报》2001年第4期。

学、把史学著作推向人民大众所做的可喜的努力。正如他在《康熙写真》的《前言》中所说："我深信纯学术的史学巨著固然高深雅致，有价值、有贡献；但是短篇的史学小品，只要作者能向锦心绣口的方向努力，也并非全无品味。相反地，可能会有雅俗共赏的妙用，甚至还能产生极大的社会教育功能。与其曲高和寡，作品被人阅读的不多，不如写出人人可读，人人能读，并可深入人心、龙虫兼雕的读物，不也更好吗？"可以肯定，陈教授的目的通过这三部写真，是完全可以达到的。因为这三部书从形式到内容，直到文字的表述，都做到了"人人可读，人人能读"，可以预言，也必然是人人爱读。如果能在大陆出版发行，不仅会成为畅销之书，而且将会出现"洛阳纸贵"的现象。因为"写真"所采用的纪事本末体形式，比较灵活，便于在茶余饭后或休闲时阅读，不受时间长短限制，不受前后排列顺序的约束，加之文字表达确实做到了深入浅出，而讲的又都是真实事情。阅读以后，既可以增长知识，又丰富了生活内容。尤其是在目前"戏说"历史的泛滥，使得许多历史和人物都变得似是而非，对此现象有识之士都深感忧虑，《人民日报》今年2月3日刊登了南帆文章，建议"戏说"历史勿用真名。指出"这些电视或者电影的虚构愈来愈大胆，'戏说'堂而皇之地成为历史中的叙述方式"，而所讲的某些人物某些事件，"均似是而非，或者无可稽考。那没有机会阅读历史著作的人——尤其是少年儿童——很可能因为电视或者电影形成先入之见"。可见人们希望得到的是真实的历史。如今有了"写真"这类通俗的历史读物，显然会受到读者的欢迎。况且这种写作又起到雅俗共赏的作用。

在清代的帝王当中，乾隆皇帝在民间影响要算最大，而近年来社会上销售的清代帝王之书或电视电影作品中，有关乾隆的也特别多，但是其内容大都是传说的乾隆、虚构的乾隆、编造的乾隆，而不是历史上真实的乾隆。因而就形成了一种假象，在人们的心目中，乾隆乃是一位"风流天子"，给人的印象就是整天陪着几个貌美的女子游山玩水，风花雪月，沉溺于女色之中。其实这些都是被人虚构出来的，而不是真实的。《乾隆写真》一书，通过对乾隆一生重大事件和琐碎生活的系统叙述，都从正面回答了这些问题。全书分列五十个问题，从正反两方面进行论述，使一个真实的乾隆皇帝展现在读者面前，它告诉人们，乾隆是中国历史上少见的文武全才的君主，在政治上、军事上、文化上都有建树的一位皇帝。

社会上流传最广、影响最大的莫过于乾隆的生身父母与出生地问题，尤其在江南一带更是如此，加之民国以来"演义"小说的渲染，于是乾隆原是海宁陈阁老所生之子便被视为真实可靠的了。为此，陈教授在书中首先列出《乾隆皇帝的父母》与《乾隆出生地之谜》两目，用大量的史实，特别是皇家《玉牒》的记载，加上许多专家的考证，证实这些都是无稽之谈，将乾隆的生母和出生地如实地告诉了读者。乾隆一生称帝60年，执政63年，如果真的像有的人所说是位"风流天子"，恐怕大清王朝早就垮了。陈教授书中告诉我们，乾隆实际上是位"文武全才的杰出皇帝"。乾隆自己就曾讲过"无非一念为民生"，"他完全赞同孟子的看法，人民必须有'恒产'，因为有了恒产，才能产生恒心。百姓有吃有穿，才能'知礼义'，如此民心才能安顺，天下才能太平"。这就是说，乾隆很懂得如何才能治理好国家，那就是要让老百姓吃饱穿暖，才不会起来造反，国家才能安宁，经济才能发展。这自然也是古代所有杰出政治家、史学家的共识，"衣食足，知荣辱"，这个至理名言看来任何时候都不会过时。因此，乾隆经常告诫大臣，"食为民天"，必须"重本务本"，能够做到"耕九余三，虽遇灾年，民无菜色"。唯其如此，生产得到发展了，人民生活安定了，因而人口得到迅速的发展。康熙后期宣布滋生人丁永不加赋，雍正朝推行摊丁入亩政策，人口统计的真实性相对可靠了。乾隆初年人口普查时是一亿四千万，比康熙时七千万已是增加一倍。到了乾隆二十七年，已突破两亿大关，到了乾隆末年，全国人口已达到三亿之众。数字是最容易说明问题的，如此众多的人口，要吃要穿，就是头条大事，没有相应可行的政策，没有一定的驾驭能力，这样一个人口众多、民族复杂的大国，一个"风流天子"能够统治得好吗？乾隆六下江南，自然就成为宣传"风流天子"的重要口实。为此,陈教授特在书中专门立了《行旅天子》一目,说明乾隆南巡在政治、经济、文化思想上的目的与作用。他既然注意农业生产,因而水利也就成为他注意的内容。他自己就曾讲过,"南巡之事莫大于河工"。所以视察黄淮治理工程就成为他南巡的第一要务。众所周知,在历史上黄河下游经常决口,一旦决口,就泛滥成灾,大量流离失所的灾民,必然要影响到国家统治的安全,自然不能掉以轻心。特别要指出的是,乾隆对于黄河的治理,并没有仅停留在视察上面,甚至还亲自参与工程的研究策划。他曾"命令增建储水坝,编为仁义礼智信五座。他主张在徐州一带改筑石坝,以保工程经久耐用。他也决定用以工代赈,动员灾民筑堤,因为这样'于穷黎有益,而于工程亦易集其事'"。可见他在南巡中确实为治河工程做了事情。由于他六次南巡四次去了海宁,这也就成为有些传说的有力根据,因为不仅四次驻跸海宁,"并为陈家花园隅园改作安澜园,又赐陈家'爱日堂'与'春晖堂'匾额两块,认为是乾隆有报答父母深恩之意"。对此,陈教授在书中不仅用具体史料给以批驳,而且说明同样是为水利工程海塘建筑而去。事实上,康熙、雍正时也都很重视海塘工程,因为万一发生水灾,受害的都将是富庶的鱼米之乡。所以乾隆在即位之后就曾命令:"海塘工程,著动正项钱粮办理其事",足见他的关心程度与决心。在他的关心与督导之下,"先后修建了二百多里的鱼鳞石塘,代替了原有的土塘,防堵了吴越平原遭受水灾的袭击"。这都是有据可查的。所以"清史名家孟森先生也称赞乾隆在海塘工程上,'谋国之勤,此皆清代帝王可光史册之事'"。当然,陈教授在书中还指出乾隆南巡之勤,还有第三个原因,那就是"争取广大民心"。明末清初,浙江沿海一度成为抗清斗争的根据地,后来又先后发生了"千古悖逆之人"吕留良、"名教罪人"钱名世、庄廷珑的《明史》案等等,故在乾隆心目中是浙江"民情狡诈"。另一方面,浙江又素称"人文渊薮",好多学者在国内影响很大;加之催交积欠,严重影响了江南富户利益而产生不满,种种因素,使中央与南方的关系逐渐产生了问题,而浙江毕竟是全国赋税的重地，作为皇帝自然不能不引起足够的重视。而单用硬的一手，又显然不能解决，这就需要软的一手自己亲自去安抚笼络了。于是他在南巡过程中，"对所经之地的人民蠲免钱粮、举办平籴，赦免犯人，以博取人民对他的拥戴与对中央政府的支持"。"单是免除经过的各州县积久钱粮就高达两千万两之多"；对于官吏、乡绅、士商，则采用接见、赏饭、赐人参或貂皮等，有时还晋封官爵、赐他们子孙功名；而对地方读书人中杰出者，便召来面试，成绩好的赏给功名，还有带回京城做官的。总之，从各方面施以不同笼络手段，以取得对他的好感。可见出巡也是其加强统治的一种方法。

我们再看乾隆的武功与文治。乾隆晚年，谈到武功时，他就会举出"十全武功"，实际上就是指在他统治时期所发生的十次规模较大的战役，在82岁时还亲自写了《十全记》，以记述他的"十全武功"。文中所说："乃知守中国者，不可徒言偃武修文以自示弱也，彼偃武之不已，必致弃其故有而不能守，是亦不可不知耳。"这个观点自然是有相当道理。应当说他的十全武功是起到了保卫国家领土与主权，维护边疆安全，巩固政权统治的作用。而在文治方面，表现得就更为突出了，首先注重培养人才，可以看出，在乾隆时期，学术界确实涌现出一批著名的学者，无论是经学、史学还是文学都有，这批学者在繁荣学术文化上都起到了重要作用，其中很大一部分都是乾隆朝进士。其次则是向全国征访遗书，对献书者给予奖励，结果征集到一万三千多种宫中缺少的图书。第三，编修大型图书和丛书，乾隆十二年设立三通馆，编修《续三通》和《清三通》；乾隆三十八年设立四库全书馆，编纂大型丛书《四库全书》。组织了三百六十人的庞大机构，当时著名学者纪昀、戴震、邵晋涵、翁方纲、姚鼐、周书昌等均在其中。到乾隆四十七年全书告成，共收录图书三千四百五十七种，七万九千七十卷。存目之书六千七百六十六种，九万二千五百五十六卷。书成后，先后缮写七部，分存于北京、承德和江南等处。编纂《四库全书》，乾隆是有其政治目的，想通过这一措施，对全国所有书籍来一次大搜集、大审查、大删改、大烧毁，以达到加强文化专制主义的统治。但是它的客观效果我们必须承认，《四库全书》毕竟是我国历史上空前未有的大丛书，也是历史上前所未有的图书大集结，对于图书的保存还是有着积极的作用，给学术研究提供了方便条件。当然，我们也要看到乾隆本人也确实是文武全才，他实际上是一位杰出的诗人和艺术家，他一生写诗多达四万三千六百多首，称得上是我国历史上高产诗人，比《全唐诗》所收唐代诗歌总量还多，不能不说是奇迹。他是位书法家，大家都会相信，因为如今在许多风景名胜之处，都还留下他的众多手迹，真可谓随处可见。他还是一位画家，知道的人就很少了，为此，陈教授在书中特地列了《杰出的文学家与艺术家》一目。告诉大家，乾隆的文学艺术生活是相当丰富的，是常人难以想到的。

由于长期以来，"风流天子"的桂冠因"戏说"关系一直戴在他的头上，因而，在人们的心目中，乾隆肯定是一个好色之徒。其实不然，"他平时早睡早起，几乎不见有彻夜宴乐之事。他从不酗酒，在他数万首诗中，绝少将'酒'字入诗。他虽然讲究吃喝，但是他始终以'食少病无侵'作为'养心养身'良方。他的后宫确有后妃等四十多人，但并不沉溺于女色，后人有说他是'风流天子'的，应该不是公正的评论"。乾隆自己曾经讲过："几物之暇，无他可娱，往往作为诗、赋、文，赋不过数十篇，诗则托兴寄情，朝吟夕讽。"作为皇帝的乾隆，富有四海，空闲时可供娱乐的事情可以说应有尽有，然而他却以写诗自娱，调剂生活，可见其爱好并非女色，这是一般人都想象不到的。为了让大家真正了解乾隆，陈教授在书中还列有《乾隆的妻与妾》、《乾隆的子与女》、《谈乾隆的吃喝》等目。并且还列了几天乾隆用膳的饭菜单，其中还有两次是在杭州的虎跑和行宫用膳的饭菜单。每顿饭也不过就五六样菜而已，很难说他奢侈吧。

乾隆皇帝是中国历史上为人民大众最熟悉的一个皇帝，也是在民间被误传误解最多的一个皇帝。实际上他的一生，勤政爱民，关心民间疾苦，兴修水利，发展农业，要让老百姓吃饱穿暖；整饬官场，痛惩贪官，皇亲贪污也杀头，防止产生官逼民反；喜爱吟诗作画，充实政余生活，是我国历史上杰出的文武全才、多才多艺的皇帝。《乾隆写真》正是用大量的真实史料，剖析了一个个对乾隆所加的各种误解，正面回答了社会上流传的各式各样的无稽之谈，恢复了乾隆的本来面貌，让人们看到了真正的乾隆皇帝的模样，这就是《乾隆写真》的贡献。

陈教授的《乾隆写真》，实际上是用中国传统史学中纪事本末体撰写而成，也许这是陈教授没有想到的。但是经过陈教授的努力，使这种古老的史体"返老还童"，富有了新的生命力，为史学走向通俗化、走向人民大众闯出了一条通道，开创了历史人物采用纪事本末体的先河，这是可喜而成功的一举。可以肯定，《乾隆写真》不仅会受到人们的欢迎而广为流传，而且所使用的体裁与形式也会很快得到推广和使用，在史学通俗化方面将会产生深远的影响。

【推荐人简介】仓修良，1933年出生于江苏泗阳，1958年浙江师范学院历史系毕业，一直在杭州大学历史系任教。1998年杭大与浙大等四校合并，现为浙江大学历史系教授。兼任中国历史文献研究会副会长、学术委员会主任委员、中国地方志协会常务理事、学术委员、华中师范大学历史文献研究所兼职教授、华东师范大学中国史学研究所兼职教授等。主攻中国史学史、历史文献学、方志学、谱牒学。著有《中国古代史学史简编》、《章学诚和〈文史通义〉》、《方志学通论》、《章学诚评传》（两种）、《史家·史籍·史学》；古籍整理：《爝火录》（合作）、《文史通义新编》；主编：《中国史学名著评介》（三卷）、《史记辞典》、《汉书辞典》等。

前言
文武全才的杰出帝王——乾隆

从传说时代的夏朝，到清朝覆亡，中国帝制历史四千多年，其间存在过近一百个政权，约有一千零五十位的君主，这是世界历史上少见的。

在这一千零五十位君主当中，又有一位少见的著名杰出君主，他不但执政时间长达六十三年，且享寿将近九十岁。他在文治武功上都有很多建树，在融合民族与开拓国土上也贡献良多，他就是清朝的乾隆皇帝。

乾隆皇帝姓爱新觉罗，名弘历，生于清康熙五十年（公元1711年），死于清嘉庆四年（公元1799年），他的一生几乎是与18世纪相始终的。他是圣祖康熙的孙子，世宗雍正的爱子，死后庙号高宗，一般人常以他在位时的年号来俗称他为乾隆皇帝。

乾隆皇帝在年轻时接受过很好的儒家教育，也受过骑射与西洋火器的训练，堪称文武全才。他父亲雍正在位时，又让他参与国家事务政策的制定与执行，所以他继承大位时确实是具有当一个皇帝的学识与能力的，也得到满朝文武的拥戴。

然而治理一个大国并不是一件容易的事，尤其执政长达六十多年，他面临过无数的大小问题，真可以说是艰苦备尝。他即位之初，尽管他父亲为他做了妥善的安排，但是仍有宗室权贵觊觎皇位，满汉权臣想分享他的政权，他没有自己的人事班底，因而只能在皇家长辈、兄弟与前朝旧臣中奋斗学习，容忍调和，逐渐培养自己的实力，伸张自己的皇权，终于消除了政争，巩固了统治地位。

清朝的边疆地区原本是由多种民族高层人士割据治理的，经过康熙、雍正两朝的和平交涉与武力征伐，基本上已形成国家统一的局面了。但是到乾隆之世，准噶尔蒙古又在帝俄的支持下从事了反清的活动，天山的回部又被外国势力唆使发动了骚扰，四川的大、小金川，青藏的地方贵族以及台湾的复明人士也都先后掀起离心的风潮，弄得国家岁无宁日。乾隆皇帝为了国家统一、政治安定，不得不以武力镇压或以其他手段平息纷争，达成多民族国家继续发展的历史任务。

乾隆强调以"中道"治国，所谓"治天下之道，贵得其中，政宽则纠之以猛，猛则济之以宽"。事实上官场玩愒之风会因中道而助长，思想界也会由于执政者宽仁而变得放纵任为。尤其清朝以"异族"入主中国，汉人的思想理念不能不防。因此我们看到乾隆朝的贪官污吏与失职官员被诛杀的很多，而且不分满汉，包括皇亲宗室贵胄都有被处决的，显然偏离了宽厚的中道。乾隆朝的文字狱案随时随地可见，并有因薄物细故，一字之微而使人入狱，甚至弄得大家家破人亡。白色恐怖政策可谓发挥到了极致。

乾隆中期下令编纂《四库全书》，这是一部包罗宏大、丰富浩瀚的作品，是中国古代思想文化的总汇。这一巨著的编纂确实使许多有价值的古代典籍都被保存与流传下来，乾隆皇帝对中华文化整理与发扬做出了重要的贡献；但是他在编书的同时又指示销毁掉很多"违碍"的书，或是删改古书的若干内容，为了"杜遏邪言"，或是消除所有"诋毁本朝之语"。他的这种行事，不但钳制了知识分子的思想，也在中国文化史上造成了一次文物的大浩劫。乾隆真是一位誉毁难定的君主。

乾隆对于人民的生活是非常关心的，尤其对农业的重视不遗余力。他相信"民为邦本，食为民天"，"务本足国，首重农桑"。因此他注意提高耕作技术，推动农地垦拓，预防农业灾害，兴修各地水利，希望促进农业生产，增加经济效益，让人民生活安定，得到休养生息的机会。他常对地方官员们说："视百姓之饥寒为己身之疾苦。"因而当民间有灾荒之时，他会以蠲免赋税、赈济银米、发行平粜、借种借牛，帮助灾民渡过难关，恢复生产。乾隆在顾惜民生的工作上做得很多也很好，但是国家承平日久，人口滋生，到乾隆晚年，终于形成了社会严重的问题，地方动乱却在官员腐化与财富不均的情形下发生了，也给清朝带上了中衰之路。

乾隆时代的对外交涉，分为陆疆与海疆两方面，陆疆以帝俄为主，海疆则以西欧列强为主。帝俄在康熙、雍正两朝已与中国签订了条约，基本上处于和平交往的局面，只是他们侵略中国的野心未死，仍在西北边疆怂恿少数民族高层分子发动骚扰。中国西南与东南边疆在乾隆时代的问题比较复杂，像尼泊尔、西藏等影响中国的一些动乱，必须以武力去解决。英国在东南沿海的试探以及派专使来华，则让乾隆皇帝考虑到闭关锁国的政策是否继续执行。由于国际知识的局限，傲慢的乾隆坚持传统的夷夏主张，导致日后的中英交恶，甚至最终以兵戎相向。

除了国事、天下事之外，乾隆皇帝本身与家事也有很多值得一述的。他向慕风雅、寄情翰墨，学识渊博，著作等身，是一位难得的多才多艺的君主。他乾纲独断，权力无边，使有清一代的集权专制统治到达登峰造极境地。他好大喜功，崇尚奢靡，多少影响到国家的财用耗竭。晚年专宠和珅，造成吏治败坏、政以贿成的贪风大行，从此大清朝也走向了"衰世"。乾隆对妻妾子女爱憎分明，对生母则是竭尽孝道之能事。他确是一个有感情、有个性的人。

总之，乾隆时代是清代历史上的重要时代，也是中国帝制史上的重要时代，我们认识了乾隆的一生活动与政绩，对于了解盛清时期的社会面貌、帝制后期的中国历史特点及围绕在乾隆四周的很多问题，都是很有意义的，本书写作的动机与目的也在于此。

乾隆朝的史事纷繁复杂，史料浩瀚无涯，我除了利用清代官私书档资料作出个人一些想法之外，也参考了孟森、萧一山、王锺翰、戴逸、周远廉、仓修良、冯尔康、郭成康、成崇德、赵云田、刘凤云、李景屏、黄爱平、刘耿生、常建华、杜家骥、庄吉发、王耀庭、冯明珠、洪安全、嵇若昕、林天人等前贤时彦的著作，我谨在此一并致谢。另外，远流出版公司编辑部游奇惠、陈穗铮、傅郁萍三位小姐在本书出版时赐助良多，也应该致以谢忱。

最后也是最重要的，内子侯友兰女士在我写作期间给予的鼓励与照顾，更应该感谢，否则本书是不能问世的。

乾隆皇帝的生母

　　古代中国人家很重视血统，皇帝家族当然更是讲求；然而就在著名而伟大的乾隆皇帝身上，多年以来，不少人怀疑到他的血统是否纯正的问题。有人说他是汉人家的儿子，根本没有满洲人的血统。有人则认为他是雍正皇帝与一个贫穷奴婢野合所留下的龙种，不具帝王高贵身份。这些对乾隆皇帝不利的说法，至今仍在民间盛传不衰，包括不少历史小说与历史戏剧都言之凿凿地描绘乾隆原是汉人家的孩子，被偷龙换凤地进入宫中的，现在我们就来看看这所谓的"汉人说"吧。

　　在清朝末年，反清排满风气日盛的时候，有些文人也参加了行列，他们以野史方式，写作了不少清宫的秘闻与丑闻，其中天嘏所著的《清代外史》中，有一节《弘历非满洲种》，就是首先提出本名为弘历的乾隆皇帝血统有问题的文章，其中说：

　　　　浙江海宁陈氏，自明季衣冠雀起，渐闻于时，至之遴，始以降清，位至极品。厥后陈诜、陈世倌、陈元龙，父子叔侄，并位极人臣，遭际最盛。康熙间，胤禛（为雍正皇帝本名）与陈氏尤相善，会两家各生子，其岁月日时皆同。胤禛闻悉，乃大喜，命抱以观，久之始送归，则竟非己子，且易男为女矣。陈氏殊震怖，顾不敢剖辨，遂力秘之。未几，胤禛袭帝位，即特擢陈氏数人至显位。迨乾隆时，其优礼于陈者尤厚。尝南巡至海宁，即日至陈氏家，升堂垂询家世，将出，至中门，命即封之，谓陈氏曰：厥后非天子临幸，此门毋轻开也。由是，陈氏遂永键其门。……

民国以后，许啸天在《清宫十三朝演义》一书中，也说到乾隆原是海宁陈阁老所生之子，陈阁老就是指在雍正与乾隆时代担任过山东巡抚与工部尚书的陈世倌，雍正妻子因生女而掉包将陈家男婴换入胤禛家，乾隆皇帝后来从奶妈口中才知道真相，所以常借南巡江浙之名，去海宁探望亲生父母，不过其时陈世倌夫妇已过世多年，乾隆只得到墓前祭悼，行人子之礼。由于许啸天的文笔生动，他的《演义》一时洛阳纸贵，乾隆为浙江海宁陈氏子孙之事也随之深植人心了。

喜欢写八卦流言的人往往抓到一点资料就大肆宣扬，不加考证，甚至因资料太多、内容不一，而有矛盾现象。如燕北老人所写的《满清十三朝宫闱秘史》即是一例。他也说乾隆是海宁陈阁老之子，当时因雍正皇帝没有子嗣，正好王府与陈家同时有人生产之事，王府就以所生女孩偷偷换了陈家的男孩，这和《清代外史》与《清宫十三朝演义》中叙述的差不多。但是燕北老人在同一书中，又采用了清末学者王闿运《湘绮楼文集》中的说法，认为雍正帝"肃俭勤学"，不好声色。有一年夏天，雍正生病，福晋与侧妃都不愿常做看护，侍候这位亲王丈夫，结果由一位卑的姜伴雍正，五六十天的伴侍，于是得了龙种，即日后的乾隆皇帝。同在一书，同在一人，而有两种不同说法，可见传说的不可信了。

然而人性里有很多弱点，如幸灾乐祸、偏好奇闻等等。辛亥革命推翻满清之后，不少汉人对满洲人怀有种族成见，对皇家的一切丑闻都信以为真，乾隆为汉人血统一事更是欣然接受，因为如此一来，无异是大清皇朝早就已是汉家的天下了。近几十年来又被小说家，包括历史小说、武侠小说家等人的加油添醋，夸张渲染，民间几乎把这荒诞不经的传闻视为可靠的史实了。

不过，研究清史的学者却认为"倒乱史事，殊伤道德"，"不应将无作有，以流言掩实事"，因此他们从史料堆中发掘证据，重建当年历史。关于乾隆生父为陈世倌之说，清史名家孟森、郭成康等人，曾作专文，为之辨正。专家们对传言不实之处，写了以下的纠正文字：

第一，浙江海宁陈家确实是官宦世家，从明朝中期到晚清，三百年间，族人中举人、进士的高达二百多人，康熙时曾有两次会考，陈家族人竟有三人同榜高中的纪录。清朝康雍乾盛世，陈家在京中历任尚书、侍郎以及在地方任职巡抚等官就有好几位，连同顺治朝的陈之遴，"位宰相者三人"，而乾隆时任工部尚书授文渊阁大学士的陈世倌是第三位宰相，也是传说中乾隆帝的生父。然而陈世倌在拜相后不久以"错拟票签"革职，皇帝在谕旨中还说："自补授大学士以来，无参赞之能，多卑琐之节，纶扉重地，实不称职。"语气极不客气，就皇帝对大臣而言，如此革职评语也是尖刻了一点，可见皇帝与陈世倌的关系应该是一般的君臣关系。

第二，偷龙换凤、以女换男的事是不是有可能？答案是不可能。因为雍正生乾隆的时候是康熙五十年八月，当时雍正还是雍亲王，年方三十四岁。虽然早年出生的儿子中已有三人死去，仅有第三子弘时仍健在，虚岁八岁。雍亲王后来还生子女多人，直到他五十六岁时，即当了皇帝后的十一年，他仍生子弘瞻，可见他并没有失去生殖能力。康熙五十年八月钮祜禄氏为他生下弘历，约三个月后妾耿氏又为他生下一女。雍正的妻妾都不断地为他生儿育女，他有什么理由要去抱陈家儿子回来为他做子嗣？再说当时正是废皇太子、皇室大家恶斗的时刻，康熙儿子们正从事争夺继承的斗争，雍正若把非满洲血统的陈家男孩变作大清皇裔，罪行是非常重大的，他不但绝无继承皇位的机会，恐怕连性命都不能保全的。雍正是英明的政治人物，做这样的事有必要吗？

第三，陈家的儿子换来的女儿，在陈家长大，必然也会有她的高贵身份，不能就此沦为民间一般女子的。野史与小说里说这位金枝玉叶的"皇家公主"，后来嫁给了江苏常熟蒋廷锡大学士的儿子蒋溥，蒋家为尊敬这位"皇女"，特为她在家乡盖了"公主楼"，让她舒适地居住。后来更有说：蒋家藏有一本公主嫁来的《奁目》底稿，"为陈氏嫁女时故物，中有御赐金莲花，此金莲花非公主、郡主不能得"。这些传说文字经史学家考证，"公主楼"纯属虚构，访问蒋家后人与常熟本地人都说未闻有此楼，可见这是讹传，或是后世好事作家的夸大说法；而金莲花做嫁妆一事，遍查清宫嫁皇女档册及《内务府掌仪司则例》等资料，均无一件陪嫁物单上有金莲花的，可见也是不足征信的传言。

第四，传说还谈到乾隆六下江南，有四次到海宁驻跸，并为陈家花园隅园改作安澜园，又赐陈家"爱日堂"与"春晖堂"匾额两块，认为是乾隆报答父母深恩之意。经学者考证，"爱日堂"匾是康熙三十九年皇帝应侍读学士陈元龙之请而写的，与乾隆皇帝无关，当时陈元龙向康熙奏请说："臣父之阁年逾八旬，谨拟爱日堂恭请皇上御书赐臣。"足见是陈元龙报答父亲深恩之意。"春晖堂"匾是乾隆五十二年皇帝赐给陈邦彦的，邦彦母亲黄氏守节四十一年，将邦彦抚养成人，皇帝知道此事后，书写了此匾以褒扬黄氏对其子的慈母之恩，也与乾隆出生陈家无关。至于改隅园为安澜园的事，应该与钱塘江口海潮在乾隆二十五年以后突然转趋北面的海宁有关。我们知道：钱塘江大海潮每年都会发生，明清时代都以筑海塘来御海潮，因为海塘一旦被冲破，则苏、松、杭、嘉、湖等一带全国最富庶之区必遭水患，政府财赋也会受到严重影响。因此从康熙统一全国之后就非常重视海塘工程。乾隆头两次南巡虽渡过了钱塘江，登会稽山祭大禹陵，但没有到海宁。乾隆二十五年，海潮忽然北趋海宁，因此乾隆帝在三十七年第三次南巡时便有海宁视察工程之行。另外自清朝入主中原后，江浙一带士大夫反清意识极强，海宁陈氏是江南大族，世代高官，姻亲遍中外官场，陈家又有"盘根数百年"的古梅、"鸟歌花笑"的隅园，皇帝为笼络南方文人，重视科举出身的官僚，乃在陈家下榻，顺道督察工程。乾隆帝南巡诗中有不少谈到海塘的，从而使人了解他对海塘的关心与对人民生活的祈愿。他对陈家隅园改为安澜园，曾做过解释说："则因近海塘"，愿东海之安澜也。事实上，乾隆六次南巡，虽曾驻跸陈家，但没有一次召见过陈家子孙，"升堂垂询家世"或到墓前祭悼等事，都是小说家的臆测想象之言罢了。

其次，我们再来看看乾隆生母的"贱婢说"。提出这一说的是清末诗人学者王闿运，他曾是曾国藩的幕僚，交游很广，听到的各方传闻很多，在他所著的《湘绮楼文集》中，有一则《今列女传》，其中说：

> 孝圣宪皇后，纯皇帝（指高宗乾隆）之母也。始在母家，居承德城中，家贫无奴婢。……十三岁入京师，值中外姊妹当选入宫，随往视之，门者初以为籍中，既而引见，十人为列，始觉之。主者惧，谴令入末班。孝圣容体端顺，中选，分皇子邸，得在雍府，即世宗宪皇帝王宫也。宪皇帝肃俭勤学，靡有声色侍御之好，福晋别居，进见有时。会夏被时疾，御者多不乐往，孝圣奉妃命，旦夕服侍维谨，近五六旬，疾大愈，遂得留侍，生高宗焉。

根据上述，乾隆生母原是居住承德的一位贫家女，后来进京，误打误闯地被选中秀女，分配到雍正的王府，后因伴侍雍正生病，终得宠幸而生乾隆。到民国三十三年（公元1944年），又有一位周黎庵先生，得自逊清遗老冒鹤亭的说法，写成了《清乾隆帝的出生》一文，内容比王闿运的更富传奇性、更引人入胜。他说：乾隆出自海宁陈家"其所持理由，皆不充分，无足深辩"。冒鹤亭告诉他的才是信史。冒先生的说法约有：一、乾隆生母李佳氏，盖汉人也。二、雍正有一年随父皇康熙到承德打猎，射得一鹿，因饮鹿血而躁急不能自持，身边无从妃，"适行宫有汉宫女，奇丑，遂召而幸之"，不料这随便发泄的露水姻缘，乃种下了龙种。三、第

乾隆皇帝的生母

二年李氏女子临产，康熙急召雍正来承德诘问，雍正承认不讳，乾隆生后乃成为皇裔。四、冒鹤亭还根据"当地宫监"传闻，确指李女在避暑山庄一处"倾斜不堪"的马厩内生下乾隆，日后清廷每年都列专款修理"草房"，正为重视乾隆出生场地之故。

由于此上两家的文笔生动，内容曲折多奇，又加上后来有人考证认为甚为可能，乾隆生母为承德李氏贫家女说也被不少人视为信史了。不过"青史字不泯"，要想"对历史肆无忌惮，毁记载之信用"也是不可能的。以"贱婢说"而言，第一，清代选秀女的制度森严，不是随便可以冒名参选，更不可能临时混入而被选中的。第二，清朝皇室成员在《玉牒》上都有详细记载，尤其新生婴儿不仅即时报呈宗人府，而且有一定的手续，生母与子女要想窜改登录《玉牒》谈何容易。第三，乾隆生日为康熙五十年八月十三日，清宫多种档册都有明确记录。承德李姓丑女应在前一年九月中怀胎才是正常。冒鹤亭也了解这一点，他说雍正去承德打猎时是"冬初"；可是康熙到承德山庄避暑，据史料所记，是四十九年五月初一离京，九月初三回銮，当年闰七月，因此"冬初"之说不确，若说这一年雍正与李氏丑女在七八月间野合怀孕，则乾隆在生母腹中至少有十一个月，或是更长，这与一般生育情形不合。第四，有人考证说在乾隆出生的康熙五十年七月，原先留在京城的雍正，突然赴承德，认为一定是为了"有极重大事情需要请命皇帝"，所以联想到李氏丑女当时大腹便便待产，康熙急召雍正去面质实情，雍正才有承德之行。然而根据现存的满文档案，我们可以看出：当年雍正与他三哥胤祉确实留在京城办事，不过到六月间，康熙手谕他们留京的兄弟可以分批到承德去度假，留守北京的皇子胤祉、胤祺、胤禑、胤祥乃联名上书，遵旨拟出两项建议，请父皇康熙定夺。康熙后来批示："皇太后既在此，则准五阿哥留此，十二阿哥、十四阿哥回京。换四阿哥、九阿哥在雨季前速来此，三阿哥不必来，可明年来。俟朕回宫，再行明确编班降旨。"四阿哥就是雍正皇帝胤禛，可见康熙是让留京办事的儿子们也轮班去承德"住夏"，并非因重大事务面质的问题发生。第五，关于"草房"每年修缮的事，确是清廷重视这些古老建筑的表示，为什么政府重视它们呢？原来草房为雍正时所建，并为它们题过匾额。乾隆也曾几度访问过草房，还作过不少首诗。但是诗文的内容不是为他出生或是怀念他的"丑女"母亲的，而是强调他父亲雍正在世时节俭美德，并用以垂示子孙的。例如"草堂栖碧岭，朴构称山林"、"岩屋三间号草房，朴敦俭示训垂长"等等，都是说明雍正造草房是训示子孙要俭朴。乾隆生于马厩一说显系于史无据。

乾隆的生母究竟是谁呢？钮祜禄氏应该是可信的。根据清代官书所载，钮祜禄氏的父亲叫凌柱，高祖名叫额亦腾，由于家世不显赫，祖父吴禄是个白丁，父亲凌柱是四品典仪官，所以她在雍王府一直以"格格"为称，比福晋、侧妃的地位低很多。她生于康熙三十一年，四十三年（公元1692年）选上秀女，以使女身份入侍贝勒胤禛的府第。康熙四十八年胤禛晋升为雍亲王，钮祜禄氏仍称为"格格"，第二年生下乾隆，地位也未见改变，直到雍正登基，在雍正元年（公元1723年）才封她为熹妃。

钮祜禄氏封为熹妃之后，其地位仍在皇后乌喇那拉氏、贵妃年氏以及齐妃李氏之后。雍正元年，乾隆已十二岁多了，也已被他祖父康熙暗指为未来储君，父亲胤禛在即位后不到一年，确将乾隆的名字写下封存在乾清宫正大光明匾后，决定以"储位密建法"指定弘历为继承人了。钮祜禄氏在康熙末年还被皇帝赞誉过是"有福之人"，为什么她的地位一直不高呢？原来雍正当皇子时，父皇康熙为他娶了嫡妻乌喇那拉氏，雍正封亲王时，她也随着被康熙封为王妃，那拉氏家军功很盛，她父亲费扬古是一品高官，官位步军统领，掌京师九门治安重任，是皇帝特简的满洲亲信大臣。贵妃年氏是巡抚年遐龄之女，其兄年羹尧历任四川巡抚、总督、川陕总督，后来更高升为抚远大将军，也是位高权重之人。齐妃李氏，是雍正妻妾中生子女最多的人，也是诸妾中侍奉雍正最早的人。满洲人家重视政治地位、尊卑次序，乾隆生母钮祜禄氏因为家世寒微，以"使女"入侍雍正，所以在府邸里一直地位高不起来，而且多年来勤理劳苦家务，以"格格"为称。

　　钮祜禄氏为乾隆生母也可以从另外两方面来作一探讨：由于她家不是高官，而且从小及入宫后即从事勤劳活动，所以锻炼成了她的强健身体，她不像那拉氏、年妃等人一样都死在雍正之前，钮祜禄氏却活到乾隆四十二年，她享寿八十有六。乾隆年间她经常随皇帝出巡，曾经三登五台山、两上泰山、四次下江南，很多次到承德避暑山庄住夏，她每次出游登山，健步如飞，不亚于年轻人。也因为她有这样的好身体，她唯一的儿子乾隆皇帝也能活到近九十岁的高龄。比起他的同父异母兄弟来，他是寿数最高的。现代医学试验得知，人的寿命与遗传基因有关，钮祜禄氏与乾隆的母子关系多少由此得一旁证。

　　此外，乾隆事母极孝，像似他要竭尽所能地让他母亲享尽人间幸福，除了带她出游全国各地之外，也让她得到最高级的物质享受，在饮食与游乐方面都是应有尽有地供应，逢年过节，更是取悦母后的欢心。特别是钮祜禄氏过大寿时，如乾隆十六年的圣母六十大寿、二十六年的七十大寿及三十六年的八十大寿，都大肆铺张地庆祝，并为母后演大戏、建佛庙，无所不用其极地使老人家开心。乾隆四十二年正月二十三日钮祜禄氏病逝后，乾隆帝伤心欲绝，痛摧肺腑，当即剪发、服孝服、住席庐，一天一夜水浆不进，终夜不眠地写下不少挽诗与感怀之作，乾隆对亡母的哀思比起多愁善感的文人绝无逊色。清史学者郭成康说："在乾隆看来，似乎非如此则不能补偿生母那充满辛酸的韶华青春，非如此更不能表达自己报恩之情切而后心安。"我个人非常同意郭先生的看法。

　　乾隆皇帝的生母是浙江海宁陈世倌夫人之说以及承德穷丑的李姓女子之说，既然史料不足，而且可以证实都是荒诞不经之言，当然就不能相信了。而钮祜禄氏之说则是清代多种官书的共认，并且明载皇家《玉牒》之中，应该是可以共信的。

二

乾隆出生地之谜

乾隆皇帝的生母是谁不但有流言异说，他的出生地点也似乎有问题。前者是清末以来好事文人不断渲染而使传说愈来愈多、愈说愈玄；后者则是乾隆当时就有人提出，而且经乾隆本人与他的儿孙否认、肯定再否认，弄得热闹一时，极为有趣。这确是想了解与研究乾隆的人应该深入探究的。

清朝最重要的官书之一《实录》中记载乾隆的生地非常清楚：

> 高宗……讳弘历……母孝圣宪皇后钮祜禄氏……以康熙五十
>
> 年辛卯八月十三日子时，诞上于雍和宫邸。

这是《大清高宗纯皇帝实录》中的正式记载，文中"高宗"是乾隆皇帝死后的庙号，"雍和宫邸"是指雍正早年当皇子时的官邸，后来改名雍和宫的地方。

雍正皇帝在康熙三十七年被册封为"多罗贝勒"，第二年分府居住，搬出皇宫。当时所分得的居所在"皇城东北隅"，这里原是"明内宫监官房"，清朝入北京后一度划给内务府作官用房舍，据说规模不大，如一般的"大四合院"；不过经过修缮整理，用作多罗贝勒皇四子胤禛（雍正帝的本名）官邸后，规制显然不同了。由于主人是皇四子胤禛，所以当时也被称为"禛贝勒府"或"四爷府"。康熙四十八年，胤禛又晋爵为"雍亲王"，官邸当然也随之改名"雍亲王府"。康熙皇帝去世后，雍正继承为君，当然他就搬进紫禁城居住了，"雍亲王府"后来被升格为行宫，并由雍正皇帝亲自赐名为"雍和宫"。雍正死后，乾隆皇帝又为了"安藏辑边"，把雍和宫改建成喇嘛庙，至今北京雍和宫仍是著名的藏传佛教艺术殿堂。

《清实录》里说乾隆于康熙五十年（公元1711年）生于后来改名"雍和宫"的"雍亲王府"，这应该是符合史实的。事实上，乾隆皇帝本人也不止一次地说他生于雍亲王府，他有很多诗中都提到这件事，如乾隆四十五年写的《圣制新正雍和宫瞻礼诗》云：

> 雍和宫是跃龙地，大报恩宜转法轮。
> 例以新正虔礼佛，因每初地倍思亲。
> 禅枝忍草青含玉，象阙蜂坛积白云。
> 十二幼龄才离此，讶令瞥眼七旬人。

乾隆五十年正月初七（古人所谓的"人日"），皇帝又来雍和宫拜佛，曾作诗道：

> 首岁跃龙邸，年年礼必行。
> 故宫开谀荡，净域本光明。
> 书室聊成憩，经编无眼横。
> 来瞻值人日，吾亦念初生。

乾隆六十年《御瞻礼示诸皇子诗》也有：

> 跃龙池自我生初，七岁从师始读书。
> 廿五登基考承命，六旬归政祖钦予。
> 月长日引勖无逸，物阜民安愧有余。
> 深信天恩锡符望，永言题壁示听诸。

上引诗中的"十二幼龄才离此"、"吾亦念初生"、"跃龙池自我生初"等句，都是说明乾隆皇帝自称是在雍和宫中出生的，益发证明《清实录》中所述的不假。

但是乾隆四十七年正月初七日他照例到雍和宫礼佛，后来所作的瞻礼诗中，却有如下的文字：

> 从来人日是灵辰，潜邸雍和礼法轮。
> 鼍鼓螺笙宣妙梵，人心物色启韶春。
> 今来昔去宛成岁，地厚天高那报亲。
> 设以古稀有二论，斯之吾亦始成人。

乾隆四十七年正是皇帝七十二岁，所以他称自己"古稀有二"，不过他在"斯之吾亦始成人"一句之下加了一段自注文字说："余实于康熙辛卯生于是宫也。"同时在七十九岁那年，他也在年初去雍和宫拜佛，同样地也作了一首《新正雍和宫瞻礼》诗，其中有"岂期莅政忽焉老，尚忆生初于是孩"，表明了雍和宫是他诞生地，只是在这两句诗文之后，他又加了注语："以康熙辛卯生于是宫，至十二岁始蒙皇祖（指康熙皇帝）养育宫中。"乾隆一再强调他生于雍和宫，而且在四十七年的诗句注文中用了一个"实"字，显然是有人说他不是在雍和宫诞生的了，否则又何必多余地告诉大家他"实"在是生于雍和宫邸呢！

乾隆皇帝的这个"实"字也许还有别的意思，例如"实"在出生于康熙辛卯五十年。可能有人对他出生时间有不同说法，他用"实"字来证实辛卯年无误，当然这一想法是不对的，因为乾隆的儿子嘉庆是在乾隆执政六十年后，父皇禅位给他的，乾隆又当了三年多的太上皇才过世，就在嘉庆即位后一年，即嘉庆元年八月十三日，太上皇过大寿时，嘉庆与王大臣们为乾隆祝寿，作诗志事，嘉庆所作的诗首句是：

　　　　肇建山庄辛卯年，寿同无量庆因缘。

　　在这两句文字之下，又出现了注文说：

　　　　康熙辛卯肇造山庄，皇父以是年诞生都福之庭，山符仁寿，京垓亿秭，绵算循环，以怙冒奕祀，此中因缘不可思议。

　　按照嘉庆皇帝的这段解释文字，大意是康熙建造承德避暑山庄的辛卯年（康熙五十年），乾隆也就在这一年出生于这块诸福汇聚的山庄中，"此中因缘不可思议"。

　　第二年夏秋间，乾隆以太上皇身份又来避暑山庄住夏，那一年八月十三日嘉庆为使父亲高兴，又令诸王大臣们赋诗为太上皇祝寿。嘉庆自己在他写的诗句下再一次作了如下的注释：

　　　　敬惟皇父以辛卯岁诞生于山庄都福之庭，跃龙兴庆，集瑞锺祥。……

　　前后两年嘉庆皇帝都作了同样的说法，可见他是坚信乾隆诞生于承德避暑山庄了。再加上乾隆自己也在诗中用过"实"字来加重解释他诞生于北京城里的雍和宫邸，因此我们可以相信在乾隆晚年以及嘉庆初年，确实有不少人认定承德山庄是乾隆皇帝的真正诞生所在。

乾隆皇帝在嘉庆四年正月初三日逝世，五年之后，嘉庆的诗集第一种《清仁宗御制诗初集》出版，其中也刊载了上引的两首为太上皇祝寿诗，文字未经更动，由此可知：作为乾隆儿子的嘉庆，一直是相信他父亲是在山庄出生的。

乾隆有没有可能诞生于"都福之庭"的山庄呢？我们先来看康熙自从营建山庄之后，每年夏天与他的儿子来山庄的情形。

康熙的儿子很多，每年他来山庄时都会带一些儿子与他们的眷属同来，另外留一些儿子在京城里办事。以康熙五十年乾隆诞生的这一年为例，最初留在京城办事的就有皇三子胤祉、皇四子胤禛（即雍正皇帝）、皇九子胤禟、皇十子胤䄉、皇十三子胤祥、皇十六子胤禄等人，后来康熙又命令在山庄与在京城里的少数儿子作了调换，让他们在工作与休闲上有些调剂，皇长子胤禔等人就回京办事，而胤禛与胤䄉就在七月间到山庄度假了。山庄开始建造在康熙四十二年，以后不断扩建，到五十年左右，不少康熙的年长儿子都在山庄有了私人所属的住处，像皇三子胤祉当时就拥有七十多间房屋的一处别墅。雍正皇帝胤禛当年拥有房舍多少，不能确知；不过他的狮子园别墅在山庄里也是有名的。康熙皇帝平常住在山庄的皇帝行宫中，偶尔也去儿子的别墅中做客，他就几次去过狮子园做客，甚至还有传说雍正与乾隆后来能继承皇位都与这座狮子园祖孙三代的一次欢聚有关。因此，雍正既然在康熙五十年七月间去到了承德山庄，乾隆在山庄诞生的事就大有可能了。

承德的避暑山庄中至今还保存着一件古物，就是在法轮殿后、五百罗汉山前，有一个玻璃罩，罩内放着一个木雕的须弥座，座上有一个用紫檀木雕刻成的精美盆托，托内镶着一只铜盆，据说这就是乾隆出生后三日洗澡用的"洗三盆"。乾隆的"洗三盆"放在避暑山庄，当然可以证明乾隆是生于承德了。

不过，这件事情并不能如此乐观地下定论，因为在几年之后，嘉庆皇帝显然也改变初衷了，从以下几则当时人的记述中可以了解当时的实况：

首先是一位满洲工部侍郎名叫英和的，他在《恩福堂笔记》里说：

> 丁卯岁，实录馆进呈圣训，首载诞圣一条，仁庙即以为疑，
> 饬馆臣查覆。

"丁卯"是指嘉庆十二年；《实录》是专记皇帝一生事功的编年史书；《圣训》则是分类专记皇帝训示的语录；"仁庙"指嘉庆皇帝。英和在南书房里参与机密，又当过翰林院掌院学士。他说嘉庆十二年修《实录》的史官们在《实录》与《圣训》书中，把乾隆皇帝"诞圣"地弄错了，令嘉庆生疑，因而命令"饬馆臣查覆"。当时负责编纂《实录》与《圣训》的副总裁官是刘凤诰，他急忙收集资料，主要的是乾隆皇帝自己写的诗，英和也记述了这件事：

> 经刘金门少宰凤诰奏：本圣制《雍和宫诗》，将圣集夹签进
> 呈，上（指嘉庆帝）意始解。而圣制诗注谓：余实于康熙辛卯生
> 于是宫也。则知狮子园说，其讹传久矣。

刘凤诰字金门，当时官居吏部侍郎，故称为少宰。他把乾隆的诗集《清高宗御制诗集》中有关出生雍和宫的注文都夹上了夹签，以便嘉庆皇帝检阅。嘉庆看了皇父亲自所写的小注，当然就开始了解，生于狮子园说是讹传的事，而且历时很久了。刘凤诰的证据使嘉庆改变了说法，而相信乾隆皇帝确实是诞生在雍和宫邸了。这也是我们今天在《实录》中看到乾隆诞生于北京雍和宫的原因。

不过，嘉庆八年刊印成书的《清仁宗御制诗文初集》并没有适时加以改正，其中祝贺太上皇万寿的诗，注文仍印着乾隆诞生于承德山庄"都福之庭"的字样，没有想到这一疏忽竟掀起了政坛上一次大波澜。

先说刘凤诰因厘清乾隆生地之谜得到嘉庆的赏识，在《实录》等书修成时特别加赏太子少保的官衔，另外其他同修《实录》的官员如庆桂、董诰、曹振镛等也都升官得到眷宠。不过，刘凤诰后来因被御史弹劾在当考官时透露试题，接受贿赂，以致引起江南考生的闹事，经过钦差大臣托津、卢荫溥等人的调查，确认"请托属实"，刘凤诰因而被判到黑龙江充军。后来虽被蒙恩释回，但官运一直不振。而查案的钦差托津等却在官场不断窜升，官列大学士、尚书的高位，这令刘凤诰嫉妒不已。

嘉庆二十五年，终于机会来了，这一年的七月二十五日，皇帝突然猝死在热河避暑山庄。由于传位人选一时不能确定，北京乾清宫"正大光明"匾后的金匣所藏人名无法得知，而国家又不能无君，于是随行的王公大臣就在承德集会讨论。从现存的史料看，当时与会的人似乎没有分什么党派，只是有些大臣过分稳重，而发生了一些小争论。最先发言的是宗室亲王禧恩，他认为皇帝嫡后所生的二阿哥旻宁是正统，而且嘉庆十八年紫禁城里大乱他平乱有功，得到"智亲王"的嘉号，嘉庆生前意属的人选，应该由他继位。但是首席军机大臣托津等人则说：二阿哥智勇双全，众望所寄，自当入承大统。不过金匣中的名单未见，万一先皇朱笔亲书的人名不是二阿哥，如何善其后呢？托津的考虑不能说没有道理，但是听在二阿哥耳中实在不是滋味。后来见到金匣中封藏的继承人名果然是二阿哥，旻宁于是登上了龙椅，但他对托津、戴均元一批大臣始终厌恶，对他们在山庄会议时的犹豫不能释怀。

新皇帝就是大家俗称的道光皇帝，他在运送死去皇父棺木返京城时便命军机大臣们写了一份嘉庆皇帝的"遗诏"，不知什么原因，以托津、戴均元为首的拟稿人竟又称乾隆的诞生地是承德避暑山庄。当道光抵达北京后，大学士曹振镛等人就向新皇帝指出"遗诏"中的严重错误，而暗中策动这次告发行动的人则是刘凤诰。

道光皇帝本来对托津等人就不满了，现在正好有了正当的理由，于是先下令要托津等"明白回奏"为什么犯此大错？托津等回答是他们参考了

二

乾隆出生地之谜

《清仁宗御制诗初集》，也就是嘉庆皇帝在太上皇乾隆死前两年所写祝寿诗下的注文。道光说他们"实属巧辩"，因为嘉庆皇父所说的"都福之庭"语意是"泛言山庄"，"并无诞降山庄之意"，而乾隆《御制诗》久经颁行天下，"不得诿为未读"。因此道光皇帝下令"托津、戴均元俱以年老，不必在军机处行走"，托津、戴均元就这样被逐出了军机，另外还有卢荫溥、文孚等人也受到降级的处分，军机处与中央政府于是被道光宠幸的一批人曹振镛辈把持了。

乾隆皇帝的出生地竟然在清代中期皇家以及君臣之间产生如此大的问题，甚至影响到中央政权的重组。曹振镛等得势后，在道光的命令下，把嘉庆皇帝御制诗注与遗诏都作了修改，内容统一地都写成了乾隆生于北京雍和宫邸。

清朝官方与宫廷文书上的乾隆诞生地问题，虽然经道光初年的一番改动文字而解决了；但是民间传闻依旧存在，特别是到了清末民初，更因反满种族情绪的推波助澜，乾隆出生地又扯上他生母的问题，承德贫贱李氏女之说随之而生了。由于乾隆的生母若不是高贵的孝圣宪皇后钮祜禄氏，则乾隆一支的子孙，包括嘉庆与道光在内，显然在血统上都有了问题。他们的血统若有问题，得位之不正当然便是事实了。专家们因此认为乾隆在自己诗注中强调生于雍和宫邸，嘉庆后来承认刘凤诰等的查证属实，以及道光不惜重组军机处高阶人事，都与皇位继承与皇室血统这些重大问题有关。这一看法固然是不无道理，但我个人却有不尽相同的看法。我觉得如果我们能先摒弃乾隆生母是海宁陈家汉人或是承德贫丑宫女等的成见，跳出野史家与小说家所制出的传闻框架，也许我们就可能产生出一些如下的思维来的。例如：

一、乾隆与道光都确说"诞圣"地是北京雍和宫邸，只有嘉庆提出异说，是他在为父亲太上皇祝寿诗中小注上说的："康熙辛卯肇建山庄，皇父以是年诞生都福之庭，……此中因缘不可思议。"事实上，嘉庆的诗注是值得推敲的，他说承德山庄"肇建"于"康熙辛卯"，这一点就与史实不符，因为承德山庄"肇建"时间是康熙四十二年癸未，不是乾隆出生的五十年辛卯，两件事不能相提并论。再说"此中因缘不可思议"，是不是与康熙六十一年，皇家祖孙三代欢聚于山庄狮子园有关呢？因为康熙当时对孙子乾隆极为喜爱，称赞乾隆日后可登大位。我们知道：康熙一生服膺朱熹的理学，很重视道德形象，行事遵循儒家学理。乾隆若是贫贱宫女所生，在他看来必是不成体统的，必不会对乾隆有好感的，不可思议的因缘也就必不能发生了。总之，嘉庆皇帝为太上皇写祝寿诗绝对是为谄媚的，没有仔细考虑到时间准确与否的若干小节上面。

二、嘉庆能继承皇位实在是有一番曲折的。乾隆初年，皇帝一心一意地要立嫡立长，可是嫡后富察氏所生的两个儿子永琏与永琮，虽然都被乾隆指定为属意人选；但是这两位皇子福小命薄，都在未成年时就先后夭折了。直到乾隆三十八年，皇帝六十三岁时，才密定嘉庆为储君。当时乾隆只有七子存活在世：永璜是废后所生，当然没有资格为继承人；永瑆足残好酒，显然不是理想人选；永瑆才华出众，且书法极精，但是极重文人气息，不适合理政；永璘等皇子年纪过小，学识能力都不足为君。只有永琰（嘉庆本名）"治默持重"，喜怒不形于色，自幼喜读书，十三岁即通五经，"上下三千年，治迹一目了然"，因此乾隆才以他为未来的皇位继承人。永琰在密定为储君后二年结婚，据说他还是"日居书屋，惟究心治法源流，古今得失，寒暑无间"，可见他整天尚友古人，对书本之外事知道不多，对他父亲出生地或有所闻，可能也未能深究，无法确定，所以当实录馆官员检出证据时，他也就相信雍和宫之说了。再说嘉庆为太上皇写祝寿诗时已经三十多岁，思想早已成熟，乾隆出生地若与得位正不正以及血统事有关，他又何必妄生枝节，搬砖头来打自己的脚呢？况且他自己的母亲也可能是汉人冒充入宫的，而且还是一个出身不高贵的优伶或乐工，嘉庆能自揭疮疤吗？

三、乾隆诞生承德之说确实在乾隆末年已流传了，不然皇帝不会在诗注里用"实于康熙辛卯生于是宫（雍和宫）"来辟谣。然而当时的这项传闻在乾隆与一般大臣看来必不严重，否则皇帝会下令彻查，甚至会大兴狱案，严惩造谣生事之人，因为这是诋毁皇家的大不敬事件。乾隆朝因薄物细故不知发生过多少文字狱案，官民因犯大不敬之条的也不知被杀了多少人？如此恶意的"诞圣地"谣传更是严重的罪行，岂有不严查严办之理？嘉庆在刘凤诰等官员提出文字证明后，也不再坚持"都福之庭"之说，甚至后来也没有下令尽改他诗集中的注文，这也十足表明这是普通事件，不像后世人想象的那么严重。道光重提旧事，完全是借题发挥，用以除去托津等军机处重臣，纯粹是政治斗争的问题。

以上只是我个人的想法，未必正确，希望将来能出现可靠史料确证乾隆出生于承德山庄，否则我们还是相信当事人乾隆说的为是了。

三
幸运的皇子

清朝宫廷档案中珍藏了一份乾隆皇帝生辰八字的资料，内容是：

辛卯（康熙五十年）

丁酉（八月）

庚午（十三日）

丙子（子时）

在这份八字资料之下还有康熙末年人所作的批语，批语文字很长，重要的有："生成富贵福禄天然"、"文武经邦，为人聪秀，作事能为"、"名爵禄寿，子秀妻贤，天然分定，无不备焉"、"为人仁孝，学必文武精微"、"诸事遂心，志向更佳。命中看得妻星最贤最能，子息极多，寿元高厚"。由此可见：乾隆生来就是大富大贵的命，唯一较差的是："幼岁总见浮灾，并不妨碍。"

生辰八字本来是汉族古代一种承袭的算命术，专家认为从阴阳五行学理，对人出生年月日的天干地支，算得出一个人的贵贱寿夭、吉凶祸福。

三

幸运的皇子

这种八字算命之术，在明清时代极为流行，连满族皇家也很重视此术。乾隆既有如此好命的八字，当然对他的未来关系重大了。

乾隆出生的那年，正是康熙废黜又复立皇太子胤礽后不久，其他皇子们暗斗争取继承皇位的紧张时刻。第二年，康熙皇帝又认为皇太子胤礽"狂疾益增，暴戾僭越"，"乖戾如故，卒无悔意"，下令再度废储，皇位继承人从此虚悬着，直到他死亡时都没有公开宣布继统人选。不过在这十年之间，康熙也曾考虑过皇三子胤祉、皇四子胤禛（即雍正）、皇十四子胤禵等人，但因种种原因，未能确定。尤其在康熙五十七年之后，胤禵被封为抚远大将军，专任西征大任，满朝文武都以为胤禵就是皇帝的属意继承人了；但是胤禵在康熙六十年底返京述职，停留约半年之后又回到前线，未见康熙有何表示，而其时离康熙去世仅仅五个多月，可见康熙心目中的"坚固可托之人"又不是胤禵了。

就在胤禵重返前线边疆前约一个月，在胤禛的安排下，康熙见到了他的孙子弘历（乾隆）。当时康熙的身体还算不错，在暮春三月十二日他来到了胤禛的别墅圆明园做客，在盛开牡丹的楼台前，皇帝与皇四子的家人聚会。只有十二岁的弘历，给祖父的印象极深，可能是因为这位孙儿的相貌不凡，或是他的谈吐举止优于常人，竟然使得祖父皇帝回宫后就急于了解弘历的一切情形，包括生辰八字，而且在全国臣民为康熙庆祝六十九岁大寿（三月十八日）后几天，皇帝又到了一趟圆明园，随后更公开宣谕将胤禛的儿子弘历带回宫中养育。

康熙的孙辈有几十人，有几个被带到宫中养育的呢？根据史料所记，在弘历之前，尚有弘晳一人。弘晳是废皇太子胤礽的儿子。朝鲜人来朝贡的说："皇长孙（弘晳）颇贤，难于废立云。"他们是说弘晳很贤能，影响到康熙对他父亲胤礽的废立。弘晳曾被养育宫中，可见皇家幼童能被养育宫中是有特殊意义的。

康熙可能在以前没有见过弘历，但他对弘历似乎是早有所闻了。乾隆皇帝晚年在承德避暑山庄住夏时，曾写了一首《游狮子园》诗，诗句下有注文说：

> 康熙六十年我十一岁，随皇考（雍正）至山庄观莲所廊下，皇考命我背诵所读经书，不遗一字。当时皇祖（康熙）近侍皆在旁环听，都很惊异。皇考始有心奏皇祖令我随侍学习。

从这段诗注文字中，不能不让我们联想到雍正在当时是悉心计划这些事的。他先由弘历背经书一字不遗，令康熙的近侍太监臣工们"环听""惊异"，而后向康熙报告。第二年又安排祖孙在圆明园牡丹台前见面，促成弘历养育宫中，提升地位。

康熙六十一年四月，皇帝照例到避暑山庄住夏，刚到宫中养育的弘历也"随驾扈从"到了塞外。在这一年夏秋两季的五个多月的时光中，祖孙二人几乎朝夕相处，不仅遍游了山庄的三十六景，也到木兰围场里经历过猎熊的危险场面，弘历差一点被负伤的大熊扑倒，幸亏祖父及时以虎枪射杀了大熊。皇帝祖父也在山庄里乘理政余暇，与爱孙讨论经书理学，特别谈到周敦颐的《爱莲说》，皇帝发现弘历竟能了解莲是君子之花，而君子是一般人立身处世的最高境界，其地位不亚于圣人。十岁出头的儿童，能讲出如此的大道理，真令祖父大悦。祖父也教他勤练书法，并在弘历面前形似舞龙般地挥毫，写了长短条幅与扇面给弘历。弘历日后书法上略有成就，可能都与他祖父的这些身教有关。

同年在山庄中还发生了一件重大而又可能影响弘历一生的事，那就是康熙会见了弘历的生母钮祜禄氏。如前所述，钮祜禄氏母家在官场地位不高，寒微的雍邸格格当然无由见到皇帝的。这一年胤禛随扈到了山庄，也带着钮祜禄氏同来住夏。雍亲王胤禛的山庄别墅叫狮子园，康熙带着弘历到园中探望孙子的父母，恭迎皇帝的胤禛与他的嫡福晋乌喇那拉氏，不敢带庶妾在旁侍候，康熙于是令乌喇那拉氏"带其（指弘历）生母来见"，不料一见之下，康熙禁不住地连称："有福之人。"乾隆晚年写文章回忆

三

幸运的皇子

21

这些旧事时，总觉得皇祖当年的这番话是别有含义的。

康熙六十一年九月，皇帝带着家人回到了北京，照常处理政务。十月下旬还去南苑打猎，十一月初七日微感风寒，皇帝感到身体不适，从南苑回到畅春园休养，没有料到一星期之后，即十三日凌晨病情急转恶化，就遽然撒手人寰了。康熙临终时没有留下亲书的遗诏，因此继承人的问题产生了日后的争执。雍正即位后说是"仓猝之间，一言而定大计"。但是与他争继的兄弟们谁能相信呢？骨肉相残的皇家变故因而更变得惨烈了。

雍正能继统为君，至今仍有不少人认为他是由非法手段取得，这件事我们因没有确切史料作依据，一时也很难证明。不过当时朝鲜人倒记述下了一些文字，非常巧合地应验了一些史事，值得大家一读：

> 康熙皇帝在畅春苑病剧，知其不能起，召阁老马齐言曰：第四子雍亲王胤禛最贤，我死后立为嗣皇。胤禛第二子有英雄气象，必封为太子。……又曰：废太子、皇长子性行不顺，依前拘囚，丰其衣食，以终其身。废太子第二子朕所钟爱，其特封为亲王。言迄而终。

这是朝鲜使臣在康熙死后约一个月光景，从北京回汉城时对国王的报告。文中"胤禛第二子"系指弘历，"废太子"是指胤礽，"皇长子"是胤褆，"废太子第二子"则是弘晳。朝鲜使臣的报告一向视为他们取得的情报，列为机密资料。北京与汉城的官员是不可能见到的。可是这份密报里所说的各事，在雍正统治的时期，几乎都全部应验了，如弘历在雍正即位不到一年后就被指定为皇太子、未来皇位继承人；废太子胤礽在雍正继统为君后也没有被杀，只是"依前拘囚"，雍正还不时派人"予服食"，直到病死拘所；皇长子胤褆则活到雍正十二年才过世，也算是"丰其衣食，以终其身"了；至于弘晳先被雍正封为理密郡王，后来更晋封为亲王。这不能说是朝鲜使臣猜测的巧合，事实上当时朝鲜人在北京是花钱向清朝官员们买情报的，由此看来，康熙死前京城里显然已经流传乾隆有"英雄气象，必封为太子"的传言了。

康熙不是一个糊涂的君主，他在死前十年之间一直在慎重选定继承人，并且还在研究一套完善的继承制度。但是后来因为西疆蒙藏的战事与自己病发遽死，未能正式公布他的接班人。他钟爱孙子弘历，可能是因为生辰八字的主富主贵，也可能是因为他确是才貌品德兼优。然而我个人却有另一种想法，即是弘历外婆家无党无派，政坛上的纠葛关系不多，康熙对他"隐有付托之意"，希想能消除当时皇子与有权势外家结合掀起政争的危机，这也许是一种有远见的安排。还有一点就是弘历是雍正成年诸子中唯一母亲是出身满族的，这也许与他被选为继承有关，我认为也值得我们注意。

雍亲王胤禛在康熙末年诸皇子争继时，他的凭借并不多，表现得很消极，要做个"富贵闲人"以掩饰其野心。其实他是城府极深的人，暗中不停地从事政争的活动。他也是精通八字算命术的高手，邸第里还养着几位高僧为他专研命理之学。乾隆的好命八字是不是假造的，我们不敢说；但是让康熙皇帝知道他儿子的生辰八字，应该是他悉心安排的。观莲所的背书、牡丹台的相会、狮子园的恩眷等等，相信也是胤禛一手策划的，以期帮助他达到继承皇位的目的。

雍正的妻妾为他生过好几个儿子，为什么他偏爱弘历呢？原来雍正嫡妻乌喇那拉氏所生的长子弘晖在康熙四十三年八岁时就已早殇；侧妃李氏所生的弘盼也在康熙三十八年夭折；李氏的另一子弘昀也仅活到十一岁就病逝；在康熙末年，比弘历年长的只有李氏所生的第三子弘时还健在，比弘历年长七岁；不过这个弘时显然在年轻时就为人放纵不法，康熙不喜欢他，在弘历被送入宫中养育的前四年，皇家举行了一次册封皇孙大典，胤祉的儿子弘晟、胤祺的儿子弘昇都被封为世子，弘时当时已十七岁，到了受封之年，但未被列入册封名单，这是与他平日行为的表现有关的。雍正另外还有一个儿子与弘历同年出生的叫弘昼，生母也是一直不为人重视的格格耿氏，康熙在牡丹台与雍正一家人聚会时他也在场，可能是他的相貌与谈吐都不如弘历，而雍正为他做的工作又不多，所以皇祖对他的印象不深，当然他日后的命运就不能与弘历相比了。

雍正对弘历如此钟爱，必然会引起弘时与弘昼的妒嫉与不满。尤其是雍正即位之后，虽然大家不一定能确证金匣子里预立的继承人就是弘历；但是雍正的很多行事是足够给人暗示了。例如在储位密建法宣布之前，在雍正元年正月初次郊祀之日，皇帝把弘历召来养心殿，"以肉一胾赐食"，弘时、弘昼都没有这份光荣。又如在同年八月雍正向大臣们宣布秘密建储，亲书未来继承人名于金匣之后的十一月十三日，皇帝又派年仅十三岁的弘历去遵化康熙陵寝祭皇祖周年忌辰，第二年同样再派弘历前往。如此一再的安排，当然是有深一层寓意的，但在弘时等人心中，确实不是滋味，很难消受。

弘时在雍正诸子中既然伦次居长，康熙六十年又为雍正生下了一位长孙，理应他是雍亲王府的接手人才是；但是康熙封世子时没有他，带入宫中养育的又不是他，金匣里藏着的继承人名字显然更不是他，当然他对幼弟弘历就表现不友善了。雍正知道弘时的居心之后，便毫不留情地将弘时先赶出宫廷，让他成为雍正头号政敌廉亲王允禩的继子，这一皇家过继的措施，说明了弘时在理念与行为上是反对父皇的。雍正四年春天允禩被整肃革除宗籍时，皇帝也说弘时为人"断不可留于宫廷"，一并将他"撤其黄带"，弘时从此与雍正不再有父子的关系，与皇家也更为疏远了。第二年雍正更以弘时"性情放纵，行事不谨"为名，削除了他的宗籍，不久后弘时就死去了。近代史家认为弘时最初因不满父亲偏爱幼弟弘历而愤恨在心，后来又卷入了争夺继承的斗争，终于造成父子亲情断绝的惨变，实在是清代皇家的不幸事。

弘时的死当然对弘历走上皇帝之路是有利的，雍正又为这位好命的儿子做了一件清除障碍的工作，弘历八字中的"幼岁总见浮灾"，也许就是指弘时吧！

弘昼实际上也是雍正生前喜爱的儿子，这可以从他后来担任很多朝中事务窥知的。不过弘昼的性格有些问题，《啸亭杂录》一书中提到过一件事：

　　和恭王讳弘昼，宪皇帝（雍正）之五子也。纯皇帝（乾隆）甚友爱，将宪皇所遗雍邸旧赀全赐之，王故甚富饶。性骄奢，尝以微故，殴果毅公讷亲于朝，上以孝圣宪皇后故，优容不问，举朝惮之。最嗜弋腔曲文，将琵琶、荆钗诸旧曲皆翻为弋调演之，客皆掩耳厌闻，而王乐此不疲。又性喜丧仪，言人无百年不死者，奚必忌讳其事。未薨前，将所有丧礼仪注皆自手订，又高坐庭际，像停棺式，命护卫作供饭哭泣礼仪，王乃岸然饮啖以为乐。又作诸纸器为鼎、彝、盘、盂诸物，设于几榻以代古玩。……

弘昼的怪癖实在很多，而且性情骄横，知子莫若父，雍正不选他做继承人，看来是有原因的。

雍正不但为弘历清除了弘时的威胁，给予弘昼一些特权，让他将来辅佐哥哥弘历，同时在雍正五年又为弘历安排了另一件确保弘历能平安登上皇位的事。这年七月间他为弘历迎娶了嫡福晋。这位叫富察氏的儿媳妇，家世是显赫的，祖父是康熙朝独排众议支持皇帝尽撤三藩的户部尚书米思翰，伯父则是在康雍时代权重一时的大学士马齐，弘历娶了富察氏，无异是增添了极大的政治资本，使将来统治地位更为稳固。

康熙因乾隆大富贵命而传位于雍正的说法显然玄了一点，也不符合康熙处事的原则；不过雍正以儿子作为继承斗争的一种手段，刻意地为弘历安排影响他一生前途的事，倒是可以说明当时宫廷内斗的一些实情的。对于弘历这位乾隆帝而言，有"慈父"如雍正为他开辟一条通往君位的康庄平坦大道，他确实是幸运的皇太子了。

三

幸运的皇子

四

新君乾隆是不肖子?

弘历自从被祖父钟爱,养育宫中之后,他的地位变得重要了。雍正即位后第二年(公元1723年),他又被选为未来的皇储,雍正帝为了培养他成为一代令主,特别"妙选天下英贤",当他的老师,一时儒学名臣朱轼、张廷玉、徐元梦、嵇曾筠、蔡世远、鄂尔泰、蒋廷锡等人都进入了上书房授课,因此弘历便系统地接受到修、齐、治、平的儒家教育。由于他自身聪明好学,不几年对四书五经都有了相当深度的了解。加上他从十七叔果亲王允礼处学到火器技术,从二十叔允祎处学到骑射本领,很快就成为允文允武的杰出青年。雍正十一年他被封为宝亲王,"宝"字就是"宝座",意味着他将是登上大位的人。不久他被父皇命令代祀北郊,试做皇帝的准备。同时又让他参与西北准噶尔用兵的军机大事。雍正十三年因贵州苗疆骚动,他更被雍正重用与叔父果亲王允礼同为办理苗疆事务王大臣,直接处理涉及改土归流等的国家重大事务。因此不论在文化素养方面,或是在办事能力方面,弘历都已经具备了一个君主应有的知识与经验。

雍正十三年(公元1735年)中秋节,清朝皇家在欢愉的气氛中度过;

不过到八月二十日，皇帝感到身体微有不适，似无大碍，因为皇帝还照常办公理政。二十三日当天，张廷玉还在圆明园里进见了雍正，但夜间皇帝突然病逝了，以致使不少人"惊骇欲绝"，慌乱万分。所幸雍正生前对皇位继承事预作了安排，受雍正帝之托的张廷玉、鄂尔泰等国家重臣，随即取出雍正早年的建储密旨，在灯下当着众大臣面前宣读，于是公开而合法地确定了弘历的嗣君地位。弘历有了皇帝的身份，也立即宣称父皇当年有指定庄亲王允禄、果亲王允礼、大学士鄂尔泰、张廷玉四人为辅政大臣的遗命，因而任命允禄等四人为辅政大臣，国家领导核心由此建立。

当天夜里，弘历与王公大臣们一起连夜将雍正的遗体运回紫禁城，发丧成服，顺利地进行治丧的工作。

八月二十七日，清廷向全国颁布雍正皇帝的遗诏。九月初三日，弘历在祭告天地祖宗之后，在京城太和殿登基，大赦天下，宣布明年改为乾隆元年，颁乾隆新历，铸乾隆通宝新钱，弘历至此成为全国臣民的最高统治者，当年他刚刚满二十五岁。

清朝皇家最讲求"敬天法祖"，老天爷当然不能得罪，祖先的一切想法与政策也要效法，不能随便舍弃或更张，否则就成了不肖子孙与名教的罪人了。乾隆皇帝上台后，对天是崇敬不已的；但是对他父亲的很多行事作风与政策命令，他显然有些不满，没有效法。现在列举诸事，以为说明：

雍正十三年八月二十五日，也就是老皇帝崩驾后五十多个小时，弘历突然以新君身份颁发了一道诏书，他说：

> 皇考万几余暇，闻外间有炉火修炼之说，圣心深知其非，聊欲试观其术，以为游戏消闲之具，因将张太虚、王定乾等数人置于西苑空闲之地，圣心视之如俳优人等耳，未曾听其一言，未曾用其一药，且深知其为市井无赖之徒，最好造言生事。皇考向朕与和亲王面谕者屡矣。今将伊等驱出，各回本籍。若伊等因内廷

行走数年，捏造在大行皇帝御前一言一字以及在外招摇煽惑，断无不外露之理，一经访闻，定严行拿究，立即正法，决不宽贷。

又说他们"平时不安本分，狂妄乖张，惑世欺民，有干法纪"，还下令将"彼等承蒙皇考及朕赏赐之御书、朱批、字迹等，一律缴回，不许私藏"。弘历在驱逐道士们出宫时，同时也赶走了一批和尚，据说这些僧人"日侍宸扆，参密勿，雍正帝倚之如左右手。传闻隆、年之狱，允禩、允禵之死，皆文觉赞成。乾隆即位，严饬僧人，其侍帷幄者皆放归山，文觉独立沿途步行归长洲，敕地方官稽查管束"。

弘历还没有正式举行登基大典就如此紧急地驱逐和尚道士出宫，究竟为了什么呢？原来雍正时代在内廷蓄养僧道的事外间尽人皆知，而这批僧道不是帮雍正整肃政敌大臣，就是忙于骗人制药，甚至雍正也是被他们修炼的丹丸害死的，而这一消息已经随着雍正的暴毙流传在京城中，太监宫女们也窃窃私语地讨论，如北京西郊上空长年不断地有袅袅青烟出现，皇帝被女侠刺死，而这次行刺案与僧道有关等等。弘历为了遏止谣言，洗清宫中污迹，迫不及待地以强制手段解决问题。同时在他九月初三日正式即位后不久，又下谕指责不肖僧徒"借佛祖儿孙之名，以为取利邀名之具，奸诈巧伪，无所不为"，令礼部传旨，谕告曾在内廷行走之僧人，不得"招摇不法"，不得夸耀世宗时所受恩遇，违者必按国法治罪。九月下旬又下令出家人应领有度牒，以限制其人数并便于管理。乾隆帝的打击僧道措施，实在都是不"法祖"的行为，而且办理得如此之快，绝非孝行。

雍正皇帝生前很迷信，特别欢喜大臣报告地方上发生祥瑞的事，如天降甘露、地生灵芝、麒麟生、凤凰出、嘉禾、庆云等等，他认为这些祯祥事象，都能标志着他统治下的政治清明、人民安乐。大臣们为了投其所好，不断地奏报祥瑞，皇帝也迭加奖励，因此雍正一朝，自始至终，所谓祥瑞层出不穷。乾隆即位之后，在他父亲死后不到一月，就以正式公文，降谕禁止大臣奏陈祥瑞，他说：

> 兹朕缵绪之初，仔肩伊始，深恐未能继述万一，岂能遽召嘉
> 祥？唯当与中外诸臣以实政实心，保守承平大业，时深乾惕，日
> 凛凡康，切不可务瑞应之虚名，致启颂扬之饰说也。

可见乾隆厌恶大臣报嘉祥的颂扬行径，传谕各省文武长官，今后"凡
庆云、嘉谷一切祥瑞之事，皆不许陈奏"。这又是一件违反父皇雍正行事
的实例。

最让雍正不能含笑九泉的可能是乾隆为宗室皇亲翻案了。雍正生前为
政治斗争不惜骨肉相残，整肃兄弟家人。长兄允禔与二哥允礽在康熙朝就
被禁锢，雍正没有释放他们，这二人最后在软禁的住所里含恨去世。雍正
的三兄允祉、十弟允䄉与十四弟允禵被判终身监禁。最惨的是八弟允禩与
九弟允禟，他们被夺官受审，强迫改成阿其那、塞思黑不雅名字，受尽侮
辱，最后被折磨而死，真是悲惨绝伦。同时还有很多的宗室晚辈，或夺去
爵位，或削籍离宗，变成庶民，甚至有抄家流放的，连雍正自己的儿子弘
时，也成为政争的牺牲品，皇帝不顾父子之情将他赶出皇家宗室之外。乾
隆上台之后，显然对他父亲残害家族亲人的行事表示了不满，在雍正死后
四十多天尸骨未寒之时，他竟公开地翻案了，那一年的十月初八日，皇帝
降谕说：

> 阿其那、塞思黑存心悖乱，不孝不忠，获罪于我皇祖仁皇
> 帝，我皇考即位之后，二人更心怀怨望，思乱宗社，是以皇考特
> 降谕旨，削籍离宗，究之二人之罪，不止于此，此我皇考之至仁
> 至厚之宽典也。但阿其那、塞思黑尊由自作，万无可矜，而其子
> 若孙，实圣祖仁皇帝之支派也，若俱屏除宗牒之外，则将来子孙
> 与庶民无异。当初办理此事，乃诸王大臣再三固请，实非我皇考

本意，其作何办理之处，着诸王满汉文武大臣翰詹科道，各抒己见，确议具议。

皇帝既有意要翻案，而且说当初是"诸王大臣再三固请"的，不是雍正的本意，这批皇家近支子孙削籍案，当然就非重议不可了。到同年十一月二十八日，皇帝依大臣建议，"将允禩、允禟子孙均给予红带，收入玉牒"，又恢复他们高贵身份了。

就在重议允禩、允禟家子孙恢复宗籍时，皇帝又令宗人府调查犯罪被黜的宗室觉罗子孙，"分赐红带、紫带，附载玉牒之处，酌议具奏"，因此又有一批宗室子孙恢复了名号。随即又有不少被雍正软禁高墙或关进大牢的宗室王公们也陆续被释放出狱，包括允禵、允禩这些被雍正视为大敌的兄弟都恢复了自由，并赐以爵位。乾隆当然也没有忘记他的三哥弘时，不但恢复弘时皇子的地位，并且收入玉牒。

最有趣的一件不"法祖"例子，是乾隆皇帝下令杀了湖南乡下两位冬烘先生曾静与张熙。

雍正六年（公元1728年）曾静派遣他的学生张熙到陕西向川陕总督岳钟琪投书，劝他起兵反清。岳钟琪立即向雍正报告，于是将曾静、张熙等人一起逮捕下狱。后来因为曾静等供出是看了吕留良遗著才反清的，雍正乃大兴吕留良狱案，并编印《大义觉迷录》一书，为自己篡权夺位辟谣。雍正后来释放了曾静、张熙以示宽大，同时命令天下读书人都须看《大义觉迷录》一书。雍正是想利用曾静等在书中的供词做文章，为自己夺位洗冤，争取舆论同情。雍正还命曾静等到全国各地为他演说，做政治斗争的善后工具。雍正对曾静案的处理确是"一番出奇料理"，但也表明了他有政治气魄与善于办妥重大事务的能力。乾隆即位之后，认为他父亲把家丑外扬于全国，诸如雍正谋父、逼母、弑兄、屠弟、贪财、好杀、酗酒、淫色种种罪行，本来还只是马路新闻，现在却在官方印行的《大义觉迷录》公开提出讨论，显然会弄假成真、弄巧成拙，因此乾隆在行过登基礼后的四十多天，便毅然地下令说：

> 曾静大逆不道，虽置之极典不足蔽其辜，乃我皇考圣度如
> 天，曲加宽宥。夫曾静之罪不减于吕留良，而我皇考于吕留良则
> 明正典刑，于曾静则屏弃法外者，以吕留良谤议及于皇祖，而曾
> 静止及于圣躬也。今朕绍承大统，当遵皇考办理吕留良案之例，
> 明正曾静之罪。……着湖广督抚将曾静、张熙即行锁挐，遴选干
> 员，解京候审。……

　　曾静、张熙二人在不久后凌迟处死，皇帝并下令全国停止宣讲《大义
觉迷录》，由各省督抚将原书收缴后汇送礼部收存，彻底掩灭有关宫廷丑
闻的文字证据。事实上，在雍正刊印《大义觉迷录》的时候，他自己还写
了一篇御制万言长序，其中特别交代他赦免曾静师徒的理由，并且宣称不
但他不杀他们，"即朕之子孙将来亦不得以其诋毁朕躬而追究诛戮之"。
乾隆竟违反了父皇的遗命，"追究诛戮"了曾静、张熙，实在有"不法祖
德"之嫌。

　　人真是有幸与不幸，曾静等人因文字之祸终被处死；但有些同因文字
狱案在雍正朝得祸的人，却在乾隆即位后被开释了，如诽谤程朱、发配军
台的谢济世；因著文批评或抱怨时政的查嗣庭与汪景祺两家的家属等人，
都先后由恩诏释罪回乡。其他还有不少在雍正朝因贻误军机与亏空钱粮的
武官疆吏，统统都被乾隆无罪开释重获了自由，这些都是乾隆违反父皇的
一些实例。

　　雍正如果地下有知，在当时可能会骂他儿子乾隆是不肖之子；因为乾
隆的这些措施，充分说明了他对乃父政治上部分做法有一定程度的不苟
同，甚或是不满。不过，乾隆也并非不孝父皇而做出以上违反父命的事。
乾隆初元毕竟不是雍正时代了，很多事已时过境迁，就像雍正给鳌拜赐封
号一样，这是康熙朝绝对不可能的事。乾隆上台既然标榜中道政治，纠正

前朝政策，调和家族与满汉感情，翻一些旧案也是无可厚非的。况且乾隆要"行宽大之政"，又是"政令皆出要誉"，我们能对乾隆苛求什么呢？乾隆初年有民谣说："乾隆宝，增寿考；乾隆钱，万万年。"人民如此讴歌，可见他的宽政已经被人民颂扬了。

雍正时代的政策确实是苛严了一些，乾隆即位之后，为了作一调整，他提出"宽严并济"的主张。他说："治天下之道，贵得其中，中者，无过不及，宽严并济之道也。"在这样的政治思想指导下，他做出不少重翻雍正朝旧案的事也是意料中事。雍正死后第三天，即八月二十六日，他下令将贵州苗疆用兵视为"紧急之事"。本来在雍正末年因为古州地方苗变，官兵剿抚不力，应变欠妥，以致变乱扩大，而中央派去的钦差大臣行事乖张，特别是不懂军事的张照，"挟诈怀私，扰乱军务"，结果让雍正皇帝都有了"弃绝苗疆"的念头。乾隆在父皇死前一直负责苗疆军事的责任，熟悉内情，因此到他自己执政后，他又"不法祖德"地违反他父亲的政策了，他坚持主张用兵并改土归流。他也了解过去苗疆用兵之所以失利，除了文武不和、剿抚未定之外，主要是兵力没有集中攻苗，以致效果极差，他立即以张广泗为经略，寄以专征之任，让他拥有政军大权，号令、率领六省官兵，直捣苗寨，到乾隆元年春夏间，苗寨"罔不焚荡铲削"，到同年六月平定了贵州的苗变。其后又免赋设屯，安定苗区，尊重苗俗，苗民也守法生活了。乾隆上台后的新政，不但巩固了他的统治地位，也对苗疆发展起了积极促进的作用。

乾隆在受封宝亲王后，也在雍正政府中担任过处理西北准噶尔用兵的军务。可是清朝与外蒙准噶尔的战事因为早在雍正九年清军大败和通泊之后，雍正帝已有息兵之意。当时清方缺乏将领，军威不振，军费浩繁种种原因，想与准噶尔议和，而准部也因与邻部喀尔喀多年战事元气大损，故也有意休战。雍正十二年八月双方已开始谈判，只是划界问题未决。雍正去世后，乾隆了解对准部用兵不易，上台后便制定了基本方针，即息兵、守边、议和，他知道必须固守边疆，才能遏止准部的野心，才能保持双方真正的和平。尤其是他即位伊始，若耗费巨额军费，全国难得安宁；不过乾隆对准部交涉时，仍保持有备不惧的态度，他告诉准部：若"自不揣量，犯我边境"，则"准噶尔螳臂之力，劳师涉远，岂能有济！"清方与准部的和议不久后达成，二十多年来的西北边乱，从此得到平息，而准部与内地的经济文化交流也逐渐通畅，乾隆皇帝的声望与统治地位也更进一步地建立与巩固起来了。

乾隆皇帝登基之初，不但注意边疆事务来安定政局，他也强调"民为邦本"的传统儒家主张。在即位后的二十二天，他就颁降了一道又长又重要的谕旨，谈到他爱民的理论与方法，他提出"本固邦宁"、"爱养元元"等问题，他决心要处理好君民关系。他要让人民有"恒产"、"恒心"，因此他告诫大臣："治天下之道，莫先于爱民，爱民之道，以减赋蠲租为首务也。"在他登基大典后，立即颁降恩诏大赦天下，其中有一条规定"各省民欠钱粮，系十年以上者，着该部查明具奏，候旨蠲免"。二十天以后又降旨："将雍正十二年以前各省钱粮实在民欠者，一并宽免。"这次蠲免的范围很广，数量很大，全国各州县，凡有拖欠钱粮者，都一律免除了，这对贫民真是一大善举。与此同时，乾隆又先后颁布多道谕旨，减免一些地区的过重正额赋税，划一赋税征收标准，禁止滥收耗羡，限制各级官吏的额外剥削，又裁除一些地方性的苛税杂税、非法摊派，其中具体而影响大的如：禁止地方清丈土地，虚报升垦；废弃由官府掌管民间房地产交易的《契纸契根法》，还给人民买卖自由；禁止地方官工程派捐；停止没有实效的《营田水利法》等等，这些措施确实减轻了人民的负担与官府的剥削，改善了人民的经济生活。

乾隆也对于一些绅衿士子表示了关切，他改变了他父亲的严厉政策，下令将对生员欠粮、包揽词讼的处分予以放宽改缓，并对于以前因"抗欠国课"而褫革的举贡生监，分别赐恩开复。不久更规定"嗣后举贡生员等概行免派杂差"，充军的犯人中，"有曾为职官及举贡生监出身者，一概免其为奴"；另外，"生员犯过"，地方官当先详学臣批准，始能"会同教官于明伦堂戒饬，不得擅行饬责"。读书人是士农工商"四民之首"，乾隆如此尊重他们，无异是在地方上安置一批效忠的安定大军，对于他的统治是有帮助的。

雍正时代因为政治斗争或是能力不好而被处罚的官员很多，乾隆为执行他的中道，即位后就将两千多名废官，颁降恩诏悉数宽免。后来又下令给在京城的大小官员各加一倍的俸银。中央与地方的佐杂官员也发给养廉银，藉以增强官员的向心力，为乾隆加添了很多政治资本。

雍正在世时，曾经大量增设府、直隶州、州、县等地方行政机构，对亲民官员的任用也做过一些改变。当时情形是直隶州属于省，省的官员题授由总督与巡抚进行，这些地方疆吏因而具有新增地方行政官的考核与任用权，而最后大权却操在皇帝手中，所以雍正在当时从中央到地方全面地调整了官制，其结果是进一步强化了皇权。乾隆继承皇位之后，他认为改隶州县，"百弊丛生"，增设官员，"事绪益纷，供给逢迎，闾阎滋扰"，破坏传统官制，应该恢复旧章。

雍正皇帝又倡议给"乐善好施"的人叙用的报答，这一措施原本是想让一些有钱的官僚、地主、商人捐出一笔钱来帮助政府赈济贫民，以缓和贫富对立与人民与政府间对立的关系；不过议叙是给出钱的人一种政治酬庸，具有卖官的性质。乾隆同意大臣的看法，认为"好施"的人"趋捐助以博功名，假好善之虚声，启贪缘之捷径"，根本是"另开捐纳之条，而胥吏土豪，乘此得以侵蚀"，因而下令不许再陈奏乐善好施的奖叙办法。此外，雍正又大事嘉奖拾金不昧的人，这固然是美化风俗、改善社会风气的好办法；但是这项藉以表明风俗淳美、世道清明的政策，倡行后不久就弊端百出了，有人弄虚作假，谎称拾金不昧，领取奖赏。官员甚至也有制造拾金不昧而猎取名声，为升官铺路的。乾隆继统后，立即加以限制，规定若有人真是拾得巨金，州县官可以酌量奖励，不许申报上司，督抚大吏亦不得以此奏陈皇帝。可见乾隆也不同意他父亲的这种"宣教"方法。其他还有"岁举老农"旌奖与派官员到福建去改正方言等等，乾隆也觉得真正勤奋老农的选拔被乡曲无赖把持，而福建人改学官话可以从本省教职中挑选熟晓官话的人去"专司正音"工作就好。他又推翻了一些父皇的政策与主张。

乾隆朝因政治斗争而发生多起文字狱。乾隆上台后为消除官吏与士子的疑惧心情，他曾颁降多道谕旨，强调"嗣后一切章疏，以及考试诗文，务期各展心思，独抒机轴，从前避忌之习，一概扫除"。"若以避忌为恭敬，是大谬古人献替之意，亦且不知朕兼听并观之虚怀"。不但口头说得好听，同时乾隆又用法律来保障文字的某些自由，他规定"妄举悖逆者，即坐以所告之罪"，承审官吏"有率行比附成狱者，以故入人罪律论"。乾隆即位之初有如此气魄，使得他执政早年政治界一度出现比较开放的局面。

乾隆既如此关心边疆与全国各省的富强安乐问题，当然他也会重视满洲本族的事务。当时满族最大的问题是族人的生计。根据乾隆即位后不久的谕旨，我们可以看到他提到"八旗生齿，日渐繁庶"，"八旗兵丁，寒苦者多"，皇帝虽不断施恩赏赐，但旗民"领钱到手，滥行花费，不知爱惜"，因此旗人的生计十分困难。八旗贫穷的问题事实上从入关之后就逐渐产生了。因为清初他们参加了打南明、剿流贼、伐三藩几大战役，旗兵伤亡惨重。同时他们因自备军装战马，费用很多，因此到战后大家都变得贫穷，而满族高层人士又变得奢侈腐化，挥霍银米，家产耗尽的大有其人。康熙中期，天下承平，八旗人口大增，据统计北京一地的满、蒙、汉旗人，兵额约十万之众，当时钱粮并未增加，"以数丁，十余丁之人，食一甲（即一名士兵）之粮"，显然生计艰窘不堪了。

满洲人丁的贫穷化，会给清朝统治权带来威胁。因此从康熙朝起，政府就极力设法解决八旗的生计问题。康熙时代主要的是以赏赐银两的方式，希望旗民能"营运有资，不忧匮乏"，可是旗人不善经营，更有懒惰嗜赌的，因而无法解决问题。雍正帝想到移民回东北老家，兴办"井田制"，但移居的不到二百户，而且最后有九十户又回到北京。乾隆也确认八旗是"国家根本"，不能不解决他们的问题，于是除"频颁赏赉、优恤备至"外，又宽免旗人亏空银钱，赐还部分官员获罪革退的世职，并增加养育兵名额，帮助旗人赎回民典旗地以及大力推动回流东北的移民政策等等，效果显然比他父祖两代为佳。八旗生计的不能完全改善，是有多层原因的，乾隆可以说是尽了一己之力了。

乾隆皇帝即位初年对他父亲雍正的政策作了不少调整与修正，对于他的统治地位的确立以及对清朝中期政治形势的发展都有着重要的作用，我们不能仅从他违反父命或不法祖德一端看才对。

六
强化专制政权

　　雍正皇帝在位时，很多政策都是为巩固他的统治权与强化他专制君主权威而设置的，他的儿子乾隆上台后常见有违反他父亲的行事，是不是表示这位新君有意改变专制政权，趋向于开放路线呢？答案是他不亚于乃父，仍是一位专制集权的领导人。

　　雍正元年，皇帝宣布储位密建法，暗中写下弘历的名字，收藏在金匣中，当时无人知晓弘历是储君；不过在雍正七八年间，皇帝突然生了大病，以为一病不起了，他召见重要的王公大臣等人，告诉他们立弘历为继承人的事，并命令以庄亲王允禄、果亲王允礼、大学士鄂尔泰、张廷玉为辅政大臣。没有想到皇帝后来病好了，但储位密建事已曝了光，在某些宗室重臣之间已经不是秘密了。雍正十三年皇帝逝世当晚，张廷玉等宣读了雍正亲笔书写的继承人名，弘历在得到合法皇位继承人之后也任命允禄等四人为辅政大臣，这是那一年八月二十三日的事。

　　辅政大臣的设置意味着乾隆的皇权尚不具备全权掌炳新政的地位，即一切政务仍有四位王公大臣参与决定。然而乾隆皇帝常说："盖权者，上之所操，不可太阿倒持。"这样一位绝对专制主义者，如何能容忍呢？老于世故的鄂尔泰、张廷玉等人，在"辅政"了三天之后，便向新君乾隆提出更名的建议了。他们认为"辅政"一词不妥当，康熙初年曾经设辅政大臣，因当时康熙年仅八岁，没有理政能力，所以需要元老重臣来代理政务，辅佐幼主。现在弘历已二十五岁，且具备学识能力，不需辅政人员，沿用康熙初年"辅政"之名，不但名不副实，而且对新君也不尊敬，更可能使人联想到鳌拜那些跋扈的权臣与政争的后遗症。因此鄂尔泰等要求乾隆仿照雍正初年的例子，皇帝在居丧期间，可设总理事务王大臣代为办事。对于这一要求，乾隆毫不犹豫地就同意了，显见他内心对元老重臣们分权是介意的。

总理事务大臣与辅政大臣不同处就是皇帝对总理事务大臣们的权力有所限制，皇权的地位无形中增高增大了。但是乾隆对此似乎仍不能满意，在他居丧期间，他和几位总理事务大臣间因权限不清而发生过不快，总觉得他们的权力过大，于是在允禄等四人外，乾隆又任命了平郡王福彭、大学士徐本、朱轼等多人加入总理事务处办事，以限制并分散前朝老臣的权力。即使如此，乾隆仍觉得他的皇权不能延伸与加大。终于在乾隆二年（公元1737年）十一月，服丧满二十七个月后，趁允禄奏请辞去总理大臣事务时，他干脆宣布撤销总理事务处，恢复雍正时代成立的军机处，重组中央核心集团，老臣只留下鄂尔泰与张廷玉，实际上是借用他们多年从政的经验，另外加上乾隆所信任的人，如公爵讷亲、尚书海望、侍郎纳延泰、班第等六人，作为皇帝直接指挥的军机大臣。如此改组当然对乾隆时期皇权的进一步加强，发生了积极的作用。

军机处在雍正年间一直只是个专管军务军需的单位，并不能算是中央最高权力机关。在雍正死后乾隆即位不到两月，皇帝还曾下令废掉军机处，由总理事务处取代其职掌，甚至认为军机处是前朝败政之一。不过当他与皇叔允禄、允礼以及前朝元老大臣们发生摩擦之后，他想到军机处的妙用了，因为军机大臣全由皇帝特简，也就是说可以找一批自己的亲信来军机处任职，完全做皇帝的御用工具。雍正年间，军机大臣向例不

六

强化专制政权

超过三人，乾隆则增多为六人，而且规定宗室不能担任军机大臣，以防大权旁落。又首席军机则必须为满人，以保证满族的主导地位。另外，皇帝遴选军机，可以不计资历，只重忠诚，以便贯彻皇帝的意旨。乾隆又通过各种手段，削弱中央与地方各机关的权力，使军机处所管事务增多，权力也加大，后来竟发展到"掌军国大政，以赞机务"，中央与地方各机关的事"莫不总揽"。"内则六卿、部寺暨九门提督、内务府太监、敬事房；外则十五省，东北至奉天、吉林、黑龙江将军所属，西南至伊犁、叶尔羌将军、办事大臣所属，迄至四裔诸属国，有事无不综汇"。从此军机处的地位超过了中央其他衙门。不过，乾隆这位有智慧的政治家，虽然让军机处权大位高，他却是始终不把军机处变成真正的中央大衙门。例如他不为军机处立办公衙署，不设专官，所有军机大臣与军机章京都是兼职人员，从中央各部院调来的，甚至薪俸仍在原单位上领取。军机处官员只是皇帝高级秘书幕僚班子，他们没有实权。军机处权力的扩大，只是乾隆皇帝个人权力的扩大。恢复军机处使得自清初以来议政王大臣、总理事务王大臣这些人的权力被剥夺，同时也使明朝以来的内阁机关形同虚设了。由此可知：乾隆恢复军机处对强化专制君权统治是绝对有帮助的。

乾隆为了集权，他也采取各种措施来加强对中外官员的控制。当年不像今天信息发达，皇帝身居九重，要想了解天下事是极难的。所幸古人很早就发明了章奏制度，由中央与地方的高级官员向皇帝呈送书面报告，以传达各种情形。清朝在康熙年间，又发展出了一种"密奏制度"，就是臣工们可以秘密地缮写报告，直达君前，不必经过中央其他衙门，因而报告内容不致曝光。雍正时期又加强了密奏功能，到了"小报告"满天飞的境地。当然皇帝借着各级官员提供的资讯消息，了解到了很多京中与外省的情形，对他的统治大有益处。乾隆当然深悉其中妙用，即位之初就下令官员们可以"照前折奏"，并一再地扩大具折言事官员的范围，增加报告人就是增多消息来源，后来更"改题为奏"，大家都用奏折，不再重视透明化的题本了。因而在乾隆一朝，很多政争、贪案、官员操守、仕绅思想、秘密宗教、地下会党、各路军情、人民生活等等情况，都是由奏折首先传达到御前的，并让乾隆能掌握先机予以处理。经由奏折不但加强了对官员的控制，也加强了中央对地方的控制。

尽管乾隆一上台就强调中庸之道，反对他父亲时代苛严行事作风；可是他为了有效地控制大臣，他也是以严刑峻法、动辄诛戮以达到控制大臣的目的。乾隆六年，皇帝一口气就杀了三个满洲籍的贪官，有中央兵部的尚书，也有地方的大吏，因为他了解贪污官员欺上瞒下、互相包庇，影响官场风气，更容易在政治上形成对皇权的离心倾向。他不但严惩贪官，其他高级官员犯罪被处死的时有所闻。他确是以重刑震慑臣属而收加强专制统治的效果。

尽管乾隆皇帝从重组中央核心机构、恢复军机处来任用亲信，维护皇权；同时又利用密奏制度收集情报，以了解京中与外省政局；并以严厉手段震慑群臣，使他们效忠；但是皇权并未能完全伸张，因为一则八旗亲贵的旗权又见高涨，威胁着皇权，再则雍正朝旧臣的势力相当强大，特别是鄂尔泰与张廷玉的党人很多，影响到皇权的统于一尊。为了专制统治的进一步加强建立，乾隆皇帝必得对宗室亲贵与佐命重臣进行政治斗争了。

七
又见皇室操戈

雍正皇帝虽然为他儿子弘历做好了很多的妥善安排，让弘历在继承皇位的道路上畅通无碍。然而，康熙的子孙众多，即使经历雍正一朝的无情杀戮与打压，宗室里的野心家与有心对抗皇权的人，依然大有人在。当乾隆帝弘历即位后不久，皇家的恶斗又发生了。

乾隆初年的皇室操戈，一方面固然是因为少数皇室成员不能登基而不甘心所致，另一方面也与乾隆自己的想集专制大权有关。乾隆为做一个彻底的专制国君，他只有对离心的皇家亲人进行整肃了。

乾隆当时要整肃的皇家宗亲约有三种对象，一是权重的长辈，二是觊觎皇位的宗人，三是对他大位有威胁影响的至亲。

权重的长辈在乾隆即位后只有允禄与允礼二人，他们分别是乾隆的十六叔与十七叔。这两人在康熙末年因年幼没有涉入继承斗争，雍正得位后，非常善待允禄，首先让他为庄亲王博果铎的过继子嗣，因而承袭了庄亲王爵位，并继承了博果铎的大笔遗产。雍正八年因为怡亲王去世，皇帝失去了爱弟与宠臣，允禄也由此被雍正所重用。允礼也是雍正皇帝的爱弟，在雍正时受封果亲王，先后管理理藩院、户部事务，兼宗人府宗令。

雍正死亡之前，命允禄与允礼为乾隆的顾命大臣，与鄂尔泰、张廷玉同为辅政大臣，后来辅政大臣更名总理事务大臣，允禄仍位列诸人之首，并食亲王双俸，崇敬他可谓无以复加。允礼虽然没有像允禄那样的得到旷典殊恩，但是在当时中央政府中也是位高权重，不可一世的。允禄与允礼既然权势日重，又以皇叔与前朝顾命旧臣自居，显然会令乾隆不满，甚至在处理政务上发生摩擦。乾隆二年（公元1737年）十一月雍正皇帝二十七月丧满之时，乾隆下令撤销总理事务处，恢复军机处，他为了加强皇权，乘机也将两位皇叔排挤出了军机处，以杜绝皇室旗权再干扰政权，侵害皇权。事实上，雍正时期的军机处大臣只有三人，而以皇室亲王一人为首。乾隆恢复军机处之初，简任军机大臣六人，但赶走了允禄与允礼，实在又是不法祖德的行事。允禄与允礼被剥夺大权高位后，当然心怀怨望，不过也不敢反抗，只得小心行事，以免进一步被罚。乾隆三年二月，允礼因病去世，允禄便成为乾隆的大目标了。允禄之所以变成乾隆的眼中钉主要因为他在退出军机之后，并未能离开多事的政治圈；相反地，他与皇室中一批反乾隆的人经常在一起，让皇帝怀疑到他们似乎有对他不利的密谋行动。乾隆的疑虑也并非是无因的，事实上在允禄离开军机之后，皇室成员中的弘晳、弘昌、弘晈、弘昇、宁和等人，就成了允禄家的座上宾，"往来诡密"。这些人都是大有来头的，如弘晳是康熙朝皇太子允礽的嫡长子，他的父亲原本是皇位继承人，由于政争被废，当然也影响到他的前途，破灭了他当皇帝的美梦。雍正与乾隆都对他不错，但一般的名位是填不了他的欲壑的。在雍正的淫威下他不敢有所表现，乾隆新上台他便蠢蠢欲动了。正好十六叔允禄又失意政坛，双方很容易情投意合。弘昌、弘晈则是康熙十三子允祥的儿子，他们的父亲在雍正朝很受重用，是当时的大宠臣。弘昌因鲁莽狂妄在雍正时被父亲圈禁在家，乾隆即位后下令恢复他自由，并加封他为贝勒，但他对雍正一家一直没有好感，对雍正的得位尤其不满，因而他对乾隆也并无感恩之意，反而与弘晳结成一帮，非议朝政。弘昇是康熙第五子允祺的长子，"生性好事"，康熙末年就参加继承政争，雍正

又见皇室操戈

即位后打击异己时，弘晊也在黑名单内，丢掉了世子身份，并予以圈禁。乾隆为和缓皇家关系，登基后特别重用他，让他担任火器营都统，这是八旗禁军的要职，也可谓待他不薄了。可是这些失意的皇亲，始终心怀怨望。乾隆四年九月，皇帝终于采取断然的行动了，他下令将弘晊革去都统之职，锁拿来京，交宗人府，原因是他"诸事夤缘，肆行无耻"。皇帝并谕令王公宗室以弘晊为戒，力除朋党之弊。不久之后，皇帝又颁降谕旨说："伊（指弘晊）所从事之人，朕若宣示于众，干连者多，而其人亦何以克当。"显然乾隆是指出弘晊是受人指使，而其他牵连的人似乎还很多。同年十月间，皇帝果然将允禄、弘晳、弘昌等人的"结党营私"实情揭发，命令将他们交宗人府收审，皇家的恶斗台面化了。

经过宗人府的调查，皇帝说出他们的罪状了。允禄犯的有与弘晳、弘晊、弘昌等人"私相交结，往来诡秘"。此外允禄"唯务取悦于人，遇事模棱两可，不肯承担，唯恐于己稍有干涉"，这是"全无一毫实心为国家效忠之处"，也应予惩罚。弘晳则有大罪三条，一是对皇帝毫无敬谨之意，唯以谄媚庄亲王允禄为事；二是胸中自以为旧日东宫嫡子，居心甚不可问；三是在事情败露后当宗人府听审时，仍不知畏惧，抗不实供。至于弘晊、弘昌等人，则都定了他们"群相趋奉，结党营私"、"擅作威福"等罪。宗人府向皇帝建议将允禄、弘晳、弘晊、弘昌等都分别处以革爵、圈禁的处分，不过皇帝没有完全实行，他只在谕旨里说：

> 庄亲王乃一庸碌之人，但弘晳、弘晊、弘昌、弘晈等无知之辈，群相趋奉，恐将来有尾大不掉之势。庄亲王从宽免革亲王，其亲王双俸、议政大臣、理藩院尚书俱着革退。弘晳革去亲王，免其圈禁高墙，仍准在郑家庄居住，不许出城。弘晊永远圈禁。弘昌革去贝勒。弘晈从宽仍留王号，终身停俸。

经过这一次皇室斗争，乾隆皇帝把前朝旧皇亲的重大势力解除了，也把宗族里有野心想当皇帝的威胁力量整肃干净了。乾隆的集权专制又得到了进一步的实现。至于庄亲王允禄的受罚比别人都轻也是有原因的，应该一提。原来在康熙末年弘历被抚养宫中时，就由允禄的生母密嫔王氏照料生活，有一度弘历与叔叔允禄一起受康熙的指导学习，允禄因年长弘历十五六岁，因此允禄几乎成了小弘历的"师傅"，他们二人的情谊确实不能与其他叔侄相比，这次处罚较轻可能与此有关。不过弘晳的问题实在严重，就在皇帝宣布处分他们后不久，又传出有人向皇帝告密，说弘晳曾找人卜卦算命，问了一些奇怪的未来事情，例如准噶尔能否到京？天下太平与否？皇上寿算如何？将来我弘晳还升腾与否？在乾隆看来，他的找人算命，简直是希望准噶尔早日打来京城，天下大乱，而皇帝又短命，如此他就能登上大位，皇统再传给他们家一系。弘晳算命案经调查属实，大臣决议应治以重典。乾隆则下令从宽免弘晳一死，永远圈禁，不过弘晳的子孙却受到严厉的牵连，被革去宗室，给予红带子，从此变成皇家的远亲，政治地位与势力都变得无足轻重了。

乾隆皇帝尽管已经稳坐江山，但在他的心中还有自家的弟弟仍是隐忧。雍正生前虽生有十子，但是弘盼、福宜、福慧、福沛四人都幼龄夭折。弘晖、弘昀又仅活到八岁与十一岁就病故，弘时在雍正五年因削宗籍后死亡，所以乾隆当皇帝后被视为威胁皇位隐忧的只有弘昼与弘瞻二人。弘昼比乾隆晚生三个月，弘瞻则是比乾隆小二十三岁的小弟弟，这两人本来未必对皇位有野心，但是皇帝为防患未然，还是以及早处理为佳。

弘昼与弘历年纪一样，因此从小两人就在一起读书，是朝夕相处的亲密兄弟。雍正后期，两人也受到父亲重用，后来更同时受封为亲王，雍正十三年两兄弟更一同担任苗疆事务大臣，参与政务，可谓同尊同荣。乾隆继位之后，兄弟间关系仍然不差，只是弘昼有时候没有注意到他与弘历之间又多了一层君臣关系，忽略了皇权是至尊而不可侵犯的，与兄弟亲情是不同的。例如弘昼为人倨傲，他竟在朝廷议政时动手殴打军机大臣讷亲。当着皇帝的面侮辱国家的重臣，让君主情何以堪！另外有一次举办八旗科

七

又见皇室操戈

目考试，弘昼在中午用膳时刻硬要皇帝退朝，让他一人主持考试。因为当时有八旗子弟挟私作弊的传闻，乾隆迟迟没有离开，弘昼十分不快，当场与乾隆发了脾气，认为皇帝不该怀疑到他也被士子买通，共通作弊。还有一次，弘昼与小弟弘瞻一起到皇太后宫中请安，他们竟不按礼仪地跪坐在为皇帝专设的藤席上，乾隆不能再容忍了，痛斥两弟"仪节僭妄"，并因此罚弘昼三年的俸禄。这些都是加深兄弟间不快的事实。到乾隆十七年，弘昼被派与王公多人一起清点仓储，结果因他们漫不经心，敷衍了事，皇帝乃借题发挥，指责他们"未能尽心"办理国家大事，命宗人府议他们的罪。宗人府不久作了或革兼职，或罚俸饷的从轻议处办法。皇帝认为宗人府徇情，下令将宗人府王公严加惩处，弘昼等人案再交都察院审理。都察院看到宗人府的从轻发落使皇帝生怒，于是研议出了一个将所有亲贵都革王爵的重罚；可是皇帝也不满意，痛斥都察院各官为"自全之术"作出如此不"实心为国家任事"的决议，下令将有关官员革职留任，因为"王公等非干大政，从无革去王爵，降为庶人之理"？最后乾隆自己决定弘昼等人被罚俸一年，以为惩戒。

弘昼经过此次教训，深感天威莫测，皇帝淫威无法抗拒，从此远离政坛，寄情于戏剧，对弋阳腔尤为偏爱，家中成立专门剧团，自己改作戏本，担任导演，以排解胸中郁闷。后来研究丧葬礼仪，由家人演习丧礼，他充作死人，享受祭品哭奠，精神显然不正常了。他死于乾隆三十五年，活了六十岁。

弘瞻是雍正的老来子，雍正死时他才两岁，他的一切可以说都是乾隆这位大哥安排的。首先皇帝在乾隆三年果亲王允礼死亡时，下令以弘瞻过继给允礼，因此弘瞻不但承袭了果亲王的爵位，也得到果亲王的殷富家产。据说这位年仅五岁多的小王爷，"每岁赢余，不啻巨万"。乾隆又为弘瞻请了大诗人沈德潜为师，这是弘瞻日后善作诗词、又富藏书的一项主要原因。但是弘瞻没有体会他皇帝兄长的苦心，却养成了纨绔习性，又常以皇弟身份，放荡无羁，仗势欺人。他是巨富，仍时常向母妃索要财物。

任命他去沈阳送玉牒，他却先上奏要在途中狩猎。甚至还不时地向皇帝怒形于色地发出微词，很令乾隆不悦。他三十岁那年，又让两淮盐政高恒为他贩卖人参，以牟取暴利，这事后经人告发，弘瞻以为事态不致严重，没有想到皇帝立即下令将弘瞻等收捕入狱，交军机处大臣审讯。结果查出弘瞻又有购买蟒袍、朝衣以及请托军机大臣选任他门下私人为官之事，显然弘瞻又干预到国家任官事务了。乾隆乃公开批评弘瞻"素不安分，往往向人请托，习气最陋"，又说他"冥心干预朝政，毫无顾忌"，于是下令革去他的亲王，降为贝勒，并解去一切差事，永远停俸。弘瞻经此打击，居家不出，不久竟一病不起。乾隆曾到他病榻前探病，并恢复了他的亲王爵位，但到乾隆三十年三月，弘瞻终因病重不治逝世了，得岁三十有二。乾隆兄弟中只有他自己一人存活着，他的亲长与堂兄弟也都被整肃殆尽，再也没有宗室人等能向他的皇权挑战，集权独尊的地位从此坚实地建立。

八

皇权不容分享

　　乾隆皇帝为集专制大权于一身，即位后就将皇室宗亲赶出中央权力核心，并不惜以严厉手段，对皇家离心族众大肆迫害，维护皇权的不受侵犯。当允禄、弘晳等人的威胁解除后，皇帝专心来对付那些有心分享皇权的权臣了。

　　雍正末年，中央高官中有两位权势高重的人，一是鄂尔泰，一是张廷玉。他们都是雍正的宠臣。鄂尔泰升官到保和殿大学士、军机大臣，并晋爵一等伯。他常常称雍正为慈父，雍正也对他说："朕与卿一种君臣相得之情，实不比泛泛。"鄂尔泰之所以能得到雍正的宠信，当然与他的"居官奉职，悉秉忠诚"有关，尤其是"改土归流"政策的拟定与执行，得到雍正的激赏。张廷玉则没有在疆场或边地建立过什么殊功；但是他的文才出众，在内廷帮雍正筹划机务出力很多，而且任劳任怨，多疑的雍正皇帝对他的诚信极为赞赏，因此他奉命掌管过吏、户等部，入值军机，并获得皇帝六次赐金的殊荣，而且"每赐辄以万计"，实在难得。雍正对他们二人的信赖还可以从临终任命他们为顾命大臣，辅佐乾隆登基一事看出，也因此鄂、张二人在乾隆初年成为一人之下、百官之上的元老重臣。

然而中国古代官场，一直存在着互相援引、互相攀附的不良风气，鄂、张二人原本出身不同，受雍正知遇的背景各异，二人都各有一批追随者，而在雍正政权核心工作时，又各有主张，常常"阴为角斗"。在雍正晚年，因为皇帝是严厉的君主，他们虽呼朋引类，但仍不敢明目张胆地从事斗争活动。乾隆即位后，形势不同了。他们凭借前朝旧臣身份，又有拥戴新君登基之功，态度变得嚣张起来，连乾隆都看得出来，认为当时"事之大者，莫过于鄂尔泰、张廷玉之门户之习"。门户之习实际上就是结成党派，互相斗争。

　　乾隆尽管了解他们结党营私，影响到政局的安定，影响到皇权的伸张；但是在即位之初，为了倚靠他们处理国家政务，也为让他自己能专心对付皇家反对他的势力，容忍了鄂、张等人的斗争，甚至有时还利用他们的斗争来制衡这两大党派，以保持国家机器的正常运转。乾隆四年，当允禄等皇家势力被整肃之后，皇帝对鄂、张两大权臣开始打压。鄂尔泰因为骄倨傲慢，给皇帝有"权臣震主"的感觉，他首先被皇帝指责问罪了。

　　早在雍正死后第四日，王大臣允禄、鄂尔泰等上奏，准备把雍正的棺木停放在寿皇殿东面果园地方暂时安奉。乾隆不满意他们的想法，曾批示说：

> 皇考宾天不及数日，即议暂安奉事宜，朕心实有不忍。……
> 王大臣议，指称东果园，朕意东果园系旁侧地方，断然不可。雍
> 和宫系皇考居住之处，倘暂奉安此处，似合道理。

　　这是雍正梓宫暂安雍和宫一年的由来。后来雍正安葬易州陵寝，鄂尔泰为得和亲王弘昼的欢心，竟然主张将雍和宫赐给弘昼居住。乾隆对此事甚为不满，一则雍正在世时就有意要将雍和宫改建为喇嘛庙，二则乾隆认为雍和宫是他父亲与他自己两代居住的吉地，是龙兴之所，不愿再让别人去沾龙脉风水。同时赐屋一类的大权是皇帝专有，大臣如何能擅作主张，

因此断然拒绝鄂尔泰的建议，大挫了鄂尔泰的锋芒。

又如在雍正死前，因为贵州苗疆生变，张廷玉一党为打击鄂党，除制造舆论迫得鄂尔泰革职夺爵回家养病外，张廷玉的党人张照又自请到苗疆效力督理事务。张照一心要打倒鄂尔泰，他去苗疆全力收集鄂尔泰当年的罪状，根本不专心用兵，以致毫无成效，终于有废弃"改土归流"政策的实行。乾隆上台来，坚决再行归流政策，降旨指责张照，而此时鄂尔泰又重回中央掌权，不久后张照便以"挟诈怀私，扰乱军机"罪名逮捕下狱，并派鄂尔泰心腹张广泗往贵州平定苗乱，鄂党势力又见抬头，张照成为众矢之的。

张广泗到贵州后重新部署军事，半年时间平服了苗变，开始对张照攻击，并对他在贵州军需上银两支用问题进行清算。张照的罪行实在是无可宽免的，但是皇帝知道"鄂尔泰与张廷玉素不相得，两家亦各有私人"，"盖张照即张（廷玉）之所喜而鄂（尔泰）所恶者，张广泗即鄂所喜张所恶者"，皇帝更坦白承认过："余非不知，既不使一成一败，亦不使两败俱伤，在余心固自有权衡。"当时鄂尔泰占了上风，附势的人更多起来，显得益发势重而权重。他想以苗疆事件置张照于死地，并藉以打击张廷玉，乾隆没有依从鄂尔泰的意见，事后皇帝说："朕若听信其言，张照岂获生全？彼（张照）不知朕非信谗之主，而鄂尔泰又岂能谗照之人？"不但如此，乾隆后来竟出人意外地免了张照的罪，还让他入值南书房，甚至升官到刑部尚书，无疑是告诉鄂尔泰赏罚之权操在君主手中，任何大臣是不能享有的。

乾隆六年，陕西道监察御史仲永檀疏劾步军统领鄂善贪赃。仲永檀是鄂尔泰党人，鄂善受贿事牵涉到张廷玉等人，事实上又是鄂张两派的一次交锋。鄂善是满族老臣，先后当过兵部尚书等要职，乾隆帝也重用他为京城禁军首长，他这次受贿的银两不多，但因涉入党争，情形变得严重了。皇帝下令组成七人小组，包括鄂、张二人在内，共同审查此案，并降谕声称："此事甚有关系，若不明晰法办，判其黑白，则朕将何以任用大臣？

大臣又将何以身任国家之事耶？"同时指明：贪案果属事实，"鄂善罪不容辞，如系虚捏，则仲永檀自有应得之罪！"七人小组合力审案，很快得到结果，证实鄂善确有问题，皇帝立即"垂泪书谕"，令鄂善自尽。至于大臣中贪赃的部分，皇帝只将礼部侍郎吴士骐与詹事陈浩革职，张廷玉有嫌疑的事，皇帝说："今查询明白，全属子虚。"仲永檀虽因此而升了官，但倒张的计划仍然没有成功，皇帝对鄂尔泰显见不满了。

鄂善案件后不久，皇帝到塞外行围，在古北口看到"队伍整齐，技艺娴熟"，甚为称赞，当时任古北口提督的军官是黄廷桂，皇帝随即命令赐黄廷桂战马二匹，御用锦缎二疋。两个月后，乾隆返京时，又降旨授黄廷桂甘肃巡抚。黄廷桂是汉军旗人，雍正年间就出任过四川总督，乾隆元年因朝廷裁四川总督一职，他被降为古北口提督，现在被升为甘肃巡抚，根本不是什么殊恩。事情也真凑巧，就在皇帝出塞让鄂尔泰等人留京办事之时，有人告发古北口守备和尔敦"钻营行贿"，而黄廷桂又曾经是举用和尔敦为守备的长官，鄂尔泰本来就厌恶黄廷桂，如今有此告发事件，他当然不轻易放弃，于是利用他有主管兵部大学士的职权，乘皇帝不在京城时期，指示兵、刑两部审查，最后以即速处理手段，定了黄廷桂"滥举匪人"之罪，向皇帝建议处以降调职务。鄂尔泰以为皇帝在外，批阅本章一定不会仔细，只要皇帝写个"览"字或"知道了"，黄廷桂就无法升迁了。没有想到皇帝不是一个庸主，而且对黄廷桂很有好感，如何会被鄂尔泰蒙骗呢？皇帝在鄂尔泰的奏折上批写道：

> 黄廷桂不过因朕出口行围，路经古北，防备守御事务须人料理，是以将和尔敦请调，并非荐举升迁也，亦非保举和尔敦久留此任耶！

皇帝又说："办此事之大臣素与黄廷桂有不睦之处"，"谓非挟嫌，谁信之？"鄂尔泰如此办事，实在是"欺君揽权"，下令"将办理此案之大学士鄂尔泰等人严行申饬"，黄廷桂免除处分，皇帝又给鄂尔泰一次难堪。

鄂尔泰经过这次事件，对自己的行为也开始收敛谨慎了，可是他的家人党人为数众多，难免有犯罪犯过的，鄂尔泰虽未参与，甚至根本不知情；但是皇帝找他算账，所以他想避开是非也不一定能如愿。乾隆七年，鄂尔泰的长子鄂容安与仲永檀因串通泄密事败露，皇帝大为气恼。原来仲永檀因鄂善贪赃事受皇帝嘉奖，升官为左副都御史，他的气焰更骄狂了，经常与鄂容安私下交通，鄂容安当时在南书房行走，担任詹事府詹事，他们二人先寻找对象，商量参奏方式，利用京中与内廷的资料，弹劾打击异己，不顾朝纲地做些营私的勾当。事发之后，乾隆下令将他们二人革职拿问，并责斥鄂尔泰"不能训子以谨饬"，也"不能择门生之贤否"，并令将鄂尔泰也一并交部议处。

鄂尔泰经此打击之后，身心交瘁，不久就诸病时发，到乾隆九年冬天，他的手脚都不能动弹，第二年四月就逝世了。皇帝为了遵行父亲遗言，准他配享太庙，入贤良祠，并赐"文端"谥号，恩礼可谓隆厚。鄂尔泰死后，其弟鄂尔奇在户部尚书任上被人参奏庇护私人，坏法扰民，因而罢官。张廷玉党人还想趁机倾陷，希望皇帝治以重罪；但未得允准。皇帝不愿在去了一个擅权的鄂尔泰之后又来一个揽权的张廷玉，所以免去鄂尔奇加倍处分之罪。不过两年之后，鄂尔奇也因病离开了人世。

鄂尔泰一党后来由大学士史贻直领导，继续与张廷玉党斗争，乾隆十三年，他利用张廷玉请求归老还乡之事，到处宣扬张廷玉一生未建大功，没有资格配享太庙，并上书皇帝从众意罢张廷玉庙享。乾隆对张廷玉也有很多不满（详情请看下一节），但极不愿受大臣左右而行事，因而没有理会史贻直的请求，并公开地说："史贻直即与张廷玉不协，又何能在朕前加之倾陷？"两年之后，乾隆出京巡幸回銮，史贻直竟没有参加皇帝召集会议，此事确实损害到了皇帝的尊严，不久史贻直便以"小节不谨，必致尊卑之分不明"之过，"令他明白回奏"，表明皇权绝对至尊。

乾隆二十年（公元1755年），皇帝藉胡中藻《坚磨生诗钞》的文字狱案，彻底摧毁了鄂尔泰党残余势力。胡中藻是鄂尔泰的门生，当过内阁学士兼侍郎衔，他的诗集《坚磨生诗钞》中有很多怨恨不平之语，经过断章取义的解读，胡中藻犯了结党反清的大罪，皇帝对大臣说：

> 朕见其诗，已经数年，而在诸臣及言官中并无一人参奏，足见相习成风，牢不可破。朕更不得不申我国法，正尔嚣风，效皇考之诛查嗣庭矣！

胡中藻当然被处决了，但狱案并未因此结束。先被波及到的是甘肃巡抚鄂昌，鄂昌是鄂尔泰的侄子，因与胡中藻经常有诗词唱和，在鄂昌诗里发现有"胡儿"字样，乾隆认为有辱骂满洲之嫌，是满族的败类，下令革职，后来更赐令自尽。

鄂昌在案发前曾受史贻直的请托，为史贻直的儿子谋求甘肃布政使的职位，皇帝认为他们之间有徇私之情，史贻直也因此以大学士原品休致回家，给史贻直一个丢脸的处罚。两年多后，皇帝又起用史贻直入阁办事，补授大学士，但是因为史贻直"业已改悔"才得到皇帝恩赐的，让他知道君权是无所不能的。

最令鄂党人士难堪的是胡中藻案最后竟牵连到了死亡已十年的鄂尔泰本人，皇帝认为胡中藻敢如此肆无忌惮，鄂尔泰亦有责任，所以下令将鄂尔泰撤出贤良祠，以示惩罚。

权臣会分享皇权，党争会破坏皇权，在集权专制的皇帝看来，都是必须清除的，鄂尔泰及其党人的下场如此是必然的。

八

皇权不容分享

九
三朝元老衣冠扫地

盛清时代一位宗室亲王曾经说过：

> 高宗（乾隆）初年，鄂、张二相国秉政，嗜好不齐，门下士
> 互相推奉，渐至分朋引类，阴为角斗。（昭梿《啸亭杂录》）

这是说乾隆初年鄂尔泰与张廷玉两大权臣结党斗争情形的。鄂尔泰是
满洲镶蓝旗人，家世显赫，雍正末年他官拜保和殿大学士、军机大臣，加
上在改土归流政策推行上有大功，气势特盛，依附的人很多。张廷玉是安
徽桐城人，在重满轻汉的当时，本不足与鄂尔泰抗衡的；不过他家世代官
宦，一门朱紫，父亲张英是第一位入值南书房的汉人，以文学之才得康熙
赏识，后来官至大学士。张廷玉在康熙年间中进士，任内阁学士，刑部、
吏部侍郎。到雍正时获重用，累官保和殿大学士、军机大臣，兼管吏、户
二部，也可谓位极人臣。

乾隆登基之后，鄂、张二人都由顾命大臣转为军机大臣，在皇帝未打
倒允禄等皇亲前，颇获重用。其后皇帝为维护皇权，抑制权臣，鄂、张二

人乃相继遭乾隆打压。鄂尔泰事已在前一节略述，现在再来谈谈张廷玉的晚年官场生涯。

张廷玉在雍正朝获得重用的主要原因是他工书法、通文义，而且工作勤劳，"晨夕内值，宣召不时"，有时傍晚返家时在马上或车中，他仍然批览文书。晚上在家也常点燃双烛办事。他另外的特点是性情宽厚，操守很好，尤其能守密，因而得到雍正的倚重与宠信。乾隆也称赞过他下笔很快，"万言顷刻成"，而且也算是一个"诚信"的大臣。既然张廷玉有如此多的优点，为什么在乾隆上台后不数年就遭到连番的羞辱与打击呢？

首先当然是因为他与鄂尔泰党争的问题。从乾隆即位改变对苗疆政策开始，张廷玉的党人张照因挟诈怀私想给予鄂尔泰致命一击的用心被皇帝识破之后，张廷玉就被指出是事端背后的主使人了，皇帝甚至说出："鄂尔泰、张廷玉素不相得，两家亦各有私人。"后来甚至当面诫饬鄂、张说："二臣更当仰体朕心，益加警谨。"可见皇帝也把张廷玉看着是不安份的人。乾隆六年，步军统领鄂善受贿案爆发，张廷玉又牵涉案中，皇帝虽不愿深究，但对张廷玉的印象更加变坏了。第二年，张廷玉年近古稀，他向皇帝请求将自己的伯爵封号由其长子张若霭承袭，乾隆为了抑止张家势力，未予允准，而且不客气地告诉张廷玉这个爵位只为他本人而颁，不能由子孙承袭的，很令张廷玉难堪。

乾隆十一年，鄂尔泰已死后一年，张廷玉的长子张若霭也病逝了，这令张廷玉非常悲痛。敌对党的首领已去世，自己又送走了黑发人，张廷玉也想到退休归田了。此事经过一年多的酝酿，他终于在乾隆十三年正式向皇帝提出，但是他的运气也够不好，这一年正是乾隆有生以来最痛苦的时刻，他指定的继承人爱子夭亡，他的爱妻富察氏也病故，而金川战役连遭败绩，被他处死或革职的文官武将很多，他的心情确实坏到了极点。张廷玉虽"情词恳款，至于泪下"的请求归里终老，皇帝仍认为大臣服务君主应该鞠躬尽瘁、死而后已才对，怎么能在朝廷与皇家多事时告老还乡？张廷玉退休不成，反令皇帝动了怒心，实在是始料未及的事，而从此皇帝对

九

三朝元老衣冠扫地

张廷玉更加误会，处处刁难他了。

同年九月中，当皇帝的《御制诗集》刻本刊行后，发现其中"讹误甚多"，而张廷玉是此书的总裁官，因而受到"交部议处"的惩罚。十月二十日，翰林院撰拟的孝贤皇后冬至祭文中用"泉台"一词，皇帝认为不妥，竟将用于一般人的文字用在皇后祭文中，甚不尊敬，张廷玉因为是撰文人之一，也被罚俸一年。十一月二十九日，张廷玉等又因拟写票签错误，将"陈宏谋虽有过"写成"无功无过"，"此系面奉谕旨，何得舛谬若是，明系袒护陈宏谋"，因而下令"交部议处"，结果张廷玉又被"销去二级"。张廷玉一生是以"裁拟谕旨，文采赡备"，"书于秘册，一字不遗"而且"述旨信无二"闻名当时的，皇帝突然三番两次地在文字上有意挑错，显然是打击他的优长的。

张廷玉当时已年近八十，一再受罚，感到十分羞辱。第二年正月，他不顾一切再向皇帝呈请退休，可是乾隆还是不准，并且说："张廷玉长于京邸，子孙绕膝，原不必以林泉为乐。"张廷玉则再三恳求，直到同年十一月，皇帝见他老态日增，觉得"强留转似不情"，有意不再为难他，让他回安徽老家养老了。

本来张廷玉可以归隐林泉了，但是此时鄂尔泰一党的史贻直却在皇帝面前兴风作浪，认为张廷玉并无大功勋，死后不应配享太庙。张廷玉是个"嗜爵如命"的人，配享太庙的光宠又岂是封爵能比的事，所以又掀起了另一次政治风暴。

太庙是皇家祭祀列祖列宗的庙宇，皇帝生前有很多文武官员听他差遣，为他办事，死后也要部分他宠信的大臣陪伴扈从，所以在太庙里也有配享大臣的牌位，而能入太庙配享当然是殊荣了。

雍正临死时，特别交代要让鄂尔泰、张廷玉配享。清朝皇家太庙里，当时还没有一个汉人配享，因此张廷玉更觉得是无比光荣的事。现在史贻直在皇帝面前讲坏话，不让张廷玉与鄂尔泰一样进入太庙配享，当然这是张廷玉非常不乐的事。

早年的张廷玉确是一位"立身谨饬"、有厚德家风的人，历官多年后却变得嗜爵如命，而在垂死之年更不能持志养志、甘于淡泊，为身后入庙配享事想不开，实在教人感到可惜。张廷玉为了确保死后得入太庙配享，他竟请求当面晋谒皇帝，并希望乾隆能在他离开京城返乡前给他一个保证。本来这是雍正的遗命，鄂尔泰死后已入庙配享了，张廷玉将来也不该有问题，但是张廷玉现在竟向乾隆提出如此请求，颇令皇帝不满，因为显然是张廷玉对皇帝怀疑，有不信任感了，否则怎么有此举动？皇帝后来答应了他的请求，但也耐人寻味地为这件事写了一首诗赐给他，诗中有"漫愁郑国竟摧碑"句，引用了唐太宗为魏征立碑又能倒碑毁文的故事，表明皇帝对任何事都是有绝对权威的，现在准你张廷玉配享，将来也有可能改变心意不让入庙的。况且"吾非尧舜谁皋契，汗简评论且听伊"，意思是我乾隆不是尧舜，你张廷玉也不比皋契，历史将来自有评论的。

　　张廷玉得到皇帝保证将来可以入庙配享的允诺后，应该立即上朝谢恩才是，可是他只写了一份奏折让他的次子张若澄去代为表示感恩，这又使皇帝生气了，而且大为生气，认为张廷玉的"所行有出于情理之外"，立即命令军机大臣传旨，叫张廷玉明白回奏。

　　张廷玉从他门生军机大臣汪由敦处得到皇帝震怒的消息之后，立即亲赴内廷请罪，乾隆当面列数这位三朝元老的种种罪行，并命令朝臣对此事的处置开会研究，大臣们见龙心不悦，集会后做出张廷玉革去大学士衔和伯爵、不得配享太庙等的建议，请皇帝做最后决定。乾隆不愧是位善弄权术的君主，他对张廷玉的处分只是削去伯爵，其他事没有同意。即使如此，对"嗜爵如命"的张廷玉来说，确实是够伤心痛苦的了。而张廷玉的学生汪由敦则以泄露消息为由，被革去协办大学士与尚书等职位，留在尚书任上赎罪，处罚实在不轻。

　　经过这次处罚，张廷玉觉得颜面无光，而且发现留在京城，动辄得咎，不如及早返回老家安徽，离开京师这块是非之地。也许真是他的时运不佳，当他第二年（乾隆十五年）春天按照皇帝赐准的时间准备回乡时，

九

三朝元老衣冠扫地

却又遭到乾隆更严厉的责难，得到更难堪的处分。

这一年三月，乾隆皇帝的长子永璜二十三岁英年早逝，皇帝虽不是十分疼爱这位庶出的皇子，也没有立他为储君的念头，但是毕竟是己出的长子，仍令皇帝相当悲伤，下令丧服从优，辍朝五日，皇帝在初奠时还亲自前往奠酒，以示隆重。张廷玉曾是永璜的老师，在丧服未除之时竟上书急想返乡，在乾隆看来，当过永璜老师的张廷玉竟"漠然无情，一至于此，是谓尚有人心者乎？"正在此时，又发生了蒙古额驸超勇亲王策凌病逝的事，皇帝把太庙配享的问题再度提出讨论了。

策凌对清朝维护边疆贡献良多，几次参与对准噶尔的战役，立过大功，乾隆下令照宗室亲王典礼为他办理丧事，并下令让策凌配享太庙，他是蒙古人配享的第一人。不仅如此，在同年四月间，皇帝说他看了以往配享大臣的名单，"其中如费英东、额亦都诸臣，皆佐命元勋，汗马百战"，鄂尔泰有改土归流经略苗疆之功，配享"已属过优"，而张廷玉仅是从事文墨工作的大臣，"于此益见张廷玉之不当配享"。所以皇帝命令将太庙里配享大臣的名单交给张廷玉看看，让他自己想想他够不够资格入庙被人祭拜，"应配享，不应配享，自行具折回奏"。

张廷玉接到谕旨与配享大臣名单之后，心知情势严重，一年前请皇帝保证他死后一定能入庙配享，已经是贪相毕露，不像一个淡泊清高的读书人了；现在又遭到如此侮辱，实在悔恨万分。但他也了解皇帝是至高无上的，只有向他低头。他在回答的奏折里向皇帝说：

> 臣老耆神昏，不自度量，于太庙配享大典，妄行陈奏。皇上详加训斥，如梦方觉，惶惧难安。复蒙示配享诸臣名单，臣捧诵再三，惭悚无地。念臣既无开疆汗马之功，又无经国赞襄之益。……伏乞罢臣配享，并治臣罪。

皇帝得到张廷玉的报告后，交给大学士等大臣，开会研讨张廷玉的罪行与处分。不久之后，大学士们认为张廷玉应罢配享，并革去大学士衔。张廷玉已在年前被削去了伯爵，现在又革大学士衔，将来又不能配享太庙，真可谓是一无所有了。不过，皇帝似乎还装着优遇老臣，下令罢张廷玉庙享，免革大学士衔，给这次事件的前后情节，"详谕内外臣工知之"，无异又让张廷玉在后辈臣僚中再丢一次脸。

张廷玉就这样灰头土脸地回到老家，但是他的劫难并不因此而停止。就在同年，有位四川学政朱荃，被御史参劾贿卖生童，罢官回家，但他在途中投水自杀。皇帝派人调查之后，发现朱荃是张廷玉的姻亲，而且朱荃能当上学政，全是多年来经由张廷玉以及门生梁诗正、汪由敦等人徇私提携的缘故，乾隆认为张廷玉等竟敢如此漫无忌惮地作弊用人，实在罪不可逭。结果又将张廷玉罚银一万五千两，追缴以前送给他的御笔、书籍及一切官物，并将梁诗正与汪由敦也一并降级处分。

张廷玉经过几年的多种打击，党派的势力几乎不存在了，自己的身体也衰病不堪了，乾隆二十年三月他带着悔恨去世。有趣的是乾隆得悉他的死讯后，却宽恕了他的罪过，下令又准他入庙配享，以示他眷念旧臣、不忘皇父遗命之意。乾隆这种几近恶作剧的作风，表面上看他让张廷玉死后又重获了荣宠，但张廷玉真能泉下有知，享受这份光荣吗？

张廷玉晚年的不幸际遇，一部分是他自己虚荣贪念与没有自知之明造成的；但是集权专制君主从来就不喜大臣结党斗争，更不喜大臣侵犯他的皇权，张廷玉以三朝元老自居，在这两件事上都令龙心不悦，他能得到善终吗？

十
伴君如伴虎

雍正确实是一位既英明又能干的君主，他在生前就为他儿子乾隆安排好一切继承的事了，包括几位辅政大臣与一些统治的政策；然而乾隆不是一个安于现状的皇帝，他有理想，又想创新，要在"盛世"的基础上创造"新的盛世"。因此他上台之后就有不少"不法祖德"的表现，尤其他重视皇权，皇家斗争与对前朝老臣的打压事件就不能避免了。允禄、弘晳的失权失势，鄂尔泰、张廷玉的羞辱老死，都成为这位新君执政初期的历史事象了。

然而皇权独尊是一回事，国家大政绝不是皇帝一人所能处理得了的，所以乾隆从他父亲时代皇亲与旧臣的势力中突围之后，他亟需培养一批自己的人马来为他服务办事，不少年富力强的新面孔便在乾隆朝历史上出现了。

在恢复军机处的时候，乾隆就引进了几个新人以牵制鄂尔泰与张廷玉，并在顾命大臣中进行分化，以破坏鄂、张元老集团的力量。除了利用鄂、张党争来制衡之外，皇帝又培养顾命大臣中年轻的讷亲，来淡化鄂、张的地位与实力。讷亲是满洲镶蓝旗人，出身于满族世家钮祜禄氏，祖先多贵戚勋旧，雍正时得到重用。他办事勤敏，操守很好，又反对党庇瞻徇的官场风气，因此被乾隆看中。在刚恢复的军机处里，鄂、张二人虽名列首辅，但皇帝信任讷亲，让他"一人承旨"，显系乾隆在培植他为亲信。讷亲的廉正持公作风也得到皇帝的赞许，特别是他到外省查巡营伍废弛或是察勘河道工程时，地方官的奢华供应，着意迎逢，他都一概拒绝，因此到乾隆十年，当鄂尔泰病逝，张廷玉失宠后，讷亲就被提升为军机处领班大臣，行走列名在张廷玉之先了。

讷亲也不是一个十全十美的人，据当时人的描写，他生性自负，恃骄刚愎，常常不顾大体，"遇事每多谿刻"，他对属下官员的"公事建白，必反复驳诘"。当他主持吏部和户部时，对于一切政事都主张从严处理，后来有人参劾他，说他"事涉于因公，迹涉于任怨"，"出一言而势在必行，定一稿而限逾积日"，可见他是一个苛刻到不近情理的人。讷亲倔强的个性和骄矜的作风，当然得罪了不少人，而他不善观察官场政坛变化，自以为是，又常会"不以皇帝之心为心"，在乾隆看来，这种不能配合皇权意志行使职权的人，终必成为皇权的大患。讷亲既为皇帝所疑所忌，又得罪了众多的亲贵大臣，他的恩遇当然就不会久长了。

乾隆十二年，四川地区金川一带藏民互斗，发生地方动乱，皇帝派川陕总督庆复与名将张广泗去平乱，他们竟然无功而返。皇帝为统筹全军，命令讷亲为经略，率领禁旅到金川，希望派一个"可信大臣亲履行间"早获捷音；但是讷亲不懂军事，更不了解金川的地理与当地的军情，他自恃其才，"甫至军，限三日克刮耳崖。将士有谏者，动以军法从事"。由于讷亲的轻敌，清军连遭败绩，他从此"不敢自出一令，每临战时，避于帐房中，遥为指示，人称笑之，故军威日损"。他又专横跋扈地对待张广泗，并把战事失利的责任推卸给张广泗等带兵官，更引起前线的将相不和。皇帝知道金川战事遇到困难，降谕指示可用离间之术，使金川反抗势力瓦解，但讷亲先奏请增兵进剿，后又主张撤兵待机出击，他简直没有把皇帝的谕令认真遵行，只是一味地自我行事，这又是背离皇权行事了。皇帝常说"惟于重大紧要之关键，方足以见报称之实心"，讷亲却在这样重大关键时刻表现出不忠，难怪讷亲就因此被摘掉经略大臣的印信，后来在前线拘禁，到乾隆十四年正月，皇帝甚至下令将他在军前正法了。讷亲是乾隆提拔的第一位中央极品大员，是皇帝一度激赏的宠臣，但因为他的行事作风触犯了龙颜，顶撞了皇权，在皇帝刑杀立威下牺牲了。

深受乾隆赞赏的南方诗文名家汪由敦，在雍正晚年任职侍读学士，乾隆即位时，重要文献如登基大典的进御之文等都是由他撰写的，后来他到南书房入值，擢升为内阁学士，不久又出任礼部、兵部与户部的侍郎，工部尚书、刑部尚书等职。乾隆十一年授左都御史、军机大臣。金川战事平定后，汪由敦又加太子少师衔，协办大学士。他的官运可谓亨通之极，其原因主要是当时政府很多公文都是他"承旨，耳受心识，出则撰写，不遗一字"，很令皇帝满意，而在同时，皇帝个人所作的诗文，也有先由汪由敦属草，而后由乾隆修订而成的，难怪皇帝称赞他说："赞治常资理，论文每契神。"不过，遇到皇权被侵害时，皇帝就觉得诗文是次要的了。

汪由敦是张廷玉的门生，乾隆在打击张廷玉时，汪由敦因任职军机处常设法帮助老师，因此令皇帝十分恼怒。例如张廷玉晚年为配享太庙事与皇帝纠缠时，乾隆先要降旨命军机大臣质询张廷玉，汪由敦怕张廷玉因此治罪，曾舍身在皇帝面前为老师求情，他摘下官帽，跪在地上恳请皇帝收回成命，乾隆认为他徇私害公，相当不满。后来皇帝允诺张廷玉入庙配享，而张廷玉又不亲到内廷谢恩，失大臣之礼，下令要军机处拟旨命张廷玉明白回奏，汪由敦又为了老师暗中把消息传给张廷玉，皇帝发现汪由敦泄密，斥责他"徇私情而忘公义"，立即革掉他的大学士职务与尚书衔，只在尚书任上赎罪。后来皇帝的怒气消了，汪由敦又逐渐得到重用，累官至吏部尚书，但是一直到乾隆二十三年汪由敦病死，始终没有再任命他为大学士。由此可知：任何宠臣都是需要尊重皇权的。

乾隆中期还有一位值得一述的高官是于敏中。他是江苏金坛人，乾隆二年中状元，由于他"才颇敏捷，非人之所能及。其初御制诗文，皆无烦定稿本，上（乾隆）朗诵后，公（于敏中）为之起草，而无一字之误"。乾隆对他非常赏识，命他入值南书房，乾隆十八年就当起兵部侍郎等二品大员的高官了。十年之后，他得到在紫禁城内骑马的殊荣，乾隆三十六年更擢升为协办大学士，两年之后，因为首席军机大臣刘统勋病故，他又被皇帝提拔为首席军机，官运真是出奇亨通。本来在乾隆初年恢复军机处时，规定排名第一的军机大臣必须是满洲籍人士，但是自从傅恒死后，满洲重臣中没有适合人选，而当时的军机大臣中，刘统勋公忠体国，操守尤佳，皇帝乃破例于乾隆三十六年任命刘统勋为首席军机，于敏中是随着刘统勋而当上首辅的。可是于敏中的品德不能与刘统勋相比，他为做官曾经"两次亲丧，蒙混为一，恝然赴官"，这在讲求孝道的当时，贪位而忘亲是令人不齿的，不过皇帝还是保全了他，尽管大臣中有不少人交章弹劾了他，也不见结果。于敏中升任首席军机之后，变得更是骄狂，他不但培养私人，结交外吏，甚至连太监都联络起来了。乾隆一直以清朝建国以来没有母后、外戚、宦官、权臣干政自鸣得意，于敏中竟想通过太监刺探宫中情形，实在令他震怒，可是皇帝最后只杀了太监头子高云从，而没有处分于敏中，这其中原因是于敏中当时被乾隆所倚重，他不仅文学才华出众，办事能力也佳，每天为皇帝筹划国家大政方针，皇帝明知他操守不好，行为狂纵，但傅恒、刘统勋等人已不在人世，一时也只好容忍，以警告来遏止他的妄为。乾隆在处斩高云从后，曾说：于敏中"实福泽有限，不能受朕深恩。于敏中不知痛自愧悔耶？"乾隆四十一年，金川战役告捷，皇帝论功行赏，也赏给于敏中一等轻骑都尉，世袭罔替，并画像紫光阁，因为他"较众尤为勤勚"的缘故。

　　于敏中得到封赏之后，并没有能收敛自己的行为，反而更广结内外官员，扩大自身势力。所幸的是他还没有做出具体的僭越事件之前，在乾隆四十四年底就因病去世了。皇帝派了皇八子去洒酒致祭，并写诗哀悼痛失辅佐的心情。后来又下令赐于敏中谥号"文襄"，入贤良祠祭祀，于敏中可谓身后备极哀荣。

十

伴君如伴虎

世事实难逆料，于敏中死后不到半年，于家因分家事爆发出了于敏中侄子与孙子恶斗的丑闻，并且告状到了军机处。皇帝下令彻查，结果发现于敏中生前家产竟高达两百多万两，这笔财富显然是由于敏中任官时贪污而来。他在江南又兴建私人花园，查证是地方官逢迎于敏中的利益输送。正在此时，甘肃地方又发生"捐监案"，而于敏中是接受了甘肃官员贿赂才怂恿皇帝允准开捐的，于敏中也算是此案的始作俑者。皇帝盛怒之下，命令将于家产业充公，于敏中也撤出贤良祠。皇帝甚至还气恨地说："设于敏中尚在，朕必严加惩治。"

于敏中一度是乾隆皇帝的宠臣，最后因为舞弊弄权、窃作威福、广结中外、公然受贿等等罪行，伤害了皇帝的心，侵犯了皇帝的权，他死后被乾隆抄家撤享也是不意外的。

乾隆朝也有一些首辅大官，他们得到了善终。是不是他们的运气好呢？我想也不尽然，例如早年的傅恒，就是带着一身荣耀走进历史的。

傅恒是满洲镶黄旗人，出身家世显赫的富察氏，他是乾隆皇帝嫡妻孝贤皇后的弟弟。他不是科举正途出身的，先在皇宫里当侍卫，后来擢升为内务府大臣，乾隆十年进入军机处，三年后讷亲被杀，他升为首席军机，当年他才二十五六岁，是清朝历史上最年轻的首席军机大臣。

傅恒被破格重用，虽然与他亲姊姊皇后在这一年仙逝有关，皇帝深爱发妻皇后，爱屋及乌因而提携她的幼弟也是有可能的。不过，皇帝自登基以来，十三年间一直被前朝的几位顾命大臣掣肘、要挟，实在困恼不堪。现在鄂尔泰、张廷玉已击倒，讷亲以兵败见杀，皇帝完全可以自主行事了，为了显示他的至高皇权，重用傅恒正可以说明这一点。傅恒也并不是全靠裙带关系而得到跃升官位的，他也有很多长处，令皇帝心喜，令大臣折服。在讷亲被杀之后，皇帝便下令要傅恒任川陕总督，经略军务。傅恒领兵到四川之后，亲自督师攻下金川险碉几座，大挫了反清藏民的气势，第二年四月捷报传到了京师，皇帝大喜，立即下诏命傅恒班师，称赞他是"朝中第一宣力大臣"，并暗示他"岂可因荒徼小丑久稽于外？"意思是说他已建立了功名地位了，回朝有大用的。傅恒此时想直捣乱民巢穴，再建大功，犹豫是否班师时，金川土司首领因久战乏力，出面投降，傅恒因而以全胜之功班师回朝，从此奠定了他第一功臣的地位，成了名副其实的首辅军机，一直到乾隆三十五年七月，傅恒病逝，他执掌军机处大权达二十年之久。傅恒虽是椒房之亲，朝廷第一功臣，但他待人接物还是有守有分，谦冲忠厚，深得人心。皇帝不断加恩，赐黄带、宝石、双眼花翎以示尊崇，他却谢恩力辞。比起于敏中乞求翎帽黄挂来，真是不可同日而语。傅恒恭谨事上的为人与作风，与不喜揽权、不结私党的表现，更令皇帝喜悦，所以在乾隆三十五年傅恒在缅甸战场上得胜回来不久后病死时，乾隆确实悲痛非常，因为他很难再找到这样尊重皇权，全力拥护皇权的大臣了。

刘统勋也是乾隆认为忠君的大臣，只是他不像傅恒那样的效死忠，刘统勋是敢说敢当的耿介之士，皇帝因为他不犯皇权，所以他也成就了功名，得到了善终。他是山东诸城人，乾隆即位时，他因是进士出身当了三品京官，又因他"性简傲，不蹈科名积习，立朝侃然，有古大臣风"，而受到皇帝的器重。他不趋炎附势，操守又好，在乾隆六年他被晋升为左都御史，成为言官的首长。这位一向以刚直闻名的御史大官，在担任新职后便对当时两大位高权重的人表示意见了，他上疏说讷亲权重，"属官奔走恐后，同僚亦争避其锋"；而讷亲的"出一言而势在必行，定一稿而限逾积日，殊非怀谦集益之道，请加训示，俾知改省，其所司事，或量行裁减"。他又对张廷玉进行攻击，认为他"晚节当慎"，"窃闻舆论，动云张姚二姓占半部缙绅"，他希望皇帝能"自今三年内，非特旨擢用，概停升转"。乾隆对他的参奏并不喜欢，但也没有责备或处分他。其后若干年，皇帝经常命令他鞫谳大案，或任钦差到各地查案。刘统勋对皇帝交办的事都能秉公处理，达成任务。不过，他的官运远比傅恒等人差得多，乾隆二十年他被派出当陕甘总督，主持对准噶尔用兵之事，结果大失乾隆所望，被革职查办，解京受审，家产也被抄没。事实上刘统勋也没有犯大错，只是在筹措军粮问题上自作主张，没有遵从皇帝旨意办理而已。第二年刘统勋回京后，皇帝又赦免了他的罪，不久起用他为刑部尚书。五年后更擢升为东阁大学士，兼管礼部、兵部，变成位极人臣的大员。乾隆三十八年刘统勋逝世，他出任大学士长达十三年之久，皇帝一直对他信任，尤其在傅恒去世之后，乾隆改变了汉人不得任首席军机的惯例，升刘统勋为首辅，成为皇帝的心腹大臣。刘统勋何以能得乾隆的宠信？这可能与他从经验中取得教训有关。他后来由骨鲠之士变为只知尽职勤事的廉能之臣了，他也学会了"窥帝意"的本领，因而长期服官还能得到好结局。不过刘统勋坚持公廉办事，所以在死后被皇帝誉为"终身不失其正"，因而得到一个"文正"的谥号。

乾隆晚年，阿桂与和珅都被重用，他们在大学士与军机大臣的位子上坐了很多年而宠信不衰。阿桂性情稳重，行事机敏，乾隆最以为荣的"十全武功"，阿桂是无役不与的功臣，他有四次入紫光阁画功臣图像的殊荣，这是清朝仅有的事。他也常被皇帝派出查案，结果也令皇帝满意。他"进止温恭，居有常处"，尤其办事负责认真，每天"先五鼓起，入禁廷"，"有奏稿，必亲阅无误字，乃进御"。由于阿桂办事不敢疏忽，对皇帝竭尽忠诚，尽管也有被贬罚的记录，但乾隆终究是喜欢这种有将才又有相才的贤能臣工的。

和珅从乾隆四十一年授户部侍郎，不久出任军机大臣后，在任二十余年，历任步军统领、尚书、大学士等官，甚至因功封为一等公。他是精明敏捷、办事干练的人，尤其善体乾隆心意，在皇帝骄矜又自负的晚年，他像奴才似的迎合皇帝做事。他不曾侵犯或夺取过皇权，只是有时弄权，做些贪赃的不法事，这是他能宠幸历久不衰的原因。有关阿桂与和珅的事在以后各章中还会谈到他们，这里且简略地先作一点叙述。

从以上乾隆朝中央大员事迹的简介中，相信可以看到一个事实，即凡被皇帝宠信的都是有才华、能办事的人，他们能不能在官场得到保全，有个好的结局，全在他们有无侵犯或分享皇权而定。乾隆是位集权专制的实践者，他喜欢的是一批能为他办事而又是奴仆式的御用官员，有无彪炳功业并不重要，因为所有功业文章都是应该属于皇帝的。乾隆虽一再强调中道，但是在他朝廷做官的，不一定比严刻的雍正时代容易生存。大臣们要时刻以"伴君如伴虎"自我警惕，否则是很难得到善终的。

十一
整饬官场

乾隆皇帝在登基之后，特别是打倒亲贵削夺相权之后，着手整饬官场了。他知道若要政治清明，就非得有贤能的官员，而且他们还需要勤于政务，关心民生，务实地为国家服务。皇帝为起带头作用，他自己先勤奋地工作，不做太平享福的君主。据当时在他身边的属下说：

> 上（指乾隆）每晨起，必以卯刻。长夏时天已向明，至冬月才五更尽也。时同值军机者十余人，每夕留一人宿直舍。又恐诘朝猝有事，非一人所了，则每日轮一人早入相助，谓之早班，率以五更入。平时不知圣躬起居，自十二月二十四日以后，上自寝宫出，每过一门必鸣爆竹一声。余辈在直舍，遥闻爆竹声自远渐近，则知圣驾已至乾清宫，计是时，尚须燃烛寸许始天明也。余辈十余人阅五六日轮一早班，已觉劳苦，孰知上日日如此，然此犹寻常无事时耳。当西陲用兵，有军报至，虽夜半亦必亲览，趣召军机大臣指示机宜，动千百言。余时撰拟，自起草至作楷进呈或需一二时，上犹披衣待也。

另外，朝鲜人也有记述乾隆每天工作情形的，他们的说法是：

> 卯时而起，进早膳后先览中外庶政，次引公卿大臣与之议
> 决，至午而罢。晚膳后更理未了公事，……夜分乃寝。

可见乾隆皇帝每天的工作时间很长，备极辛劳。事实上，不但即位初年如此，即使是他往后的数十年皇帝生涯中，他几乎每天都是"惟日孜孜，罔或稍懈"地专心理政治国。

乾隆初年在政治上的主要活动是在"中道"思想指导下，对前朝政事作适当调整，他特别强调为政贵在务实，所以他要求在京满汉官员轮班条奏，内容一定要"深筹国计民生之要务，详酌人心风俗之攸宜"，反对崇饰虚文，必须陈奏实事。雍正大丧期间，各省督抚等官呈奏的都是些恭请节哀、进京叩谒梓宫等报告，没有什么内容。皇帝下令教他们"自今以后，凡无关于政事之实者，不必具折具本陈奏"。即位半年之后，他降谕说："从未见诸臣有直言朕过者，岂朕所行之事，悉能上合天理，下协人情欤？嗣后务须直言无隐。"他不准官员虚报开垦田亩，也不鼓励祥瑞的粉饰，他令大家以实心行实政。

要想得到勤奋务实的好官，当然就应该讲求用人的方法与人选的质量了。正如乾隆说的："创业难而守业亦不易，惟在人君用贤纳谏，则天下自安，而国家永固。"当时官吏的来源主要有科举、捐纳、举荐几条途径。科举是正科，乾隆也效法祖父康熙增加过特科，如博学弘词科、经学特科、孝廉方正科、南巡召试、万寿恩科等等。皇帝重视正科，曾经多次亲临贡院，下令改进场所、设备、膳食，甚至延后考期，让考生在比较舒适的环境中应试。捐纳本来不是乾隆认可的，到大、小金川战役发生后，为了解决军饷，才开放实官捐纳之例。大臣荐举贤能的人来当官，皇帝认为是个好办法，但他痛恨因私人关系滥举，乾隆三十一年甚至降谕严定

督、抚妄举人员要判罪，还真有大官后来因妄荐被处分的。

选拔了人才当官以后，对他们的工作情形与操守应该按时检查才对。清代承袭汉人制度，对京官与外官每三年有一次"京察"与"大计"来考核官员的成绩。乾隆一再地谕令主管们要认真执行，不能徇私。乾隆十八年以后，他多次对京官的"京察"亲自裁定，后来又下令对地方高官布政使与按察使也要进行考核，同时又鼓励官员以密奏属吏贤否，乾隆对中外各官的考核不能说不重视了。据不完全的史料统计，在他主政的时代，官员因"不谨"、"老"、"疾"、"才力不及"、"浮躁"种种原因而被革职、退休、调降的竟高达六千多人，足见皇帝对官场整饬的力度了。

乾隆为了控制官员，防止弊端，他又加强推行引见制度。这一制度就是凡被任命做官的人，都需要经过皇帝召见这一关。而已经任职的也被分批地调来京城觐见。乾隆三年以后，又将入觐的官员范围扩大，甚至有些知县都被引见了，并且作为定例。皇帝在召见官员时，可以当面观察各官的面相、谈吐、学问、为官经验等项，作为参考，不合适的他也可以不选派他们为官。这也是乾隆对各级官员操有任命大权的一种手段，用人权他是不想旁落他人的。

为了防止官员结党营私作弊，皇帝在即位之初就规定，上奏补用人员时，必须在奏折中将补用人的籍贯、科举年份等资料详细写明，以防以姻亲、同乡、同年、师生等关系提携进入官场，增大各官一己实力。后来又规定武官在职的要回避本省人，八旗武员也要到离乡五百里外地方任职才算符合规定。乾隆中期以后，甚至禁止同在一省的上司属员在现任内结亲，"违者，照违令律议处"。另外，为了防范中央官员与地方官员勾结、地方官员彼此之间勾结、地方官员与地方绅衿勾结，皇帝又下令严禁以下几件事：

一、地方官不得巴结逢迎上司的子侄，有上司子侄经过地方时，不准拜谒地方官，以张扬声势。

二、地方官不准上奏呈请现任中央九卿高官的父祖入乡贤祠。

三、各地乡绅不准为当地官员建立生祠。

四、督抚经过地方，下级官员不需"跪地迎送"。

同时，皇帝又几次下令将各省历年来修建的文武官员去思碑、德政碑全部扑毁，消除官场的这种歌功颂德歪风。据史料所记，乾隆五十年云南、山西两省就毁掉六百多座，吏治也由此得到一些澄清。

康熙、雍正年间，因为崇尚程朱理学，读书人高谈理、气、性、命之学，他们当官之后，大多是空谈见长而别无他能。乾隆为改进官员素质，在汉族官员内逐渐斥逐崇奉理学的臣工，而举用服膺汉学的士子进入官场。从乾隆十年开始，政府考试命题以汉学研究为主，专出经史考据的题目，这样一来，研究汉学有成的人便容易考中而当官了。一直到乾隆禅位给儿子嘉庆，五十年中，先后举行过二十三次会试，录取名额不下四千人，这些考中的人中有不少官至极品，有外省的封疆大吏，也有中央的部院大员，甚至有任大学士、入军机处的，皇帝从思想与风格上大大整顿了官场的成员。

对官场人士结构调整影响最大的，可能是民族成分的改变。我们知道：清朝是满洲人建立的，他们入关之后以少数民族统治众多的汉人，当然害怕汉人反侧，推翻他们的统治权，所以皇帝一直以满洲为主体，执行内满外汉的政策。康熙为了做一个儒家标准的明君，对汉人官员还相当礼遇。雍正也在调和满汉的政策前提下，限制满洲人的官场势力膨胀。乾隆即位后，则变更了他祖先的传统，在官场为八旗属下人广开大门，让他们在仕途有更多发展的机会。乾隆二年，皇帝首先下令准许旗人和汉官一样，可以保举为道员，以前只准举为布政使与按察使，职位降低了，任官的人当然就多了。乾隆六年，皇帝又作出新规定："嗣后满洲进士，亦着照依甲第名次选用知县。"知县是七品小官，全国各地有很多个县，因此旗员任官的机会更多了。另外，清初以来，明朝降清的兵丁被收编为绿营兵，长官仍用汉人军官。乾隆上台后以绿营营伍废弛为借口，"分用满员，以资钤辖"，陆续派出大批旗员补任绿营守备以上的各级军官。由此可知，乾隆对当时文武两个官场都开放给了满洲人，尤其是武官名额中，在乾隆三十年代，直隶、山西、陕西、甘肃、四川等省副将至守备，已有三分之二的名额被满族人占有了。全国也有不少知县是任用了满洲人，一度还引起汉人官员上书抗议过。

乾隆皇帝以多种方法来整顿官场，饬治风气，不但使政坛出现了一番新气象，也加强了他的皇权。他紧握了人事任命大权，加强了对官员的控制，因而进一步地巩固了他的专制集权统治。

乾隆以他多年执政的经验，说过这样的一段话：

> 皋陶言：人君为治之道，在知人，在安民。斯言也，实系千古帝王治世之要道，舍是无他求矣。夫知人安民非二事也，人君以一身临万民之上，万民众矣，岂能一一教之、养之，是在知人善用，内而百官，外而民牧，必各称其职而能其事，以相辅弼承宣，然后庶政唯和，万国咸宁。

据此可知：皇帝之所以整饬官场，慎重任用人员，甚至改变官员民族籍贯，主要是因为各级文官武将都直接关系着他统治国家的命运，也关系着他统治的权力与地位，因而他不惜作出种种努力，整饬官场，澄清吏治。然而乾隆统治长达六十年，国家承平日久，官员腐化日深，加上皇帝本身又有不少问题，以致官场贪风并未收敛，吏治依旧废弛，官常也未见变好，乾隆朝是清代由盛而衰的分水岭，这说法应该是大致可信的。

现在就先来看看乾隆这一朝贪案中比较大的、比较奇的一些案例吧。

十二

乾隆朝贪案特别多

有学者说中国古代政治史就是一部官僚贪污史，这种说法当然夸张了一些；不过考之史实，倒也有些真实性。我们从历代史书与私家别集中，官吏贪污的事随处可见，堪称俯拾皆是。从先秦到清末，甚至直到今天，古今中外的官员贪渎事件，几乎是无时不见，无处不见。尽管历代都有明君贤臣发表防贪、肃贪的政令主张，制定肃贪、惩贪的法律规条，将成千上万的贪官绳之以法；但是贪风依然猖獗，贪官还是不断地出现在政坛，贪污真是传统中国官场一种不能根治的顽痼。

事实上，若从历史上看，清朝帝王一直是反对贪污、主张严惩贪案的，并且认为明朝灭亡与墨吏贪婪有关，所以在顺治元年六月，即入关后一个多月，摄政王多尔衮便以文告谕诫官民，说："明国之所以倾覆者，皆由内外部院官吏贿赂公行，功过不明，是非不辨。凡用官员，有财之人虽不肖亦得进，无财之人虽贤才亦不得见用。乱政坏国，皆由于此，罪亦皆大于此。今内外官吏如尽洗从前贪婪肺肠，殚忠效力，俸禄充裕，永享富贵；如或仍前不悛，行贿营私，国法俱在，必不轻处，定行枭示。"不久之后，多尔衮又对各官训示说："明祚沦亡，率由臣下不忠，交相纳贿所致。若居官黩货，不恤生民，耻孰甚焉，其切戒之！"顺治元年十月初十日清廷颁布的皇帝即位恩诏内一再强调遇贪即惩、罪不容赦的决心。肃贪政令可谓三令五申。然而仍有少数官员不法，结果得到了重惩，如顺治十二年顺天巡抚顾仁被斩，两年后江南与顺天两大闱场中考官受贿被诛等是比较典型的贪案。

康熙继承之后，初年因权臣鳌拜等人把持朝政，竞相营私，公行贪贿，所幸时间不久即被康熙消除其恶势力。随着是三藩动乱的大变局，国家经过了八年多的分崩战乱，社会极度不安；尽管如此，皇帝仍不时地向大臣宣讲政令，希望以教化功能来防贪止贪。例如他说"民生不遂由于吏治不清，长吏贤则百姓自安"；他又指出"天生有限之物力，民间易尽之脂膏"，若是尽归贪官则必导致国家衰亡。百姓困苦如果无所申告，一定会"上干天和"，必招致水旱、日食、星变、地震等灾异。他也降谕各官要"清白自守"，"严禁科派"。到了三藩平定前夕，他开始整肃贪污，如山西学道卢元培坐枉法赃律论绞，巡抚土克善以失察降三级。上林苑监署丞何中柱、监丞刘兴诗因贿论绞、户部尚书梁清标也因受何中柱营求嘱托降五级任用。三藩乱平后，康熙发现文武官员在处理吴三桂、尚之信等家产时，有大量侵吞的事实，于是严厉追究，结果查案大员侍郎宜昌阿、广东巡抚金俊与道员王永祚等贪官拟立斩，另有其他官员多人拟秋后处决。绥远将军蔡毓荣在攻入昆明消灭吴三桂孙子最后势力时，也犯了将吴家部分产业侵吞归己案，他虽从宽免予处斩，但仍得到籍没家产以及枷号鞭笞等的下场。至于多加火耗、苛索属礼、枉法派收的山西巡抚穆尔赛、湖北巡抚张汧等等地方高官，也都被处以"秋后处决"或"绞监侯"等的重刑。不过到了康熙四十年代之后，皇帝似乎满足于"盛世"的虚荣，改变了严惩贪污的政策，对官员的科派贿赂放松了追究，甚至允许他们可以作"些微"、"纤毫"的侵蚀，特别对他宠幸的一些文臣，如徐乾学、高士奇等人，在确证有贪渎行事后只夺其官职而已，因此康熙末年贪案时闻，噶礼、希福纳、蓝理等人就是其中著名的贪婪肥己的高官代表。

雍正是一位精严刻薄的君主，他即位之初，"弑兄"、"屠弟"，大杀"功臣"，造成了他嗜杀的形象，加上他以威猛的手段打击贪官，一时政界吏治澄清，贪案显然大为减少。即使到雍正十二年发生河南学政俞鸿图"受贿营私"一案时，他仍是从严究办，降旨说"学政科场乃国家兴贤育才之要政，关系重大"，"俞鸿图着即处斩"。同时他还认为："今观俞鸿图赃私累万，则各省学政之果否澄清，朕皆不敢深信矣！"因此他想到总督与巡抚既与学政同在省会办公，应该知道学政的优劣，可能有代为隐瞒之事，所以他下令嗣后各省学政如有考试不公徇情纳贿之事，"将督抚按溺职例严加处分"。可见皇帝以连坐罪惩治贪污。不过雍正帝的统治时期不长，第二年即雍正十三年就逝世了，人亡政息，继承他的乾隆皇帝标榜以中道治国，一度改变严厉作风，贪风因而又炽热起来了。

乾隆一朝给人的感觉是贪案特多，手法奇妙，而且官员贪渎的金额大得惊人。这其中的原因可能很多，但是以下几点应该是造成这种印象的主要因素：

一是乾隆在位六十年，内禅后又当了三年多的太上皇，在古代中国连续主政六十多年的皇帝并不多见，任职的时代长又逢太平盛世，当然发生贪案的频率必然会多了。

二是乾隆朝贪官的位阶高，据现存的史料记载，至少有二十九个总督、巡抚在当时犯了贪案，成了贪官，而其中被处斩、处绞、令其自尽的共有十八人，其他地方中下级小官涉案的为数更是可观，这使得乾隆朝贪案显得严重，比其他时代突出了。

三是皇帝本身对发生的贪案有一套特别的处理办法，例如多数贪案他都要"亲加廷鞠"，有的惩处极严，有的从轻发落，颇具随意性，没有一定标准，甚至破坏了法治。

四是乾隆朝有些贪案的发生，肇因于地方官向皇帝进贡或是为接待皇帝巡幸造成亏空，致使官员走上贪污之路的。同时案发后又常以罚银、停发养廉与抄家入官等结案。由此可见：当时贪案多少与皇帝本人有关，或是皇帝藉贪案来敛财，这是历史上不多见的。

五是经过民国成立以后作家们反清反满情绪的反映，常把清朝说得一无是处，乾隆朝的贪案于是被渲染得可怕惊人，乾隆贪案因而在民间也就声名远播了。

其实乾隆朝的贪案又多又显著也是因为皇帝自己数十年如一日地审断贪案、重惩贪官的缘故。如果他真是放纵不办贪案，史料里根本就不会留存当年的贪案记录了，后人也无从知道那些贪案了。乾隆一生肃贪；但是贪案不绝，甚至到他统治的中期以后，变成诛不胜诛、罚不胜罚的难以控制的局面，终于出现"政以贿成"的可怕境地，这是乾隆皇帝自己也预料不到的。乾隆朝官场贪渎情形究竟是什么样子呢？以下是当年重大案件的简要叙述。

十三

开始痛惩贪官

乾隆皇帝登基之后，便向天下颁布谕旨宣称：

　　治天下之道，贵得其中，政宽则纠之以猛，猛则济之以宽。而《记》称一张一弛，为文武之道。

　　由于他主张宽猛相济，雍正朝的严苛政策有些被他作了调整或改变。几月之后，新政就为乾隆皇帝赢得宽仁的形象了，甚至有人赞美他说："善政络绎，海宇睹闻，莫不舞蹈。"然而部分人士的称颂并不代表政令的成功，官场的积习又逐渐恢复了，特别是贪渎的风气又浮现上了政坛，乾隆为了"宽则纠之以猛"，乃在他即位后的第六年，一连严惩了四个贪官。

　　乾隆六年（公元1741年）二月十三日，皇帝降旨训饬御史等言官说："使科道不得尽言固不可，然任其狂瞽而无节制则又不可。从来言官之弊，莫大于朋党，明末之事，人所痛恨，可为炯鉴。"不过不久之后，皇帝又作了修正，宣称："并未禁科道风闻言事。"广开言路，集思广益

十
三

开
始
痛
惩
贪
官

的政策没有改变。总之，皇帝仍是希望官员上书报告中央与地方兴革事务的。同年三月初七日，山西巡抚喀尔吉善向皇帝奏报他属下的布政使萨哈谅"婪赃不法"，"收兑钱粮，加平入己"，"给领饭食银两，咨意克扣"，"请旨革职"。第二天，喀尔吉善又上了一份奏章，指出他省内负责教育行政的高官喀尔钦"贿卖文武生员赃证昭彰，并买有夫之妇为妾，声名狼藉，廉耻荡然，请旨革职"。乾隆接到这两份奏报之后，随即批示：萨哈谅、喀尔钦二人着革职，并指令侍郎杨嗣璟去山西实地查案。正在调查山西贪案的同时，三月十四日与十九日皇帝又分别接到御史刘吴龙与仲永檀的奏疏，前者报告浙江巡抚卢焯营私受贿，后者则是参奏步军统领原兵部尚书鄂善贪银万两。御史都是"风闻"入奏的，但也希望皇帝能"访查"审办。乾隆帝既然要广开言路在先，御史们陆续参奏也是意料中事，不过鄂善是满洲重臣，地位很高，又是乾隆"倚用之大臣"，所以使皇帝面临两难的抉择，最后他降谕旨说："着怡亲王弘晓、和亲王弘昼、大学士鄂尔泰、张廷玉、徐本、尚书讷亲与来保秉公查审。"以得案情真相，如果鄂善贪婪，"则鄂善罪不容辞，如系虐捏，则仲永檀自有应得之罪"。鄂善的这件贪案是与工部一个凿匠家的遗产有关，他受人贿赂"给以关照"而涉入此案的。事实上大学士张廷玉、礼部侍郎吴家骐、詹事陈浩以及少数内阁官员也有牵涉，确是一宗官场丑闻，也与上层派系倾轧有关的。

经过亲王、大学士等人的审理之后，不到十天就审出了真相，证明鄂善确实接受了赃银，因为鄂善的家人与经手人等都认罪说出事实了。皇帝为了慎重，特地召弘昼、鄂尔泰、讷亲、来保满洲亲贵大臣与鄂善一同进见，当面讯问，乾隆并对鄂善说："汝若实无此事则可；若有，不妨于朕前实奏，朕将谕诸大臣从轻审问，将此事归之于家人，以全国家之体。"鄂善见皇帝在大臣多人前说出此话，便直认确"从家人手中得银一千两是实"，以为可以逃过严惩。没有想到皇帝在得到口供后说出："负恩如此，国法断不可恕。"并令鄂善自处了结。审查大臣们也认为"婪赃负国，法所不容"，蒙恩自尽，并不过刻。鄂善听到将被赐死之后，突然翻供，坚称自己没有受贿，承认从家人手中得银千两完全是"恐皇上办理为难，是以一时应承"。乾隆见鄂善改口，又将责任推到皇帝身上，极为愤怒，乃命刑部等衙门严审，同时又指明鄂善说谎，更犯了"欺罔"、"大不敬"之罪。鄂善终于照皇帝的意思自杀身亡了。此案可谓速审速决，三月底前就结了案。同案的吴家骐、陈浩俱革职，仲永檀则升官为佥都御史。

乾隆六年的两件地方贪案，山西的部分也算公正查案，顺利进行；但浙江的案子则周折很多，结果可谓不了了之。

吏部侍郎杨嗣璟奉命到山西与巡抚一同查案之后，经过一个多月的调查讯问，真相大白了。学政喀尔钦确有"贿卖文武生童之事"，而萨哈谅在按察使任内即已有劣款多项，升任布政使后婪赃尤甚，"始终狡诈，蔑法负恩"，在收取钱粮时确实浮收滥取，"耗外又加耗"，两案都证据齐全，杨嗣璟随即向皇帝上奏报告。乾隆接到奏报之后即交刑部等衙门议处。同年五月底，刑部作出了判决，请将喀尔钦拟斩立决，将萨哈谅拟斩监侯，秋后处决。皇帝同意如此结案，喀尔钦不久就被押解京师正法。为了表示肃贪的决心，皇帝又下令将山西省其他涉案的知府、知州等五人革职，又将前任巡抚石麟论罪革职，以作为对各省官员的警告。

浙江卢焯的贪案虽然也爆发在三月中，由左都御史刘吴龙上疏弹劾而兴案的，巡抚卢焯被指名接受过嘉兴府汪姓人家贿银五万两；但是中央与地方官员调查此案时极不顺利，而且迟迟得不到实证，历时一年多不能结案，其间又时起风波，是当时难审的一件贪案。

原来闽浙总督德沛新官上任，大发威风，他先参倒了福州将军隆升，又兴大狱判了福建巡抚王士俊的罪，卢焯也在福建做过官，德沛告了他"以前在福建巡抚任内，会保不实"，因犯罪不重，只受革职留任的处分。卢焯不久后被调任浙江，仍在德沛之下做官，双方的不谐与摩擦当然与日俱增。不过卢焯除了本身属汉军镶黄旗，具有旗人资历外，他的官声一直很好，尤其到浙江任巡抚之后，为人民做过不少事，"浙人实受其惠"，这也是御史刘吴龙不能查出他犯罪确证的原因。皇帝后来派了钦差大臣汪札尔到浙江主持查案，汪札尔以严刑查审著名，他到浙江后也以非常规的炼狱手段来审卢焯等关系人。德沛与汪札尔一开始合作得很好，德沛向皇帝请求先将卢焯革职，以便刑求，皇帝同意他的请求，革了卢焯二品大员巡抚的职务，汪札尔等便开始以刑求逼供，但是被"监毙"的或是被"夹断腿骨"的"犯人"没有一个承认贪赃。德沛见情势不利，便暗中让杭州知府与署理副将等人保释出狱并派人给卢焯的眷属送去"官棉衣服数十件"，同时又与汪札尔公开"忿争数次"，表示对严刑逼审的不满。乾隆六年十一月初七日，杭州人民知道总督与钦差大臣对立，于是发生了"呼呶罢市"的事件，有"数万人赴制府军门，击鼓保留"，为卢焯喊冤，他们追堵钦差，冲捣总督衙门，形成了可怕的民乱。据清宫可靠档案记载，当天傍晚至少有市民千余人"以卢焯并未得赃，汪札尔审理不公，在保安桥地方将卢焯围拥，一齐放声大哭"，市民并且"等汪札尔出署，欲行殴打"，汪札尔见民情汹汹，只得逃回总督衙门躲避。愤怒的人民劫下了卢焯，拥抬他到仓桥庙内安顿，后来又抬出庙内神像，到总督衙门前击鼓砸门，大家在神像前立誓，要给卢焯讨个公道。闹事的民众"直吵至二门，叩头跪求，不肯离去"。德沛等调来军队弹压，抓走了部分人民，人民无奈，"直至五鼓，始渐散去"，第二天人民仍不屈服，"自清河坊起至仓桥一带，居民尽皆罢市"。这在专制时代的当时，简直是一大事件，几乎跟造反差不多了，德沛只抓了十几个人了事，也真是难得。

乾隆皇帝得悉人民抗官事件之后，在年底连降谕旨，一边责备德沛办事不妥，指示"可速结卢焯之案"；一边转移案件方向，令德沛查办民间扰乱不法情事。德沛也了解皇帝不愿事态扩大，造成社会不安，他上奏说："查诸民并非为爱戴卢焯起见，实为扰累百姓所致也。今再将无知小民数人加以重罪，或严究为首之人，势必又须一番审理，况杭城百姓惊慌不安，案已半载，复又株连拖累，则舆论安得服帖？"乾隆后来虽强调

"但刁风不可长"，德沛在被抓的十数人中发现"竟有十数岁童稚六名，又误拿衙役一名"，因而为人民解说是一批无知愚民，"一时聚集，并无为首号召情事"，最后象征性地找出四人为代罪羔羊，处以充军发配，其余以杖责发落，竟未处死一人。至于卢焯等人，德沛建议将他们"拟绞监侯秋后处决"。皇帝不想再深入追究，便同意交刑部研议；不过中央的刑部等衙门一直到乾隆七年四月底才作出正式决定：原任浙江巡抚卢焯营私受贿，拟绞监侯，秋后处决。原嘉湖道吕守曾照律拟绞，因已缢死监所免究。卢焯被判"秋后处决"，事实上给了他生机，因为这与"立斩"、"处绞"等死刑犯不同，不立即处死便有生存的空间。果然在乾隆八年卢焯因"完赃减等"，改判充军到边地军前了，更奇妙的到乾隆十六年皇帝南巡杭州一带"阅海塘，念焯劳"，又把他从军前召还。"二十年授鸿胪少卿，署西安巡抚"，"二十一年任湖北巡抚"。卢焯又东山再起，掌印封疆了。

乾隆皇帝在这一年中连办了四个高阶贪官及若干小贪官。有中央的、有地方的；有旗人、有汉人，实在足已表示他惩贪的决心了，也确实对盛世的持续有积极的作用。然而鄂善是几乎受骗而认罪的，卢焯以"完赃"名义而免死，都是肃贪工作的不尽完美之处，而贪案牵涉官员之间的斗争问题也没有进一步改进，都是值得注意的事。

十四

高官庇护掀炽贪风

　　尽管乾隆六年皇帝严惩了不少贪官，但是吏治不清、官官相护等弊端仍然存在，贪风也还是旺盛，像署福建巡抚王士任婪赃案、江南庐凤道吴应凤冒销兵米价款案等等照常发生，而地方府库的亏空案，更是随处可见。乾隆十二年（公元1747年），仅奉天府一个官员任内就有五起亏空案，使得皇帝觉悟说出："近年来亏空渐炽，实缘该管上司见朕办理诸事往往以宽，遂以纵弛为得体。"皇帝已有心回归严厉统治的道路了。这一年底到第二年夏初，皇家连续发生两件大事，皇帝爱子永琮与皇后富察氏相继去世，令皇帝感伤悲痛，在办理皇后丧葬过程中，皇帝又对中外官员的官风官德以及他们的忠君态度产生了怀疑，他说："万机待理而甘受人欺，弊将百出。""朕临御以来，事事推心置腹，以至诚待臣工，而尚不能感动……则十余年来，为人所欺当不知凡几！"皇帝有受欺的感觉，当然要调整施政态度，"当宽而宽，当严而严"了。

　　为了遏制贪风，乾隆十四年十月，中央政府向各官传达圣谕说："一犯侵贪，即入实情，且即与勾决。"皇帝是要"人人共知，法在必行，无可幸免，身家既破，子孙莫保"。当年就严厉地处决大小贪官三十六人，以示大力惩贪的决心。然而官场已形成的积习，官员互庇的现象，并非一道谕旨就能根除的，乾隆二十年代以后，贪案不但多了，而且官员们更是胆大妄为了，现在先就徇庇贪污略举数例：

乾隆二十一年九月，湖南巡抚陈宏谋弹劾属下布政使杨灏利用发买仓米的机会，每一百两中扣银一两三四钱到二两六七钱，中饱私囊，前后一共侵扣了白银三四千两，请求皇帝将杨灏等有关人等革职。皇帝一向对"渔利于民"、"有害于下"的"贪"以及"蠹蚀于官"无所畏上的"侵"都痛恨之极的，因此立即下令将杨灏等革职，并着严审作出处分。杨灏等贪污的证据齐全，陈宏谋在不久后随奏请皇帝将杨灏等人处以"斩监侯，秋后处决"。皇帝同意如此判决，降旨来年秋天将杨灏处死。不过，陈宏谋因此弹劾案而得乾隆帝的赏识，调他到别省去升官了，继任的是蒋炳。到第二年夏天，蒋炳为庇护杨灏，在秋决前上书，认为杨灏已在限期内缴清了赃银，希望"缓决"，以保住杨灏的性命。中央的有关官员在处理此案时，想到以前也有地方官在限期内缴还赃款而得到不死的缓决，包括三法司在内的官员都无异议地认可了。不料在皇帝看到秋审处决的人犯名单后，极为震怒，随即下令立刻杀掉杨灏，"以彰国宪"，并在一份谕旨里说：

> 秋审官犯册内，该抚（指蒋炳）以及九卿科道，共存党庇婪赃侵蚀之原任布政使杨灏，竟拟缓决，其情实为可恶。……此而可宽，则谁不蔑法营私？小民将身受其害。……夫限内完赃，姑从末减，在微员犹或可言，岂有方岳大员，婪赃累累，而尚借口完赃，俾得偷生视息，有是理乎？朕临御二十二年，试问在朝诸臣，敢窃弄威福能生死人者为谁？今蒋炳办理此案，岂不知事之不当如是？……是其有意蒙混，欺罔徇私，居心实不可问！九卿科道每于秋审栅内哓哓致辨……而于此要案则无一人见及，雷同附和，公为矫诬，此而不加惩做，纪纲安在？……

十四　高官庇护掀炽贪风

83

很显然，皇帝认为蒋炳与中央九卿等官员都在庇护贪官，而且有窃弄皇帝权柄之事，极为可恶，下令吏部与刑部深入调查。到同年十一月初，吏、刑两部向皇帝报告查案结果，并作出结案的建议：将中央有关官员包括尚书、侍郎、给事中等在内的近七十个官员分别处以革职、降级等等的处分，蒋炳则判以"斩监侯"。皇帝同意他们的处决方法，只是对蒋炳改为"发往军台效力赎罪"，因为他没有贪污问题，罪不至死。

　　乾隆三十年底，江苏又发生了一件总督与巡抚党庇下属官员的贪案。原任江苏巡抚庄有恭在被皇帝视为"纯臣"特旨调入京师任官时，庄有恭曾在一件奏章中参劾苏州同知段成功婪索苛派，扰累人民；不过庄有恭为庇护段成功，说段"抱病被蒙"，希图为他减罪。新任的两江总督高晋也上书皇帝，说段成功"因患疟昏迷，不能检点案牍，家人龚玉等婪赃各款，该员竟未知觉"。皇帝看了报告之后，觉得患疟疾的人不可能整天累月的昏迷，怎么会"不能检点案牍"？显然高晋有意为他开脱，因而下令查办会审，务求得到实情。

　　第二年正月，江苏巡抚明德首先上奏，指称段成功家人书役在外滋扰人民，段成功不但"俱属知情"，而且"尚有染指之处"，只是承审的苏州知府孔传珂与主稿审传的按察使朱奎扬等"瞻徇未究"而已。皇帝了解实情之后，下令刑部给这批徇纵的官员严惩，结果庄有恭处以斩监侯，秋后处决。孔传珂与朱奎扬发往军台效力。段成功则因牵连另外贪案，继续侦查，这是乾隆三十一年春天的情况。

　　原来段成功来苏州任同知之前还出任过山西阳曲县的县令，他在阳曲任上竟也发生过亏空贪案，因此皇帝派了专人与山西巡抚彰宝一同彻查；结果发现段成功当时曾亏空公帑银一万多两，而且"上司知情弥补，俱属事实"。皇帝又从派出的钦差四达的密报中了解帮助段成功弥补亏空的"上司"是前任山西巡抚和其衷。据库簿所载，帮段成功弥补亏空的州县官员竟有三十二人之多，而巡抚和其衷也慷慨地解过囊，难怪乾隆皇帝也说："此事可谓大奇！"并认为"段成功仅一县令，何至亏空如许之多……通省上司何以互相容隐，竟无一人举发其事？……是段成功平日必有交往逢迎之处，不可不彻底根究"。经过详细调查，果不出皇帝所料，"段成功平日与通省州县，俱有交结"，大家都从段成功处得到过好处，以和其衷来说，他"去热河行宫陛见，系段成功代雇骡脚，又令段为其购买皮张，用银九百八十两"。皇帝痛斥和其衷等"徇私庇党，交结馈赠"。段成功后来被处死了，和其衷也被"斩监侯"，山西省还有不少官员被充军革职。总计段成功的贪案，在江苏与山西两地，有两位巡抚处以"斩监侯"，两位按察使发往军台赎罪，九十多名大小官员受到不同惩罚，就连首先告发此案的两江总督高晋，他也因"办事错缪"被革职留任。乾隆皇帝的肃贪不能说不严了。

事实上，乾隆皇帝对高官徇庇属员贪污是极为痛恨的。早在乾隆八年，湖南巡抚许容因包庇衡阳知县李澎、善化知县樊德贻浮收漕米等事被判杖一百、徒三年。乾隆十五年，两广总督硕色、广东巡抚岳浚因庇护婪赃两万七千两的粮驿道明福而被革职。同年云南巡抚图尔炳阿也因庇护挪用库银的布政使宫尔劝被革职。在在说明皇帝是要严办封疆大吏党庇属员婪贪的。在乾隆皇帝心中，认为总督、巡抚、布政使、按察使这些大员，是"阖省属员表率"，这些官员如果结党营私，官官相护，"朝廷之府库且所不顾，更何民瘼之可矜？何民膏之足惜？""惟有严加惩创，以饬纪纲"，内外大小臣工，才能"守法奉公，痛身湔洗"。

然而，贪风就此能绝灭吗？当然不能。

十五
内隐趋使的贪案

　　官官相护无异是保障了下属官员的婪贪，乾隆皇帝痛斥高官党庇属下是正确的。但是他没能坚持原则，有始有终地如此从事惩贪，实在可惜。同时在他统治的四十年代以后，出现有更高权位的中枢要员为贪官们关说甚至徇庇了，以致贪案累累，肃贪的成效更为不彰，吏治更为腐败。

　　乾隆四十五年正月，云南粮储道海宁，因升官为按察使进京，他在京城里"私相议论"云贵总督李侍尧的婪贪事，皇帝经大臣密报之后，曾经两次召见海宁面讯，但海宁不肯说出实情，皇帝无奈只好命军机大臣严讯海宁，这才了解李侍尧在云贵一带的诸端劣迹。皇帝据报后，立即派户部侍郎和珅与刑部侍郎喀宁阿前往贵州查案，并下令湖南各地官员严密盘查沿途驿站，防止消息走漏。一个多月之后，湖南巡抚李湖给皇帝送来一份密奏，称说他的属下官员在湖南境内捉到了李侍尧的家丁张曜等人，从这些家人口中知道他们是去年底从云南回京的，为李侍尧送回家中白银五千二百两与玉器十件；而李侍尧的心腹家人张永受也托他们带白银七千两回家。皇帝闻讯后立即下令户部尚书英廉审讯李侍尧在京管家，证实确有其事。另外张永受也被查出在京竟有自购房产六处，地亩一处，借出白

86

银四千两，而张永受之母在易州另有住房三十多间，田地四五顷，皇帝很早就听说李侍尧家人"多拥厚赀"，至此证实传言不虚。

同年三月中，京中派往云贵的钦差也有专折上报查案情形了，他们得到李侍尧的口供，证实李侍尧在任上受各官的贿赂金钱很多，包括庄肇奎、索尔方阿、汪圻、德起等人为升官的活动费一万六千两；索尔方阿与德起又以助李侍尧在京城修房各赠银五千两；还有李侍尧强迫属下买珍珠又得银五千两。总计前后赃银为三万一千两之数。

皇帝看了密奏之后，降谕痛斥李侍尧以及他属下的有关各官，并下令将行贿人士全部革职处分刑罚。甚至连在云南作巡抚的孙士毅也认定他"巧为诿饰"，隐匿不报，处以革职后发配新疆伊犁赎罪，李侍尧与家丁张永受的家产先予查封入官，李侍尧等人的刑责再议。

同年五月初，和珅等审查案件终结，向皇帝建议判李侍尧"斩监候"，其实李侍尧所犯之罪，"斩立决"也不以为过，和珅显然作了对李侍尧有利的安排。皇帝照例再让大学士与九卿高官们核议，没有想到大学士们都认为李侍尧罪情重大，应该改处斩立决。皇帝便颁谕各省督抚，教他们各抒己见，以作最后定夺。不过皇帝在谕旨中说了"李侍尧历任封疆，在总督中最为出色。……数十年来，受朕倚任深恩"、"今李侍尧既有此等败露之案，天下督抚又何能使朕深信乎？"因此督抚们在回奏时多数是主张"斩立决"，主要原因是大家在避嫌，因为他们自己也身为督抚，如果说像李侍尧这样的贪官还可以监而不斩的话，简直是为自己的贪婪预留余地了。为证实自己不是贪官，当然主张立斩。然而皇帝在谕旨中又说"和珅照例原拟之斩侯"，事实上他已表示了"照例"，也就是有例在先，可以援例办理的。再说一般情形当大臣间在处理罪犯有不同意见时，皇帝通常都以大学士等的决定为准，这次竟让各省督抚再公议，可以了解皇帝是有心赦免李侍尧的。现在督抚们又多赞成斩立决，弄得皇帝很失望。正在此时，安徽巡抚闵鹗元独排众议地呈上了一份奏章，他认为李侍尧如此贪婪，理应处死。不过他是"勤干有为"、"中外推服"的疆吏，请皇帝引援"八议"条文中"议勤议能"之项，"稍宽一线，不予立决，出自圣恩"。闵鹗元的报告正是皇帝所需要的，因为借此可以有借口了。乾隆四十五年十月初三日，皇帝正式下达李侍尧结案的谕令，他说：

> ……李侍尧则身任总督二十余年，如办理暹罗，颇合机宜；缉拿盗案等事，亦尚认真出力。且其先世李永芳，于定鼎之初，归诚宣力，载在旗常，尤非他人所可援比。……闵鹗元以李侍尧历任封疆，勤于有为，为中外所推服，请援议勤、议能之文稍宽一线具奏，是李侍尧一生之功罪，原属众所共知，诸臣中既有仍请从宽者，则罪疑惟轻，朕亦不肯为甚之事，李侍尧着即定为斩监候，秋后处决。

李侍尧虽判为斩监侯，免除了立死；但是他的正一品大学士、从一品总督、从祖先处承袭到伯爵等军国重臣地位以及家产都被削革籍没了，乾隆皇帝在这方面可以说尽到了肃贪的责任。然而李侍尧"监而不斩"，而且在不久还被皇帝重新起用为陕甘总督，并且后来更以平定台湾林爽文之乱评定有功，绘画于紫光阁，这实在是乾隆朝惩贪史上的一大败笔，也说明当时惩贪工作的不够彻底。

李侍尧这次能够活命，显然与和珅的大力保全有关。和珅不但最初提出"照例斩侯"，帮了大忙，而和珅当年奉命去云南查李侍尧案返京之后，"面陈盐务、钱法、边事，多称上意，并允行"。和珅是皇帝面前的大红人，"不次升擢，宠幸无比"，就在李侍尧案终结的这一年，他官为户部尚书兼御前大臣、理藩院尚书、四库全书馆总裁等职，他的儿子丰绅殷德更因父亲得宠而成了驸马爷，娶了乾隆帝第十皇女和孝公主为妻。和珅的弟弟和琳、亲家苏凌阿也都沾光升迁高官，可谓满门富贵。李侍尧也得到这位"贵人"相助，逃过了死难。

和珅庇护贪官还不止这一次，更明显的是乾隆四十七年四月爆发的山东巡抚国泰等的贪案。

国泰的"性情乖张","不宜久任山东"的传闻早已被皇帝听到了，因此案发的前一年，即乾隆四十六年初，皇帝特别把山东布政使于易简传唤到京城里来，当面询问巡抚国泰的居官有无"不法款迹"，于易简回答是："国泰并无别项劣迹，惟驭下过严，遇有办理案件未协及询问不能答者，每加训饬，是以属员畏惧，致有传言。"皇帝以为传闻不实，也感到欣慰。可是到第二年四月，御史钱沣突然上奏：国泰、于易简贪纵营私，遇有提升补调，勒索属员贿赂，以致历城等州县仓库亏空。皇帝看了钱沣的报告之后，随即派出户部尚书和珅、左都御史刘墉、工部右侍郎诺穆亲三人为钦差，到山东查案，同时又降谕命令以前在山东国泰属下任过官的叶佩荪与吕尔昌将国泰与于易简的贪迹见闻"逐一据实迅奏"，"毋许丝毫欺隐"。

据私家笔记所载，和珅为了庇护国泰，在他们钦差团离京之前，他先派了家人飞驰山东向国泰通风报信，让国泰有所准备。国泰对钱沣甚为恼恨，当钦差一行抵达山东查案时，国泰对官阶不高的钱沣说出极不礼貌的话："汝何物敢劾我耶？"据说钱沣的长官刘墉（现在影剧中称"刘罗锅"的）为此大怒，斥责国泰说："御史奉诏治汝，汝敢詈天使耶？""立命隶人披其颊，国泰惧而伏，珅遂不敢曲庇。"野史的记叙也许夸张了一些；不过在这次查案过程中，刘墉是确实站在属员钱沣的一边，应无问题。和珅等一行先到钱沣所称的历城一地盘查仓库，由于国泰事先作了安排，他向商人暂借了银两，存放仓库，因此当钦差到库验查时，银两并无短少。和珅又有意曲庇国泰，只将历城库房"令抽现银数十封，即起还行馆"。他以象征性地点算一下，便认为库银没有亏空了。可是这件事对钱沣关系重大，若是库存银两无缺，他就犯了诬告之罪，后果不堪设想，因此在和珅等人离开现场之后，他可能得到刘墉的允许，还留在库房中仔细观察，结果发现了问题。原来库银都是五十两为一锭的，而历城库中存银竟是两数不等，多少不齐，让他意识到这批存银来路必有问题，于是他立刻封存了这批库银，以备复查。当他回馆之后，得到有关人士的帮助，终于得知国泰等人临时向商人借银贮库，以应付盘查。钱沣了解真相之后，随即派人向各商人宣布：借银商人若不及早出面报明，请求发还，将来他们的借银就会被没收，作为政府的公帑。商人当然不甘损失，所以在第二天都赶到银库，纷纷办理呈报借银之事，并将所借的银两如数领回，因而造成"库空"现象，历城一地的亏空顿时得到证实，钱沣的处境乃由不利转变为有利了。和珅在同来的钦差面前见到国泰借银暂存的实况，知道无法再为山东的贪官掩饰了，只好随着刘墉等人据实向皇帝报告，说明历城库银"有挪移掩饰之弊"，国泰确实有"婪贪各属员盈千累万"的劣迹。于易简则"扶同弊混"，"一任县库空亏"。和珅等在奏报中还说：曾经命于易简等人"当面质证国泰，据伊供认前情不讳"。

皇帝接到和珅等人的报告后，立即下令将国泰、于易简以及其他贪官革职拿问，查封他们的家产，其中国泰与于易简二人在和珅返京时，一起押解回京，听候皇帝亲自审讯。至于刘墉等人仍命令留在山东继续查案；不过皇帝也指示他们："今朕格外施恩，不欲复兴大狱；然不可不彻底详查，予以期限，令其上紧弥补。"

刘墉等人后来又到东平、益都、章邱三地盘查，发现库银都确实不足，与钱沣所参奏的亏空情形相近。皇帝了解实情之后，贪官也俯首认罪了，于是在同年六月十一日降谕将国泰、于易简二人以目无法纪、贪纵营私罪处以秋后处决，该年七月初八日国泰与于易简二人奉旨自尽身亡。由于皇帝"不欲复兴大狱"，山东省很多前任与现任的大小贪官都幸运地从轻发落，给予降级、调职等处分。至于亏空的库银几百万两，皇帝则批准了新任山东巡抚明兴的请求，由各官设法弥补，并限定在两年内补齐。山东贪案也由此结案了。

钱沣这次所弹劾两位山东大官，都是大有来头、家世背景显赫的人物，国泰的父亲是文绶，文绶不但曾任四川总督等高官，而且与和珅的关系很好。于易简则是大学士于敏中的弟弟，于敏中曾任尚书、大学士、军机大臣多年，可以说是皇帝的心腹大臣，政界势力很大。钱沣敢与他们对抗，尤其与和珅对抗，实在难能可贵。这位任职御史不久的耿直人士，曾在前一年弹劾过代理陕甘总督的毕沅，他认为甘肃当时的冒赈案毕沅应负责任，他是长官，又与那些贪官在同城同省办事，"岂无见闻？"毕沅因此降为三品顶带留任。后来他又弹劾过和珅不在军机处办公，而另居内右门直庐是违制的事，皇帝因而训斥过和珅，钱沣就是这样的一位敢于上疏直言、不畏权要的有为有守言官。钱沣于乾隆六十年被人毒死，据说与他挡和珅财路太多有关，是和珅使人下毒手的。

　　和珅是乾隆后期的宠臣，窃弄威福，大开贿门，凡属各衙门的肥缺，都被和珅所把持，他又贪得高明、贪得胆大，而且曲庇贪官，"一时贵位无不仰其鼻息，视之如泰山之安"，他确实保障了当时的贪官，以上两大案只是他庇护贪官的举例说明而已。诚如日后薛福成说的："非其时人性独贪也，盖有在内隐为驱使，使不得不贪者也。"和珅就是"在内隐为驱使"的人物。

十六
贪官常在

　　乾隆皇帝虽然有心肃贪惩贪，而且相信"惟有严加惩创以饬纪纲"，必能使贪污"锢习一清"，贪官也就可以不存在了。可是中外各级官员中在"严创"下还是有不少人不怕死地贪婪不法，他们或是在赋外加派，或是短价发卖，或是勒索属员，或是收受贿赂，或是以其他方式，终乾隆之世不断地贪污，使皇帝大失所望。

　　乾隆二十二年四月初，云南巡抚郭一裕上奏弹劾长官云贵总督恒文贪污，恒文是满洲正黄旗人，早年曾因平定金川战役与在湖北任官开采铜矿等事有功，得到皇帝赏识，擢升他为云贵总督。这次被汉人巡抚郭一裕参奏，皇帝并未偏袒，仍派出刑部尚书刘统勋往云南查案，并面谕刘统勋如恒文贪婪属实，立即将他摘印质审。刘统勋到云南后，经过一个月的调查审讯，终于证实恒文确命"属员买金，短发金价。巡阅营伍，沿途纵令家人收受属员门托"。不久后皇帝便下令："着将恒文革职拿问，其有关人犯汪筼、罗以均等，着一并革职，严审究拟具奏。"另外，刘统勋在审问恒文时了解到他为何要购买黄金，原来这是郭一裕的主意。郭一裕建议恒文用黄金打造物品进贡给皇帝，并且还以金炉式样出示过，所以恒文才在云南以低于市价来收集黄金，后来因为引起全省喧传，郭一裕怕将来不利于己，乃"转以参劾恒文，为先发计"。皇帝知道真相之后，原先想把"行险取巧"的郭一裕解押到京城候审的，但后来接受了刘统勋的建议"按律拟流"，也就是充军到军前效力去，"以为大吏庸琐者戒"。恒文后来被查出家产竟高达几万两，皇帝认为他从任湖北巡抚至今，六年光景即使不吃不喝，也不可能有几万两的家赀，恒文家父祖又非富有，当然这笔钱一定是他贪污所得的了，恒文"赐令自尽"，其他知府佛德、知县赵沁等一批贪官五十多人，则分别受到降级等不同的处分，全案本可至此完全结束；但是不久之后，云南方面传言皇帝对汉人轻视，郭一裕敢于告发长官贪污却落得充军的下场，将来还有谁敢来揭发贪官？乾隆皇帝为了顾及舆论，终于特旨加恩，准许郭一裕"纳赎"，以平息汉人的不满。郭一裕后来还再被重用，出任河南按察使，也算大幸运之人了。

同在乾隆二十二年，山东也发生了一件大贪案，主角是巡抚蒋洲，他的家世真是赫赫有名，其父是雍正朝历任户部与兵部尚书以及大学士的名臣蒋廷锡，其兄则是乾隆当时的军机大臣，他家一门两相，政界关系与人脉都好。蒋洲从一个部院主事擢升为山西布政使，并于乾隆二十二年升为山西巡抚，同年七月又转任山东巡抚，上任才三个月，山西新任巡抚塔永宁告发蒋洲在山西布政使任内侵用公帑两万多两，离任造成亏空，勒派属员代为弥补。蒋洲又变卖地方木植，以补亏空，犯了贪赃侵帑的大罪。皇帝闻讯后，随即派了查案高手刑部尚书刘统勋到山西查案，并将蒋洲革职带往山西，以便对质审问。

经刘统勋、塔永宁审理查明，证实原山西巡抚明德多次收受蒋洲贿赠的古玩、金银等贵重物品。按察使拖穆齐图也从蒋洲处得到不少古玩和三千两白银。简直是"巡抚藩桌，朋比为奸，毫无顾忌"。刘统勋等又从冀宁道杨龙文的衙门里查到"派单一纸"，单中明注州县官员按规定数目上交弥补亏空银两的情形。后来在太原知府七赍等人处查到向所属催缴银两的札文，难怪皇帝大怒说："明目张胆，竟如公檄。""是该省风气，视库帑为任意侵用已非一日。"塔永宁是告发这项贪案的人，看到如此牵连下去，显然全省各官都必有问题，于是向皇帝请求说："若遽行盘查，恐通属惊慌，以致贻误地方政务。"皇帝对他的畏缩做法甚为不满，予以责斥。其后在刘统勋认真深入的调查下，发现吏治败坏得惊人，蒋洲一案竟有上自巡抚、下至知府、知县、守备等文武官员几十人涉案，几乎到了无官不贪的地步，皇帝也为此发出"朕将何以信人，何以用人"的慨叹。蒋洲与杨龙文二人"即行正法"，七赍判了"绞监侯"，秋后处决。明德、拖穆齐图解京治罪，另外监司、知府、知县等多人也分别处以应得之罪。

乾隆三十四年八月，由于贵州省运铅工作每次都发生误期与缺少斤两的事，皇帝下令彻查。巡抚良卿为了推卸责任，便先上奏参劾威宁州知州刘标，指明他亏空铅一百多万斤以及工本银、运脚银二十多万两，请将刘标革职拿问。皇帝虽允许良卿就地"严行审究，务得实情"；但是另外也派了湖广总督吴达善与刑部侍郎星夜赶往贵州调查，因为皇帝认为良卿督办不力是主因，疏参刘标只是"塞责"而已。九月间，良卿又向皇帝请求将专管铅务的粮驿道永泰等人革职，以便彻查，因而引起了官员的反弹。永泰上书报告刘标亏空的原因，并指陈良卿与按察使高积等人的营私枉法之事。稍后刘标又将贵州省内各高官勒索银两的盖印底簿一册差人投送户部，而良卿、高积等人都在册上有名。气得皇帝痛斥"封疆大吏败坏至此，天理国法尚可复容乎？"不久之后，带兵征缅的阿桂，在发往京城的报匣中，夹有普安州百姓控告地方官吏借口用兵缅甸而苛派扰民的呈状，良卿等人又有了贪渎之嫌，如此一来，原先只是长官良卿弹劾属员刘标的案子，一下子变成官员互控与人民控官的各项贪案了。皇帝立即下令吴达善与钱维城会审确查良卿等罪状，如有必要，可将良卿、高积革职拘禁，以惩积弊。

历时五个月的审理，威宁州铅、铜亏空案真相大白了。良卿与高积"上下扶同，营私肥橐"，包庇刘标，乘机勒索，致造成亏空。在罪案无法掩饰时，良卿才先发参劾刘标以脱罪。刘标则在案发前已将赃银用十七八驮偷偷运走，终于无法查明下落。而高积又擅自动用库存水银二万六千多斤，运往苏州"私行贩卖"，牟取暴利，因此高积在苏州与福建都有不少家产。良卿除贪污之外，他又向皇帝保证过征缅兴师对人民"实无丝毫侵扰"，现在民间已出面告发他摊派银钱了，他当然又犯"欺君之罪"。贵州贪案审理之后，皇帝就钦差与刑部的建议对一干人犯作了判决。除刘标早已降旨定了死罪外，良卿与高积以私派累民、徇纵属下、受贿贪赃等罪论斩，而且在贵州省城就地行刑，让各省督抚知所炯戒。良卿罪大恶极，所以又将他的儿子富多、富永二人销去旗籍，发往伊犁，赏给厄鲁特蒙古人为奴。另外贵州前任巡抚方世杰处以"绞监侯，秋后处决"。布政使张达尧革职发往军台效力，其他还有些受惩的中下级官员。死刑犯与充军的都将他们的家产全部没收，政府又增添了一大笔收入。

乾隆皇帝注意贵州铅铜运送等问题的同时，也认为云南运铜到京城多年来也是迟误时日，甚至也常有缺少的。云南铜产，关系中央钱局铸钱，所以皇帝也下令彻查。云贵总督明德为了平息皇帝的疑怒，便上奏呈请让有关官员分赔短少之数，以作惩罚。后来云南方面提出赔偿铜价是每百斤赔五两一钱，比实际价格为低，中央户部认为不合理，予以驳斥。皇帝同意户部看法，并相信云南地方拟价偏低是明德等高官"为属员避重就轻"、"显有袒徇同官属员之意"，令明德"另行妥拟速奏"，同时要奏明拟出此种低价的"究系何人"。明德后来向皇帝报告拟价人是钱度。

钱度是当时主管通省钱粮的布政使，他自乾隆元年中进士后，官运算是亨通，屡任外官，乾隆二十九年升任布政使，三十三年再擢为广东巡抚，后迁广西巡抚，但任职半年，因事降处，停发养廉银，并再调回出任云南布政使。乾隆皇帝得悉拟低价的是钱度，第一反应就是这个"屡获罪戾"的劣员，在"格外加恩"后才被重任云南布政使，但他仍不改"沽名取巧之恶习"，"不可不明示惩儆"，下令革去钱度顶带，仍留布政使之位，以观后效。

皇帝确实错估钱度了，以为他低估赔偿铜价是为有关官员省钱，事实上他不是庇护属官，而是与他自己的贪婪有关的。这件事到乾隆三十七年初才暴露真相。当时宜良知县朱一深上呈户部，揭露钱度勒令属员购买金玉奉献，弄得各地喧传。皇帝觉得"殊堪骇异"，因为钱度已经几年未得养廉银了，如何还有多余的钱买黄金玉器？因而在三月间派出刑部侍郎袁守侗去云南查案。就在同时皇帝又分别接到贵州巡抚图恩德与江西巡抚海明分别上呈的奏报。图恩德称：钱度的仆人张林、顾安等携带四百多件金玉器皿从云南来贵州，现在被查获扣留。海明则奏称他们在江西捉到钱度的家人王寿等人，并有白银两万九千两及钱度亲笔写的家书一封，内文嘱咐家中要好好存藏这笔银两，"或为地窖，或为夹壁，以作永久之计"。不久后海明又密报在萍乡截获钱度的幕僚叶士元及白银两万两。至此皇帝已确信钱度"贪婪多赃"、"负恩败检"了，当即下令袁守侗等"严讯钱度"，同时皇帝又降旨两江总督将钱度常州老家以及寄居江宁的产业查封，严讯钱度家人，以进一步了解实情。

　　江苏巡抚萨载得旨后，便在江苏进行彻查，结果发现钱度在江宁居所中埋藏白银两万六千两，黄金两千两。云南方面在袁守侗等人严审下，案情明朗了。钱度返任云南布政使后，正值清廷与缅甸作战期间，钱度利用支付帑银的机会，每发放一百两银提取一钱八分，从中侵蚀帑银四万多两，大发了一笔战争财。钱度的儿子钱酆也在云南利用其父的权势勒索道府州县官员，且大做盗卖粮食的生意，赚得白银几万两。钱度在云南贪得的财物，据皇帝说总数高达八九万两之多。乾隆三十七年七月底，钱度处以斩立决，其子钱酆则处以绞监侯，秋后处决。云南运铜案至此结束。

　　尽管乾隆皇帝不断地杀贪官，没收赃银；但是官场贪风不息，高官与贵族仍然勇敢地贪，不畏王法地贪。乾隆五十年，皇帝将历任中外大官富勒浑从闽浙总督位上调为两广总督。然而在富勒浑离开不久，浙江亏空案就爆发了。富勒浑居官名声不太好，不少人对他的操守"不敢具保"，而浙江学政又参劾他"供应浩繁，门包或至千百"以及"任听家人婪索"等事。第二年皇帝派了阿桂去查案，在谕旨中特别强调："富勒浑虽系阿桂族孙，谅阿桂断不致稍存回护之道。"不久之后，江苏织造四德返京，向皇帝报告富勒浑的家人殷士俊在常熟的家产被查封时，竟抄出白银两万多两，田地共六百三十多亩，房屋三间。皇帝认为一个"微贱长随，拥赀数万"，必是主人富勒浑"故纵"的结果，下令将富勒浑革职，由阿桂与广东巡抚孙士毅"秉公质询审办"。孙士毅在广东调查之后，发现富勒浑的家人殷士俊与李世荣在广东仍向商人索馈，又以高价强卖人参。同时"又点派口岸，令出巡等缴银一万九千六百余两"，存贮私宅。

皇帝虽然一再下令浙江与广东的官员彻查富勒浑贪案；但是钦差官员终不能判定富勒浑的罪名，最多只能说他纵容家人勒索，而富勒浑自己又在案发前已交出大笔银两入府库，并未侵吞为己有，显然与一般贪污的情形不同。加上家人殷士俊为家主担下一切责任，他说所有勒索贪枉之事富勒浑全不知情。另外阿桂在暗中也给予帮助，对贪案未予穷追彻查，故而未得实证。因而到结案时只将殷士俊、李世荣处以立绞，富勒浑"着斩监侯，秋后处决"，财产充公，其他少数官员被罚银了事。富勒浑后来蒙皇上加恩免死出狱，闲居在家。阿桂也因办案"宽纵"被交部议处，后来也不了了之。

乾隆六十年为了实践"君无戏言"，决定第二年退休，禅位给嘉庆皇帝。正在军机处等衙门忙着条议禅位大典时，福建省又传出了大贪案。代理福建巡抚的魁伦，向皇帝告发前任总督觉罗伍拉纳与前任巡抚浦森有贪迹。伍拉纳等谎报库存情形，实际上福建各州县仓储都有亏空。皇帝随即降旨命代理闽浙总督长麟彻查，长麟原本是个好官，不过他知道伍拉纳与和珅有姻亲关系，因而没有大力查案，只向皇帝报称布政司司库周经侵占库帑八万多两，想大事化小以结案。皇帝知道长麟是"瞻徇"庇护伍拉纳，乃降旨严责长麟说："卸罪于周经，将该犯正法灭口，而伍拉纳、浦森惟自认胡涂失察，遂可了事，有是理乎？"长麟接到责斥的谕旨后，只好上报伍拉纳等人的罪状了。他说"伍拉纳任内收过银十五万两，巡抚浦森于五十七年索二万两"确实，同时他们二人又"两次各受得厦门同知黄奠邦银九千二百两"。皇帝得报之后，立即下令查抄两犯家产，结果发现"浦森原籍赏财查出现存银钱，及埋藏银共二十八万四千三百余两、房屋地契共值银六万余两、金七百余两，其余朝珠、衣服、玉器等物，尚不在此数"。伍拉纳家"先经查抄京中家产内如意一项，多至一百余柄"，皇帝不禁地说出"此与唐元载查藉家财胡椒至八百斛何异！"的话。伍拉纳是满洲正红旗人，浦森则是浙江省的汉人，他们经皇帝亲审后，认为"昧良负恩，罪无可逭"，在京中立即处斩。福建布政使伊辙布因病身故，皇帝仍命魁伦再严查具奏。按察使钱受椿也因贪污属实，在京中受审后送回福建，"集在省诸官吏处斩"。库司周经也在福建正法了。此外，伍拉纳、浦森、伊辙布、钱受椿等子嗣，"如系官职生监概行斥革……发往伊犁当苦差"，不过这批受牵连的下一代到嘉庆四年乾隆皇帝逝世后，都因大赦而释放回来了。

从以上的一些贪案中，我们可以看出：第一，皇帝虽不断地惩贪，而且也杀死了不少贪官，包括满族与汉族的，中央的与地方的，但是贪案仍是不停地爆发，直到乾隆皇帝执政六十年，即将禅位的时候，竟有贵族觉罗在福建贪赃枉法，难怪皇帝在惩贪工作上有了筋疲力竭的感觉。第二，上级长官曲庇属员，下级官员以贪污所得供应上司，是造成贪污的一项主因。官员们官官相护，无异是保障了贪污。如果不是一些正直官员举发，或是官场斗争为打倒对方，揭发了贪案，可能有很多贪案是永远不会为人知的。第三，更可怕的是中央有位高权重的在包庇办案，让贪官逍遥法外，常避重就轻地以一些小官来严办塞责，贪案不但不能公平结案，甚至还诱发新贪案的发生。当然如果皇帝再牵涉的贪案，情形就变得更复杂了。现在我们就再来看看乾隆朝一些大官包庇小官、官官相护助长贪案的事实吧。

中国自秦汉以来，便实行捐纳的制度。捐纳就是有钱的人可以向政府捐赀纳粟而取得官职，成为有地位的人。历代政府都因筹饷、赈灾、兴建大工程，或为贫瘠地区储粮而举行捐纳。捐监或监捐是指有生员资历的人可以捐赀成为国子监生，后来也有人以一般平民身份捐为监生的，称为例监。

甘肃地区一直是地荒民贫，常有灾荒。乾隆三十九年（公元1774年），陕甘总督勒尔谨上疏皇帝，请准在肃州、安西等地收捐监粮，筹集粮食，以备灾荒时赈济急用。皇帝虽然知道甘肃多灾，而中央救灾时运粮又费时费力，若能在当地筹得大批粮米当然很好，但是开捐也容易发生弊端，因为难保没有官员不会从中取利。当时主管户部并为首辅军机大臣的于敏中极为赞同，在他主持的会议中"即行议准"，并在皇帝犹豫未决时他"怂恿开捐"，说服了皇帝。于敏中为什么如此热心推动甘肃这项捐监建议？后来皇帝说了："于敏中于朕前力言甘肃捐监应开。""设非于敏中为之主持，勒尔谨岂敢遽行奏请？"于敏中于乾隆四十四年病逝，当时甘肃捐监案还没有爆发，因而于敏中得以善终。不过他死后半年，他的家族就发生了分财产的大风波，闹到政府出面查封他家产业，清查之下，竟高达二百万两。清代的大学士与军机大臣年薪不高，毫无疑问，于家产业应是于敏中生前贪污而来。所以皇帝在甘肃案后说，"于敏中拥有厚赀，亦必至王亶望等贿求略谢"。王亶望是捐监案中的主角之一。总之，乾隆时期大贪案有高官护航，于敏中就像和珅一样，他们在上保障了地方的贪官，假如贪案不爆发的话，贪官们都能逍遥法外了。

乾隆皇帝在于敏中的怂恿下允准了甘肃开捐；但是在四月间降旨时特别提出了一项条件，即只准纳粮捐监，不能以纳银代粮。同时皇帝也指明如果有"滥索科派"的违法事，总督与任事官员都要被严办。皇帝强调只准收粮不能以银扣算是为了达到真正储粮的目的，也为防止官员从中取利。为了慎重起见，皇帝又把浙江布政使王亶望调到甘肃去帮总督勒尔谨经办此事。王亶望出自名门，其父王师是一位清吏，以勤政爱民闻名当时，皇帝以为王亶望必能谨守家风，达成捐监任务。同年十月，王亶望到任后约半年光景，他向皇帝奏称：安西州与肃州及口内外各属，捐监的人已达一万九千零一十七人，收到各色粮八十二万七千五百余石，可谓成绩斐然。皇帝固然感到他们"承办认真"；但也不禁怀疑到甘肃穷苦人多，如何有两万人来捐监？而该地产粮不足，怎么会有如此多的余粮用来捐监？另外半年即有八十多万石捐粮，一年或更长时间后必积得更庞大数量的粮食，将来粮仓必然不足，久贮也会令米粮糟烂发红，如何用以赈灾？这等等疑问令皇帝"不了解"，他命令勒尔谨、王亶望"查核据实上奏"。不久之后，勒尔谨等遵旨上奏，说到新疆开辟，商贾流通，所以安西、肃州一带人民"获利倍厚"，而近来又逢粮价平减，所以捐监的人"倍形踊跃"。另外又因甘肃连年收成丰稔，殷实之家积粮日多，"实系本地富户余粮，供捐生采买，并非运自他处"。勒尔谨等的回复，实际上是巧语掩饰，全是王亶望想出来的搪塞之词。皇帝不疑有他，反而对勒尔谨等大加奖励了一番。

乾隆四十二年，甘肃捐监事已举行了三年，据王亶望报告前后共有十五万商民纳粮而成为监生，一共收到监粮六百多万石，这个数字比甘肃省每年赋税收入多过七八倍，成绩实在可观。皇帝为了嘉奖王亶望有功，擢升他为浙江巡抚。三年后当皇帝五下江南时，王亶望在浙江还"供张甚侈"地逢迎过皇帝，当年正值王亶望母亲八十大寿，皇帝在旅途中加恩赏赐老夫人御书匾额及大缎二匹、貂皮四张，使得王家备增光宠。然而人有旦夕祸福，皇帝从江南回京后一年多，甘肃捐监案爆发大贪污丑闻了，王亶望等一大批贪官也被绳之以法了。

乾隆四十六年三月，甘肃河州回民苏四十三聚众起义，皇帝派了阿桂等人去督办平乱事，阿桂抵甘后不断遇到雨天，延误了用兵，皇帝得到阿桂的奏报，立即心生怀疑，"该省向来年年报旱，何以今岁得雨独多？其中必有捏饰情弊"。皇帝为什么对甘肃天气雨旱如此注意关心呢？原来王亶望自办理开捐后，固然收得捐纳很多，但是在过去几年当中，连年闹旱灾，因而赈灾也用去粮食不少。阿桂为平乱去甘肃，为什么就碰上连日大雨呢？这是皇帝下令叫阿桂调查过去是否年年遭旱的原因。经过阿桂访查所得，甘肃多年未有严重旱荒，皇帝乃降谕彻查捐监与赈灾案了。

彻查的工作是分甘肃与浙江两地进行的。甘肃由阿桂等人实地深入审查，浙江则由闽浙总督陈辉祖直接向王亶望等查讯。不久之后，案情大致明朗了，可以分以下几点作些综合叙述：

第一，勒尔谨、王亶望从开始就没有遵照皇帝的命令收纳监粮，而是以商人们交一定的银两就捐得监生身份的。三年当中究竟收到多少银两，确实数目不详；不过王亶望等在那几年中连年奏报甘肃各地发生旱灾，向皇帝请求准允赈灾。皇帝心想存粮既是那么多，捐来的粮本来就是为赈灾用的，当然无不照准之理。如此一来，三数年中，赈出的粮米竟高达七八百万石，连各地仓库中旧存的粮都被赈出去了。账面上捐监的粮也就这样地全用光了。事实上，从头到尾根本就没有那么多的存粮，而官员们所收的银两都被大小官分得，可以说做到天衣无缝，皇帝也终始被蒙在鼓里，还陶醉在"皇恩浩荡"的美梦中呢！

第二，在捐监的第三年，即乾隆四十二年，皇帝也曾派过钦差去甘肃，盘查监粮。当时任钦差的是刑部尚书袁守侗与侍郎阿扬阿。袁守侗是查案高手，有五次任钦差出京查办重案的纪录，使得不少督抚大吏将军正法或革职坐牢。他去甘肃查监粮竟没有发现破绽，而回报皇帝"仓粮系属实贮"，皇帝因为信任袁守侗，当然对甘肃各官的侵吞"监粮"也无从发觉了。袁守侗在盘查时为什么会受骗而信以为真呢？据说地方官员在钦差来查粮时，他们在仓库的"里面进深处所，下面铺版，或掺和糠土，上面铺盖谷石"，钦差们只能"签量廒口数尺之地"，因而以为"实贮在仓，并无短缺"了。尤有甚者，甘肃地方官还以捐粮过多，须增建粮仓储存，先后冒领建筑费六万多两。后来为赈灾运粮，又向中央请得补助运费几万两。贪官们的手法确实高明，始终使皇帝相信"监粮"是存在的。

第三，贪官们也曾为不收监粮而改收白银做过解释，不过都是编造的谎言。如王亶望说："风闻有折色之事，当经责成道府查禁结报，且意在捐多谷多，以致一任通融。"皇帝则认为"捐收监粮，原为仓储起见，今既称私收折色，仍行买补粮食还仓，且以捐多谷多为能事，则该省之粮充足可知，但为何每年又须赈恤？"而且即欲收捐，"何须官为包揽，以致弊窦百出？"继任甘肃布政使的王廷赞后来也向军机大臣们辩称：他到任后，原不许折色，因无人报捐，只得以银代粮的"折色"方式办理。又怕各州县有短价勒买粮石之事，所以规定一名捐监人付白银五十五两。甘肃粮价较贱，此数足敷定额。皇帝看了他的巧辩，认为"殊不足信"，因为一个简单的事实是：假如甘肃地区粮贱，必定是因为丰收，既丰收又何必年年要赈灾？若是赈灾属实，则粮价必贵，粮价既贵，则五十五两必不能购得额定捐监的粮数，两者不能共存，必有一真一伪。皇帝根本认为他的话是纯系巧言，目的在隐匿真相。

第四，阿桂在调查此一大案结束时，曾向皇帝提出一份"甘省捏报灾赈侵蚀帑项"官员的名单，其中共列贪官一百多人，皇帝在上谕中则写定犯罪贪官名字的计知县、代理知县六十三人、知州五人、同知三人、通判五人、县丞二人等共八十一人，另外还有二十一个该罚的官员，总计在这次大案中侵盗公帑银两一千两以上的各级官员共一百零二人。甘肃当时有直隶州六、直隶厅一、州六、厅八、县四十七。皇帝说"全省大小官员无不染指有罪"的话是可信的，真是一次"上下一气"的集体大贪案。

第五，甘肃捐监案的一干人犯究竟贪污了多少钱？这件事不易确定；不过前后冒赈被贪官侵蚀掉七八百万石"监粮"，另外二十六次申请添建新粮仓共费银十六万多两，这些是有文字记录的。还有经审讯后知道布政使王廷赞在两年任期内冒领到运送赈粮的"脚价银"二万八千六百九十两；代理布政使文德也冒领了一万七千五百两；王亶望在任内"赈"出的"监粮"最多，他冒领的"脚价银"也必然更多。阿桂等人向皇帝呈报的贪官中，列举了侵吞"监粮"之银二万两以上的有二十人；一万两以上的有十一人；一千至九千两的共为二十六人；还有侵吞九万两的。至于经方这个六品小通判竟贪得十五万两以上的赃款；而总督勒尔谨、布政使王亶望的侵贪虽数字不明，但必然要比经方等人多出若干倍才是合理。据一般史料记载，甘肃当时这批贪官共侵吞了公帑约一千多万两，约当国家全年总收入的三分之一。

第六，关于王亶望个人在捐监案中得到的好处，可能高达三百万两。因为闽浙总督陈辉祖在向皇帝报告查抄王家产业的时候说：多达"三百余万两"。当然这笔产业中一定有一些是王家祖先存留下来的，不过陈辉祖与承办抄家的少数官员竟在抄封时私自盗取、吞没了一部分王家的财产，可见王家总财产数不止三百多万两。王亶望的父亲是清官，不会积余太多产业，三百多万或更多的家产显然是王亶望在捐监案贪污所得。他可算是清初以来的大贪官了。

乾隆皇帝知道事实之后，觉得甘肃官员竟大胆如此，欺君枉法，令他"伤心"又"寒心"，因此他决定严惩不贷，痛惩贪官。四十六年七月皇帝降谕，命将王亶望立即正法，令勒尔谨自尽，王廷赞"绞监侯"。八月间又下令将侵冒帑银"监粮"银二万两以上的立即正法；二万两以下的

"问拟斩侯"；一万两以下的稍后定夺。如果按照贪污一千两即处以斩监侯的话，甘肃当时一百零二名贪官个个应被处死。经皇帝再三斟酌，决定对该案中的下级官员从轻发落，只将赃银高到两万两的斩立决，即使如此法外施恩，被处死的官吏仍有五十六人，另有免死充军的四十六人，还有勒尔谨、王亶望、王廷赞、经方等十来名官员的子嗣数十人发往伊犁，充当苦差，以示炯戒。

甘肃一地一次就杀了或发遣了那么多官员，使得当地大小衙门陷于瘫痪，几乎运作不起来了，中央政府不得不紧急来了一次官僚体系的大调动，才解决问题。

诚如乾隆皇帝在谕旨中说的，甘肃这次大小官员集体贪污的捐监案，是"从来未有之奇贪异事"。

乾隆皇帝曾经在一道谕旨里这样说过：

> 朕于宫眷等亲属管束极严，从不容其在外滋事。恐伊等不知
> 谨饬，妄欲以国戚自居，则大不可。凡妃嫔之家尚不得称为戚
> 畹，即实系后族，朕亦不肯称为假借！

他的这番话是有些真实性的，我们从以下两件贪污大案中似乎可以证
实这件事：

乾隆三十三年六月初，新上任的两淮盐政尤拔世向皇帝报告前任盐政
动用盐引缴贮运库银的情形，并特别指明目前尚有余额十九万多两，请为
皇家服务的内务府查收。尤拔世不敢明说前任盐政们贪渎情事；但他是以
先备案的方式来保护自己。

盐是人生活中不可缺少的调味品，汉代早就实行了国营政策。北宋时
期，政府又发明一种盐引制度，使得官府对盐商的控制更为系统化。官府
发放盐引不但可以获得更高额的税收，也能利用引票来对盐商的经营规

模、数量等加以限制。盐商得到盐引就有了专卖垄断权，所以时时要对发放盐引的盐政大官们竭力逢迎，甚至以贿金换取盐引，以保有专卖与财源。乾隆三十年代，两淮盐政从户部领得的盐引多则四十万张，少则二十多万张，盐政通常以每张盐引加收银三两左右，因此每年两淮盐政所收的贮运银十分可观。同时二十年来，没有一个盐政在初上任时向皇帝奏明过存银的数目，而尤拔世又呈报得那么少，于是引起了皇帝的怀疑，并意识到可能盐政有蒙混不清，甚至私行侵蚀的情事了。不久后皇帝命令江苏巡抚彰宝与尤拔世共同清查，"不得姑息"。同年六月底，彰宝等人的调查报告送达宫廷，要点约有三大项：一、历年来两淮盐务衙门应有一千九十余万两的余利银，不应该是尤拔世报告的仅存十九万两。二、短少的一千万两固然与各盐商欠缴有关，但确定有四百六十万两是被盐政们动用在"历年办贡及预备差务"的支出上了。三、前任盐政普福、高恒与盐商之间有"暗行馈送情弊"，而高恒收纳的最多，约在数万两之数。

　　皇帝接到报告以后，发觉事态严重，而且非常棘手，因为高恒是已故慧贤皇贵妃之弟，其父高斌曾任大学士、军机大臣等高官，高恒一直为皇帝的宠臣，几十年来都让他当肥缺的税官与盐官，实在令皇帝惊骇。同时这笔亏空与侵蚀款项竟高达一千万两，又是多年没有清查的旧账，若是清查起来，必然涉及很多大小官员与盐商在内，将会影响各地的盐运，影响人民的生活与社会的安定。而最为皇帝不乐的是他自己也涉案了，因为"办贡"、"预备差务"是指地方官给皇帝送礼以及为他南巡江浙办差务的费用，也就是说不少亏空是因皇帝而造成的。不过乾隆皇帝并没有改变严惩贪官的态度，首先下令将高恒、普福以及盐运使卢见曾等革职严讯，并查封他们的家产。担任两江总督的尹继善与高晋也以"不行据实参奏"而被"交部严加议处"。

　　除了对有关官员采取行动外，皇帝又做了两件重要的事，一是为自己辩护，说明每次南巡的"一切行宫道路诸费，俱系官为经理"，盐商与官员们支用了"交官项内"银两来招待皇帝，或是根本以皇帝名义额外加派，实在应该治罪。一是传谕盐商，盐务关系数省民生，各商不得因查案而推诿观望，如有"壅滞运盐"现象，将严惩盐商。

由于皇帝声称要继续查案，地方官员呈报的犯罪事实日渐增多。皇帝在不久后即发现短缺银两有一千万两之多，追补实在不易，以盐商欠缴六百万两左右来说，若令他们如数赔偿，一定有很多盐商会立即破产，势必影响到盐运，影响到千万人民的生活，同样的也会影响到国家的盐课税收。再就人的方面来看，此前担任盐政与盐运使的有好几个，各人的贪污情形要一一追究，绝非易事，一定有很多中央与地方的官吏涉案，若大力惩贪，官场顿时会产生不安情况的。加上皇帝自身也确与亏空有关，彻查下去对自己绝对无益。

基于以上种种原因，经过四个多月的调查，在皇帝主持下，终结了此一大案。高恒、普福被籍没家产，即刻处斩；卢见曾也籍没家产，处以绞监侯，秋后处决；曾经给卢见曾通风报信的翰林院学士纪昀（晓岚）、军机处行走章京王旭、刑部司员黄骏昌等人革职，纪昀因与卢见曾有姻亲关系被发往新疆乌鲁木齐充军；两淮很多盐商也革去以前赐给他们的顶带与名誉官衔。显然皇帝只作了重点式的处分，而且淡化了贪案的严重性，例如盐商欠款由六七百万两说成三百多万两。高恒的赃银总数只三万多两，不是当初查出的千万两之上。另外盐商欠银则以赔收了事，分十年交与运库，不对行贿商人处分。当然他自己涉入的"办贡"等事，都以"不知情"不了了之，可见惩贪得不算彻底。不过，皇帝在这次大贪案中，能不顾亲情与人情地杀了高恒也确是难得，据当时一位皇室人员昭梿在《啸亭杂录》一书里说：在乾隆即将处死高恒前，孝贤皇后的弟弟傅恒为之求情，"愿皇上念慧贤皇贵妃之情，姑免其死"，乾隆断然拒绝，并说："若皇后弟兄犯法，当如之何？"这一巧妙而严正的回答，不仅拒绝了请求，同时也给身为皇后兄弟的傅恒一个警告，令傅恒"战栗失色"不敢再言。

傅恒是乾隆皇帝正宫皇后富察氏的兄弟，高恒则是皇贵妃高佳氏的兄弟，两家都是满洲八旗的属下人，而这两位后妃都是乾隆当太子早年的配偶，高佳氏死于乾隆十年，富察氏死于乾隆十三年，皇帝对这两家的亲属原本都是善待恩养的，遇到如此大案，只有舍断亲情了。

按照清朝官场上的常规，犯重罪的人家，子孙的仕途一定受到严重影响的。高恒被杀之后，皇帝似乎还念着慧贤皇贵妃的旧情，对高恒家人没有株连，相反对高恒的后代还给予了提携擢拔，高恒的儿子高朴就是实例。

乾隆三十七年，高恒被杀后三年多，皇帝"加恩擢用"高朴为三品大官都察院左副都御史，不久之后，这位"年少奋勉"、"非他人比"的高朴又被皇帝升官为从二品的兵部右侍郎，到乾隆四十一年，高朴被任命为叶尔羌办事大臣，担负治理新得边疆的重责大任了。

自从乾隆三十年平定乌什之乱后，皇帝对于派往新疆的官员极为慎重，唯恐所用非人，在边疆激起事变。此前驻乌什大臣素诚对维吾尔回民所做的科派累民以及奸淫妇女的恶迹，以及驻和阗总兵和诚纵容家奴勒索回民财物等事，都在乾隆皇帝心中留下极坏的印象，所以他希望高朴这次去新疆能建立好功名，为家族争光。没有想到高朴去叶尔羌任官三年之中，竟不断地以"办贡"名义，大事扰累当地回民，并借机为自己敛财，终于引起大家的憎怒，有人冒死上奏，揭发高朴的贪赃。

乾隆四十三年秋，驻乌什办事大臣永贵上奏，说到一位叫色提巴尔第的回民领袖出面控告高朴，地方民情不安。皇帝看了奏报，随即命永贵查办此案。在永贵的密奏与皇帝的谕旨中，我们了解当时情形：

高朴上任之后，私役了三千多回民，到"人迹所罕至"的密尔岱山中开采玉石。密尔岱山离叶尔羌四百多里，又是深山，回民冒险开凿，再将千百斤重的玉石运至叶尔羌，极为辛苦困难，经常造成人员的死伤，而高朴在地方宣称，这一切都是为了"办贡"，就是为了向皇帝进贡用的。"回人无不抱怨"，因而有人出面冒死陈情了。

高朴所开采的玉石是不是为了"办贡"呢？显然不是。他将所采得的玉石以及在叶尔羌所搜到的玉器，派专人经甘肃、陕西、山西等地，分运京师与江南，其中极少数送给皇帝，大部分私下贩卖牟利。由于全国各地"处处均有关隘盘查"，高朴向他的堂叔两江总督高晋取得"护牌"，以"办贡"名义，一路通行无阻，关卡不敢盘诘拦阻，因而可以顺利地运往苏州等地，"肆行贩卖"。乾隆四十三年，高朴的家人李福等人往江南卖玉，在苏州一地停留了半年多，得款后乘大船离去，"船中有箱四十六只"，是玉是银不得而知，但数量确是不少。同年另一路高朴家人由常永等率领，路过陕西长武县境，因案发被捕获，计有"大车九辆，载玉三千斤及家人玉料一千斤"。据当时各地官员的报告，李福等人在苏州半年卖得白银十二万八千多两，而陕西一路常永等人的所运玉器中，据货单上记载，成品的玉如意一支，需售银四千两，照全部货品计算，官员们报称总价应在一百万两之数。这是案发当年两路运玉的情形，若将此前几年的贩玉卖得银两一起加上，高朴的所得必然更是可观了。至于高朴以"办贡"为名运玉，据史料所记，大约可以看出他进呈给皇帝的为数不多。在回民领袖色提巴尔第所开列的高朴向民间搜得"极佳"玉器成品，都没有进献给皇帝，事实上，在事后据皇帝说高朴进贡的玉器只有九件，"且俱平常"之物，"乃以佳者留藏家内"。大学士阿桂奉命查抄高朴家时，确实查封了新疆制品极佳的玉碗等物，难怪皇帝大怒之下，说高朴利用"办贡"名义，牟取私利，连佳品玉器都留存家中，"即此一端，亦可见其天良尽丧矣！"

皇帝知道高朴确实犯了贪婪大罪，便在同年九月二十八日降谕将他就地处死，这是乾隆年间处理贪案最快速的一次，这可能与新疆特殊情形有关。

皇帝在高朴案爆发后，曾以谕旨告诫驻新疆的办事大臣们说：

经理该处事务，责任匪轻，当体朕意，抚辑回民，俾得安居乐业，不宜稍有派累滋扰。

可见皇帝对新疆安定的重视。事实上，在所谓的乾隆"十全武功"中，有三次军事行动是在新疆境内，即平定准噶尔与回部的三次战争，也因为这三大战役的胜利，才使清朝有效地统治了天山南北两路，而在各地以将军、参赞大臣、办事大臣、领队大臣等武官来统治新疆。皇帝深知胜利来得不易，高朴在新疆又激起民怨，而叶尔羌又"地大城坚"，一旦生事，后果必然严重，因而尽快处死高朴，以泄回民之恨，以维持边民对中央的向心力。从皇帝谕旨中透露的：杀掉高朴"于国家绥靖回疆之举，则为大得"一番话看来，皇帝确实把回疆安定视为第一重要的。

高朴虽然在安定回疆的政策下迅速审理被处死了；但是皇帝也没有忘了其他的涉案人等，在其后的半年，仍有不少官员因此案而受罚，如前任驻乌什参赞大臣绰克托以在任时不据实参奏，有"通同徇隐"之嫌，革去吏部尚书官职。两江总督高晋以"徇私"发给"护牌"，本应治以重罪，因一生办事勤慎，且年愈古稀，传谕严行申饬。江苏巡抚杨魁与苏州织造舒文以徇情故纵，未予奏报，都是"天良丧尽"，杨魁"自行议罪具奏"，罚银赎罪。舒文后来被革职。此外还有一些山陕江苏的官员都以失察遭到训示，或被降调。

乾隆帝在处死高朴时说："高朴贪婪无忌，罔顾法纪，较其父高恒尤甚，不能念为慧贤皇贵妃侄而稍矜宥也。"皇帝不以私亲而宽宥皇亲国戚，真是难得，而十年之间，高家父子同因贪污而"前仆后继"的坐诛，在历史上真属罕见之事。

学政，又称督学，官名。清初沿袭明朝制度，各省有学政，掌一省学校、教习、教育行政与考试等事，向例由翰林院侍读、侍讲、编修、检讨或各部侍郎、科道官中由进士出身者充任，算是钦差官员，官阶比地方的总督、巡抚、布政使、按察使都低。一个官低位卑的小学政如何敢与皇帝为贪案斗法，听来有些不可思议。乾隆年间还就真的发生了这样的事。

乾隆四十年代连续发生大贪案，其中王亶望的甘肃冒监案与陈辉祖抄王亶望家抽换财物案，两位主角都担任浙江的封疆大吏，皇帝对他们极不信任，因而在谕旨里说到浙江通省钱粮"难保无积压亏欠"之事，命令新任浙江巡抚福嵩清查，结果发现全省共亏空一百三十多万两。皇帝命令尽速弥补。经过四年的时间，在皇帝不断的催促之下，到乾隆五十一年，据福嵩奏报已弥补了九十六万多两，尚缺三十三万两之数。皇帝想到山东省国泰贪案后，仅两年时间，新任官员就补足二百万两的亏空，浙江是富饶省份，四年时间竟弥补不到一百万两，必是官员办事不力，"玩视帑项，一味稽迟"的结果，于是便派出户部尚书曹文埴、刑部侍郎姜晟、工部侍郎阿龄阿为钦差，到浙江彻查。皇帝一面又降谕令福嵩来京候旨，革浙江布政使盛柱的职位，情势显得很是严重。

曹文埴等到浙江调查之后，向皇帝报告几次，前后都说地方亏空只有三十多万两，现在各官加紧弥补，大体上与福嵩早期奏报的情形差不多。不过，正在此时，担任浙江学政的窦光鼐突然上书皇帝，说明浙江各府县的亏空不止此数，而且"未补者多"，"闻得嘉兴府所属之嘉兴、海盐二县、温州府属之平阳县亏空皆逾十万"，而且"去岁杭州、嘉兴、湖州三府秋收歉薄，仓库正需平粜，而仓内有谷可粜者无几，浙东八府岁行采买，惟折收银两，以便挪借"。窦光鼐是进士出身，据说他"幼负绝人之学"，很为皇帝器重，只是他人不圆通，是个"拘钝"的学者型官员，在服官几十年中，常常和人争执，因而居官不定，降调之事时有发生。皇帝始终觉得他"无大过"，乃派他出任浙江学政，其时约在乾隆四十年代的后期。皇帝本来对浙江的亏空就有怀疑，现在接到窦光鼐的奏报，益发对曹文埴等查案表示了不满，认为他们并未将"该省何处亏空若干、何处弥补若干、何处竟未弥补、何处不但未能弥补且有增多之处，逐一详查根究底里"，只"将就了事"，很不应该，命令钦差们依窦光鼐所指各点，再逐一详查，据实严加办理。五月初，皇帝又分别接到曹、窦两人的报告，双方仍各执一词。曹文埴坚持浙江全省亏空不过三十万两，而且"有减无增"。窦光鼐则声称仙居、黄岩等七县的亏欠已"多至累万"，其他各属更多。同时他又扯出布政使去年进京"携赀颇丰"，"上司进京，属员馈饩"，形成受贿以及其他官员索贿贪污事，他把浙江官场的问题升高了、复杂化了。

皇帝看了这些报告，发现地方与中央的官员各持己见，必然对查办不利，于是降谕旨叫他们"和衷详查办理"，并令窦光鼐暂时不必过问此事，因为学政管查亏空实在是捞过了界，而地方教育行政的工作也多，应该专注自己分内的业务；再说这一年又是浙江省举行乡试之年，科考的事尚待办理。皇帝命令曹文埴深入调查仙居、黄岩亏空实情，另外又派了中央大员阿桂专程南下浙江，协助查案。

阿桂是皇帝的心腹大臣，也是当时查案的能手。他到浙江后不久，首先对浙江布政使盛柱去年赴京是不是"携赀颇丰"贿赂某人向皇帝呈上了奏报。阿桂说盛柱进京没有送十五阿哥（日后的嘉庆皇帝）任何礼物，应解送的人参银三万九千两也交到了内务府，这证明了皇太子与贪案无关，令皇帝大感欣慰。阿桂又提平阳等地亏空与高官受贿的事查无实据，窦光鼐是风闻上奏，不足凭信。皇帝一直相信阿桂是正直的名臣，对他的调查结果当然信以为真，这当然对窦光鼐极不利。不过皇帝有从速结案的心意，所以在六月中就以巡抚福崧催补不力，将他调山西为代理巡抚，想把查案事告一结束。不料浙江方面钦差与学政的互斗还不能停止，而且有愈演愈烈之势。先是阿桂向皇帝奏称窦光鼐指陈的地方亏空"俱经严密访察，亦属非实"，而知县黄梅"丁忧演戏"不孝一事也是"污人名节"的不实之言，可以说全力将窦光鼐描绘成一个造谣生事的人。皇帝当然对窦光鼐严词谴责，并命令他"明白回奏"。窦光鼐发现情势严重，但他个性"迂拙"，不畏权势，立即报告皇帝钦差等在浙江受到地方官的蒙骗，不明了真相，才向皇帝做出不实的说法。他又说几位钦差根本都没有亲自实地访案，全凭省城官员的话为据，不是真实的情况。他确实闻知平阳知县黄梅因"抗不弥补"才仍有亏空。关于"丁忧演戏"也是事实，而且黄梅还"纵令其子借名派索滥用"，劣迹多端。他在奏报中又报告皇帝，为了取得真实凭据，他决定去一趟平阳，收集资料，不日再向皇帝呈报。

窦光鼐的此番作为令皇帝大为恼怒，因为有旨在先，叫他少管亏空之事，多作自身教育、考试工作，现在却擅离职守，去了平阳查案，简直是违抗圣旨，胆大妄为。闰七月初，皇帝传旨严责窦光鼐，说他"置分内之事于不办"，只在"袒护劣衿"，狂妄之极，命吏部与刑部议处。

在皇帝谕旨到达浙江之前，窦光鼐已到达了平阳，他在当地明伦堂内与县内生监聚谈，请大家帮忙收集知县黄梅的各项犯罪证据。他又在城隍庙中，传集平阳县的书吏，追究黄梅的贪婪劣迹，据说当时"生监平民人等，一概命坐，千百成群，纷纷嘈杂"，俨然一幅斗争大会的情景。

在窦光鼐赴平阳之时，署理浙江巡抚阿龄阿上书皇帝，列数窦光鼐不法抗旨罪状，令皇帝更为气恨，认为这样"病疯"之人，实在"有乖大臣之体"，于是下令"将窦光鼐拏交刑部治罪"。

窦光鼐既得罪了钦差，又得罪了皇帝，真是大祸临头了。所幸他这次平阳之行没有白跑，在人民与书吏的协助下，他得到不少有利的证物，于是他一面急返省城杭州，一面将搜得的两千多件田单、印单、借票、收据等证物中的部分，以一天五百里的急件快递送往京城，向皇帝报告。当窦光鼐回到杭州时，他立即被逮捕入狱，听候审问了。

乾隆五十一年闰七月二十七日，皇帝收到了窦光鼐的快报与证物，看出"票内一半钤有官印及伊（指黄梅）私有图记，断非捏造"，了解了黄梅在任内以弥补亏空为名，计亩派捐，"每田一亩，捐大钱五十文"，"莅任八年，所侵吞部定谷价与勒捐之钱，计赃不下二十余万"等等劣迹之后，即刻传谕军机处，对"以小民之脂膏，肥其欲壑"的黄梅，"严加惩治"，同时又降谕阿桂，要他体会皇帝"办事苦心"，"秉公查讯"，再审平阳贪案，对窦光鼐不必心存芥蒂。两天之后，皇帝又下令要阿桂见到窦光鼐时，"将伊除去刑具，免其拿问"。黄梅的家产予以查封，其子黄嘉图则先逮捕候审。

阿桂与钦差一行也不再敢对窦光鼐加以迫害，只得遵照皇帝的指示努力查办。据后来阿桂等人向皇帝的奏报，他们也承认黄梅是个贪官，年来勒借部民钱文，贪污银两，且未弥补地方亏空。他的儿子黄嘉图确有在外招摇婪索，有贻害地方之事，应该治以重罪。

同年九月十六日至二十日之间，皇帝连降谕旨三道，对浙江亏空与贪案的有关人员，做了如下的批评与处分。

黄梅及其子黄嘉图，贪婪不法，罪证确实，死罪难逃。

浙江永嘉、温州、平阳三县的地方官程嘉缵、田家锺、范思敬等人，"迎合上司"，官官相护，"此等外省恶吏，最为可耻，不可不严加惩治"，将三人交部议处。

署理浙江巡抚阿龄阿偏听属下之言，两次冒昧参奏窦光鼐，交部议处。

前任浙江巡抚福嵩对于劣员不据实参奏查办"岂可复膺封疆之任"；前任浙江布政使盛柱追补亏空不力，二人均着免职，交部议处。

阿桂、曹文埴、姜晟三位钦差仅"凭地方官结报就案查核遽为了事"，有亏职守，俱着交部严加议处。

至于窦光鼐的部分，皇帝认为他所参黄梅劣迹，虽有三项属实，但他"哓哓执辩，咆哮生事，并有不要性命不要做官之语，亦殊乖大臣之礼"，而且黄母丧事演戏部分不实以及诸端固执行为，亦属有过，所以令他来京做官，暂署光禄寺卿。

浙江亏空与贪案就这样落幕结束了。在整个查案过程中，我们看到一位正直不要命、不怕死的学政，也看到一位胸怀开放的能改过的皇帝，确是古代官场中不多见的事例；不过就惩治贪污来说，如此结案显然草草了事了一些，不能达到禁贪、止贪的目的。

二十
乾隆贪案的历史教训

乾隆皇帝在位六十年，发生不少大小贪污案件。尽管皇帝不分满汉、不论亲疏地处分过很多贪官；然而政府严厉法办，贪官依旧贪婪，直到皇帝内禅前夕，福建省仍有满汉高官合作的贪案发生，显然在六十年中，清廷的惩贪工作是效果不彰的。

如果想要考究其中原因以及乾隆朝的贪污案件能给后人带来什么样的历史教训，也许以下几点值得我们注意与参考：

第一，从前面谈到的乾隆朝大贪案，我们可以看出贪官中多是读书正途出身的官员，"儒官"怎么变成"贪吏"的，古圣先贤的训示真是不能产生重名节的效果吗？我们知道：古代中国社会一直以儒家为主流，儒者原本是以入世态度积极服务社会的。他们当官以后应以关心国事民瘼为职志，以所学圣贤书为抱负。然而儒家思想有些陈义过高，现实的治国手段与富强之术往往与理想相去甚远，所以令不少儒官修正他们的理念。尤其是清朝乾隆时代，君主集专制淫威之大成，满族又为了防汉人之反侧，他们不希望儒官发挥传统儒家的经世致用精神，因此学优则仕的士大夫失去了崇高的理想，大家多为"一家身之谋"的禄蠹了。"学也，禄在其中矣"、"书中自有黄金屋"成为他们做官追求的事业目标。

第二，贪污是指官员利用职务上的便利以及他们手中的政治权力，违法谋取经济利益的行为。在古代中国，无论京官与外官，他们各有各的职务便利进行贪污，如强行勒索、侵吞公帑、监守自盗、收受贿赂等等，真是"靠山吃山，靠水吃水"，各凭本事在官场捞钱牟利。我们从上述乾隆朝部分贪案中，不难发现京中与外省的官员，多是利用政治特权而谋利获利的。例如府县的牧民之官利用收税之便，侵蚀钱粮；关税官员则吞没税课；运铜官员克扣铜本；运铅主管短少斤两；以及其他"浮开价值"、"私收捏报"，大官家人强索、下官供应上司等等，真是不一而足，也透现了贪案与政治地位及权力有关。

第三，贪案也与古代中国政治制度不健全有关。以清代中期而言，政府每年的施政经费，并无一定的年度预算，公费开支多凭官员视实际情形而定，既无确定项目，又无审计考查，这给了官员们极方便的取利机会。不过另一方面，历代各级官员的俸禄都不高，而地方官员的幕友津贴、单位公费、往来应酬等等费用，都要官员自己筹措。雍正朝以后，政府虽颁发各官养廉银，但是仍不敷用。据史料所记：清朝中期一个县官，年薪大概二十多两到四十多两，依县的大小而定，颁给养廉银后，大县可以得到两千多两的津贴，勉强开支各项公私费用。若非清官，当然就难防止他私夺民脂民膏了。从政府预算与官员俸禄方面看，不难了解当年制度上确有缺失。

第四，一个县的津贴比知县本薪高过几十倍，官员为什么还要贪污呢？据当时官员的一些文字记录，我们可以看出在雍正以前，地方官在征收田赋等税时，又附征非法补助费如火耗（或称耗羡）的，官员所得利益可能比后来发给的养廉银还多。雍正皇帝改革税制，命令火耗归公，再由政府发给各官养廉银，使各官不能漫无标准地向人民收取火耗。府县官收到如此多的火耗作什么用？都能放进个人的私囊吗？火耗既是非法附加税，上级官员又如何不将府县官法办呢？原来府县官得到的火耗，通常分成"应赠"、"应捐"、"应费"几大用途。前两项是"奉养上司"与"地方公费"的开销，"应费"才是弥补个人收入不足的补津，而其中赠送给上司的"应赠"费用约占半数或更多，因为各省的高官收入也不多，个人生活、幕府费用、衙门运作以及对京中大官的公关等等费用全靠地方下级官员的"赠礼"。高官既靠下级官员送钱才能做官，当然他们就不得不庇护下官了，因而形成了官官相护的局面，贪污由此得到保障，贪风显然不易遏止了。

第五，在惩贪的过程中，最怕的是有位高权重的人出面或在暗中庇护贪官，因为他们的干预常常会使查案的工作办理得不公平，甚至不能进行。权臣庇护贪官若是因亲情而起已经是不好了；若是为了一己的私利而为贪官关说或是脱罪，则更是可怕，而乾隆年间，尤其是中期以后，不幸就常发现有此等事实。如和珅之曲庇李侍尧，让李侍尧在"出自圣恩"后而免死，事实上，李侍尧的贪案情节比萨哈谅、杨灏等不知严重了多少！又如若没有于敏中、毕沅、袁守侗等要员的庇护，甘肃捐监案可能就不会发生。同样，由于阿桂等人的徇私，才能使富勒浑得到生全不死，也几乎让窦光鼐蒙冤犯罪，浙江贪案也可能永远不能真相大白。乾隆中后期的不少贪案确实都隐约牵涉到中央的权臣，甚至有些贪官是为供应中央权臣钱财而犯案的。难怪日后薛福成说："非其时人性独贪也，盖有在内隐为驱使，使不得不贪者也。"这真是直指问题中心的一种确论。

第六，地方长官、中央权贵如果干预贪案、曲庇贪官已经够影响贪案的查办了，若是皇帝的某些因素又再影响到贪案，则惩贪肃贪的工作必更为增添问题。在帝制中国时代，皇帝是法律的源泉，他是法律，他也能更改法律，所以他的须臾闪烁念头可能决定贪案的审判，决定贪官的生死，因此贪风是否尽绝，皇帝是有很大责任的。以乾隆朝的贪案而言，有人可以"完赃"后减免，有人在"完赃"后还被处死。有人犯了贪案儿子受牵连被罚去充军，有人则死后子嗣仍连升几级地做官。甘肃捐监案大杀地方官，杀到连地方衙门的日常运作都几乎不能进行；但是山东国泰贪案与浙江、福建后来的一些贪案，皇帝又"不忍"兴案，或是"不蔓延"连株办案了。凡此种种，都说明了皇帝在惩贪肃贪中时常有着双重的标准。尤其李侍尧一案，中外各官都认为应判以"斩立决"，皇帝却独排众议，让他免死，这不但违反了以大学士九卿等官判决为准的传统，也违反了《大清律》罚分贪官的条文，实在不好。

再看乾隆皇帝在早年肃贪时，不论是山西的萨哈谅、喀尔钦、湖南的杨灏、云贵的恒文，或是山东的蒋洲、贵州的良卿、云南的钱度，甚至皇亲贵戚高恒，都是以极严厉的手段处置的。可是到甘肃冒赈案之后，皇帝的态度显然变了一些，他又想"于惩创之中，仍寓矜全之意"，行宽仁之政了，这种始严终懈的肃贪作风，绝对影响到肃贪工作的成效。

最后我们再从乾隆朝若干贪案与皇帝本身的关系来看，历史的教训可能就更显明了。云贵总督恒文、盐政高恒、叶尔羌办事大臣高朴等贪官，如果不是"办贡"或供应皇帝江南巡幸，他们就没有筹措收集贡品的借口，更不会有借机捞钱或造成亏空的可能，这些贪案可见都与皇帝有关，甚至可以说是因皇帝而起的。另外，乾隆皇帝藉大臣"办贡"来肥己实在是不当之事，但是更坏的事是他在惩贪肃贪后又抄赃入己，结果使国库与皇室成为贪赃的最大受益者。还有更可怕的是乾隆皇帝同意和珅倡设"议罪银"的法条。"议罪银"又称"自行议罪银"，这一法条规定：凡犯有过失的地方官员，可以纳银赎罪，免去处罚，而议罪所罚银两，不交户部，由军机处催交内务府，实际上是内务府的特别收入，全部归皇帝所有，这真是为皇家开辟了大财源。近代史学家邓之诚说："乾隆以军旅之费，土木游观与其不出自正供之费，岁无虑亿万，悉索之和珅，和珅索之督抚，督抚索之州县。"这一连串的"索"，怎么能不造成贪污大案？乾隆五十五年，内阁学士伊壮图反对议罪银，向皇帝上了一件奏章，内容要点有：近来规定，总督、巡抚有过时，可以"罚银数万，以充公用"，而可以免其罪。这规定极为不妥，因为督抚如能自请认罚银两获得免罪，则"在桀骜之督抚，借口以快饕餮之私"，即清廉者亦不得不希冀属员资助，"日后遇有（属员）亏空营私重案，不容不曲为庇护"，因为他认为"是罚项虽严，不惟无以动其愧惧之心，且潜生其玩惕之念，请永停罚银之例"。尹壮图想挡皇帝财路，当然遭到指责，几乎被皇帝处死。

乾隆六十年中，皇帝不断大兴狱案，严惩贪官，杀掉不少官员；但是贪案仍是层出不穷，不能断绝。以上列举各点，似乎可以提供其中的主要原因所在了。诚如《清史稿》中说的：

高宗（即乾隆皇帝）谴诸贪吏，身大辟，家籍没，僇及于子孙。凡所连染，穷治不稍贷，可谓严矣。乃营私玩法，前后相望，岂以执政者尚贪侈，源浊流不能清欤？抑以坐苴茸败者，亦或论才宥罪，执法未尝无挠欤？然观其所诛殛，要可以鉴矣！

我个人以为这是乾隆朝贪案的持平公论。

二十一
无非一念为民生

　　乾隆朝贪案特多，应该是与国家的经济发展以及人民的生活改善有关。如果民间不富有，贪案显然也无由发生。乾隆时代，在政治统治日益巩固的同时，皇帝也采取了一系列有利于经济发展的措施，使整个国家的经济得到迅速的扬升，也使清朝进入鼎盛的时代。

　　乾隆发展国家经济是从"爱养民生"基调上开始的。他在即位后不到一个月，就降谕强调他了解"本固邦宁"的道理，他要"爱养元元"。他完全赞同孟子的看法，人民必须有"恒产"，因为有了恒产，才能产生恒心。百姓有穿有吃，才能"知礼义"，如此民心才能安顺、天下才能太平。但是皇帝也清楚地看到当时面临的一些问题，如"生齿日繁"、"地不加广"等等。人口不断增加，耕地不能加广，当然就"民用难充"、"民产难制"了。

　　乾隆所说的"生齿日繁"是事实。清朝入关时在册的全国人口是一千零六十三万余丁，康熙平定三藩动乱时，全国人口约七千万。由于当年政府收丁银的人头税，很多壮丁为逃税而不报户口，所以全国人口的数字绝不正确可靠。康熙五十年代以后，政府宣布滋生人丁永不加赋的德政，雍正时又推行摊丁入亩政策，壮丁不需要逃税而登记了，人口统计才开始反映真实的情况。在乾隆初年进行人口普查时，竟发现已超过一亿四千万。乾隆二十七年又突破了两亿的大关。到乾隆末年，全国人口达到三亿之众。人口剧增，土地却没有相对的大量增加。据史料所记，明朝神宗万历六年（公元1578年）全国在册民田为七百零一万余顷，加上屯田五十九万顷和官田约为七百七十多万顷。经过清朝康雍乾祖孙三代的不断努力垦荒，到乾隆四十九年，量得的全国总耕地面积为九百八十万顷左右。耕地增长在近两百年中才达三成，而人口暴增已是好几倍之多了，粮食生产在当时难怪被皇帝列为重要大政。

乾隆二年五月，皇帝特颁谕旨两道，强调务农劝农，专讲"重本务本"的事，他说："食为民天，一夫不耕，或受之饥，一女不织，或受之寒，而耕九余三，虽遇灾年，民无菜色。"他又提到种稻、黍的方法，有"水耨火耕之异"，南方人多不谙习，北方人更不讲求，他认为这是地方官的责任，总督、巡抚等绝少"课百姓以农桑本务者"，从今以后，应该"驱天下之民，使皆尽力南亩"，地方官必须"身先化导"。尤其北方几省对耕耘方法疏略，以致常闹灾荒，官员应详议劝民耕种办法，提高生产技术。皇帝甚至规定，督抚等官以民务农桑与否，作为对他们工作考核优劣的标准。不但如此，皇帝在谕旨里也要求有关部门编写农书，他说"农桑为致治之本"，皇祖康熙曾绘耕织图，"以示劝农德意"。皇父雍正也屡下劝农之诏，并亲耕耤田。他认为自古以来，"为耒耜，教树艺"，都是明君应做的事，而播种的方法、耕耨的季节、防旱驱蝗之术，在各种经籍里记述的很多，也很详尽，有关官员应当把这些资料荟萃成书，颁布中外，"庶三农九谷，各得其宜，望杏瞻蒲，无失其候"。他命令南书房的翰林与武英殿的官员尽快编纂进呈。一年之后，这部专书编好了，共七十八卷，皇帝定了书名为《授时通考》，传授一些农业的专业知识。

皇帝为了关心各地的农事收成、雨水粮价，命令官员在奏折里向他报告庄稼生长情形、气候变化，隐瞒灾情的要受严重处分。他又相信"天人感应"之说，如遇水旱大灾，他都虔敬地举行祈晴、祈雨大典祈求风调雨顺。他一生写下的诗文当中，有不少是"喜雨"、"报雪"等的即兴吟咏之作，反映了他重农的思想。

皇帝除了要求地方官劝戒百姓耕种、传授进步耕作技术外，又推广其他农作物的种植。有些地区如贵州遍地多桑，但不知蚕丝之利，皇帝就责成官员雇募别省种棉织布或饲蚕纺织的专人去设局教习。他又命有些省份多植树、植棉，以利用地利。他又指示："牛为农事之本，民赖以生。"严禁屠杀，这也是有利农业发展的。

要农业生产增加，耕地面积也要加广才好，所以乾隆对垦荒也是极为重视的。他即位后第五年就以积极的态度颁布谕旨，鼓励各地"开垦闲旷地土"，他说："从来野无旷土，则民食益裕。即使地属畸零，亦物产所资，民间多辟尺寸之地，即多收升斗之储。"所以他规定"凡边省外地零星土地，嗣后悉听该地民夷垦种，免其升科，并严禁豪强争夺，俾民有鼓励之心，而野无荒芜之壤"。同样的皇帝也说明督促开垦荒地的地方官若有好的成绩，一定予以升迁。皇帝又为鼓励各地人民垦荒，下令给优惠税率，甚至准许多年免其"升科"。另外对于内地各省人民移垦边疆地区土地也开宽尺度，如东北地区原是满洲人的龙兴发祥之地，历来是禁止人民去垦种的。乾隆则明令开宽，不但容许外地人居留，而且准入垦人民入籍，东北因此开垦出一大片肥田沃土。台湾在康熙时代是禁止人民入台垦荒的，雍正略有放宽，乾隆时代更加宽松，到末年完全解除禁令，由于大陆移民涌入，土地的开辟，可谓一日千里，当时台湾西北南三面平原及山坡地带，开辟已遍及各地了。再如华北地区的人民租种蒙古牧地，皇帝也同意了，因为"边民获粮，蒙古得租，彼此相便，事属可行"，据说当时古北口外，有数十万人前往耕种垦荒。还有广东、湖广、江西、南方各省有大批无地人民入垦四川，皇帝也不加阻止，川西与川南地区因而得到部分的开发。鲁、甘、山、陕人民也有在官员组织下携眷出嘉峪关屯种的，成绩也斐然可观。总之，由于皇帝有了劝垦的政令，全国开辟的土地直线上升，据清代官书所记，从乾隆五年至三十九年（公元1740～1774年）之间，内地各省的垦田总数为二十万顷；嘉峪关外等地达四十万亩；其他东北、台湾、四川以及西南等边区的垦土必然更多了，这些新垦地上的生产食品大大地缓和了人口迅速增长而带来的社会经济压力与问题。

农业技术讲求了，耕地面积也加广了，但是没有良好的水利系统，发展农业也是很难的。乾隆完全了解这一点，他将"河工海防"视为"民生之最要"，对于其他各地的灌溉工程，也给予高度的重视。乾隆三年他先拨出库帑一百万两，兴修江南水利，经过三年的时间，各大江河及重要支流水道都被疏浚调修了，另外江南各州县的沟渠、圩埂、土坝也有近百处被维修或保护。江、浙两省的海塘工程，乾隆也专拨过九十万两帑银并派刘统勋、讷亲等大臣去查勘与主持兴修工程，结果完成了四千二百多丈的海塘护堤，保障了该地区的农业生产与人民生命的安全。北方的永定河也是重点工程，黄河、淮河更是乾隆日夜关心的，这些大河道也在乾隆几次谕令与几番南巡之下得到了兴修与改善。由于皇帝在上的提倡，不少地方官员也注重水利事业了，如甘肃官民"开渠凿井"；河南官员"疏治深通"河道；直隶也大兴引水灌田工程；四川一地则挑渠灌田、挖深堰底，增建大坝；新疆官员又以雪山融水灌田，铺设木渠。各地虽然用不同的方法，但都一致地得到了水利之便，增加了农作物的产量，对于乾隆时期整个社会经济的迅速发展，必然是有推动作用的。

在旧时代里，农民是辛苦而又贫穷的一大群人，尤其他们靠天吃饭，即使水利兴修了，但是遇上灾荒，他们还是会面临绝境的。乾隆皇帝一直认为农民尽管有了恒产，但他们的生活未必就能安定富足，所以他相信对农民最有利的事，莫过于轻徭薄赋，减免他们的钱粮。正如他在谕旨中说的："爱民之道，以减赋蠲租为首务也。"乾隆朝蠲免百姓钱粮是空前绝后的，蠲免的理由与方式也是多样的。大致说来，有以下几类：

一、灾荒蠲免：凡是地方遇到洪水泛滥、河堤决口、造成水灾、毁村庄、死人畜；或是久旱不雨，赤地千里，粮食无收；或蝗虫蔽天，尽毁庄稼；或地震大作，倒屋死人等等灾难发生，都予减免租税。

二、恩遇蠲免：当皇帝即位、皇太后与皇帝大寿、恭上帝后徽号、庆贺武功等大喜事时，常下恩诏，蠲免租税。

三、大事蠲免：政府派军出征，皇帝出巡各地，地方上或因供应军需，或因供办皇差，都会耗钱费力，也常给予减免税赋。

四、积欠蠲免：人民因贫穷不能按期纳税，常有积欠的。年复一年，不能补缴，以致愈久愈多，根本无力缴纳，加恩予以蠲免。其他还有一些如旧税过重，予以减少，无地"浮粮"，免予征收等，也是当时的免税德政。

乾隆举行登基大典后，特颁恩诏，其中就有一项是要豁免民欠钱粮的，后来决定"将雍正十二年以前各省钱粮实在民欠者，一并宽免"。包括"官侵吏蚀二项"也"照民欠例宽免"。这次蠲免的数量很大，地区很广，全国各州县穷人欠粮的都被免除了。因为史料不全，无法了解当年蠲免的总数；不过据江南省（江苏、安徽）有关文献所记，雍正十年查明，所属州县积欠钱粮共一千零一十一万多两，其中"官侵"（官员挪占）"吏蚀"（吏胥吞没）的是四百七十二万多两，"实在民欠者"是五百三十九万多两，这一大笔积欠都因乾隆即位而蠲免了，钱数相当于当年全国一年田赋总收入的三分之一。若再加上其他各省的蠲免钱粮，总额确是可观的。

乾隆一生经常出巡各地，他每次所经过的州县，都会加恩蠲免当地的钱粮。清朝官书里记载了他到奉天、承德、山西、山东、江苏、浙江等地的减免租税事。以乾隆十六年南巡为例，就免除了江南各地税金近三百万两。另有记述，从乾隆元年到十八年，因出巡而免去的地方税款约有二千四百九十多万两，"粮米称是"，可见数量也是很多的。其他还有庆典的恩蠲、战争的事蠲、水旱等的灾蠲，总数加起来，乾隆朝免税的金额应是惊人的。

尤有进者，皇帝为了效法他祖父康熙，所谓"以皇祖之心为心"，他又学康熙时代举办过的"普免天下钱粮"，在乾隆十年、三十五年、四十三年、五十五年以及他当太上皇的嘉庆元年，五次下达普免天下钱粮的谕旨，又加上三次全免南方漕粮，每次约米四百万石，前后累计因普免而损失的国家赋税收入高达两亿多两，比五年国家的财税总收入还多。乾隆一朝对人民免税像似奇谈，确实是帝制中国历史上空前绝后的。

除了免税给贫苦大众减轻经济负担外，乾隆皇帝也不时地关心贫民的生活，特别是在灾难发生时，他总是及时下令地方官施予赈恤，不但对灾民蠲免或减征税金，还进行一些有效而实惠的救灾工作，如设粥厂、发口粮、行平粜、贷种籽、借耕牛等等，帮助灾民渡过难关，及早恢复生产。

乾隆皇帝蠲免赋税，确使占有少数土地的自耕农与中小地主受益良多，难怪"诏下之日，万方忭舞"，更有人"清香一炷，祷祝上苍，惟皇上子子孙孙永保民"的。而皇帝的关心贫民，遇灾必赈，也使广大百姓感受到在享"清福"。乾隆诗文中常见"时时以保赤为念"、"无刻弗因农系念"、"无非一念为民生"语句，显然不是空话，他是以具体政策施行了。

正像乾隆皇帝费了很多心力整饬官场，但仍不断发生贪案，凸显统治集团日趋腐朽一样；他多年爱养民生的努力，也有不少令他伤心之处。百姓并没有完全给他顺服的回报，相反地，民间却发生了很多的骚乱与不安。

乾隆虽大力提倡垦荒，但是土地的开垦数字始终无法与人口增长数字相比匹。据专家的研究，从雍正二年到乾隆四十九年（公元1724～1784年）的六十年间，全国耕地面积约增百分之三十五，而人口则增加了百分之九十一。耕地与人口的比例失调，绝不是蠲免钱粮或是其他恩典所能彻底解决问题的，至少以下几项事实就出现了：

一、中国沿海北自辽东、山东，南到广东以及内地湖北、山西等地，或因人口密集、经济发达；或因土地贫瘠成为当时的缺粮区，这从乾隆四十年代以后广泛地在这些地区劝种番薯、推广高产作物一事中可以窥知。粮食紧缺，当然是从人口压力反映出来的，也是引起社会不安的一项原因。

二、人多地少的后果，社会生活中必然引发地价上涨，乾隆年间，正是如此。现在我们可以从官私书档中看出，在顺治初年，一亩良田只能卖银二三两，康熙间涨到四五两，乾隆三十年前后则需银七八两甚至十余两才能买得一亩田了。所谓"承平既久，人余于地，则地价贵"，即是指此。

三、地价上涨也引起米价及其他物价的上涨。以米价来说，乾隆年间任职云贵总督的张允随说："米贵之由，一在生齿日繁，一在积贮失剂。……天下沃野，首称巴蜀，在昔田多人少，米价极贱，雍正八九年间，每石尚止四五钱，今则动至一两外。……一省如此，天下可知，此时势之不得不贵者。"另有专家们统计，在富庶的江南，自康熙五十八年至乾隆五十一年（公元1719～1786年）共六十七年之间，苏州米价从八钱六分白银一石，最高涨到一石价值四两三钱。扬州米价也有上升四倍的纪录。不但食米涨价，棉花、棉布也价扬。总之，米价上涨是全国性的趋势与现象，其他物价在同时也相应地上涨，这当然直接影响到贫苦大众的生活。

四、人口增多，物价上涨又造成"田归富户"的结果。以前一些占有小土地的自耕农，由于家中人口剧增，收入不足养家活口，不得已要变卖田产。当时就有人指出："近日田归富户者，大约十之五六，旧时有田之人，今俱为佃户，岁入难敷一年口食，必需买米接济。"如此一来，土地渐渐集中在富户手中，形成社会上贫富悬殊加大的现象。

在传统中国的旧社会中，人本身的生产与耕地等物质资料生产是互为条件、互相制约的。两者之间必须保持一定的比例关系，人类社会才能协调地发展。一旦失调，一定会给社会带来危机的。乾隆时代皇帝虽然竭力地为人民减轻经济负担，但没有成功地解决人口与耕地失调的问题，因此社会的危机形成了，人民的动乱事件也时有所闻。

本来皇帝治理国家，除了他自己的勤劳问政、关心民事之外，还要靠贤能的大臣与地方官从旁辅助，以及强大的军队来维持治安。可是乾隆中期以后，以皇帝为首的统治集团已日趋腐化，吏治败坏不堪，"侵贪之员，比比皆是"，这当然更容易激化起各种社会问题。而国家军队也因长期和平生活，多不习战阵。"各省营伍，整饬者少，废弛者多"。皇帝虽加整顿，但效果不彰，乾隆中期以后，各级军官有"贪纵营私，废弛营务"的，有"经年并不训练"兵士的，有"派兵贸易逐利"的，甚至有"开赌窝娼"的。遇到战争时，"即纷纷散失"。当时政府每年军费开支高达一千七百万两，却豢养了一大群不堪为国家服务的官兵。乾隆一朝很多地方动乱，都是基于以上种种原因产生的。

乾隆皇帝虽然一再强调"爱民之道，以减赋蠲租为首务"，也特别重视对灾民的赈济；可是在下的官员如果奉行不力，随时就会发生问题，甚至闹成地方不安事件。乾隆六年至八年间，中国南方各省相继发生灾荒，中央虽下令赈济灾民，但地方官赈济不积极，而且又催租征赋，使灾民苦痛加深，各地遂有骚乱事件出现。乾隆六年六月，广州人民灾后生活困难，乃向囤积居奇、哄抬米价的米商问罪。民众捣毁不少米店，"将所贮货物抢去，打毁门墙"。地方官动员兵丁镇压，仍有零星打劫事件，直到几个月后才平息下来。当年又有潮阳民众，因为政府"停止平粜，米价骤增"起而罢市。"男妇拥挤县堂，恳求粜米"，"拥入典吏衙署，毁坏轿椅等物"。另外江苏丹徒、宝应两县贫民也在年底"集众告灾"，"纠众罢市"。乾隆八年正月，江苏高邮、宝应、山阳等县灾民又迫使政府赈济，发生"聚众罢市，抬神哄闹公堂衙署，勒要散赈"。两湖地区也因为水灾，"有穷民百余人聚集，向村庄各户强借抢粮"。江西遭水灾后，"米价昂贵，每米一石自一两八九钱至二两以外不等"，贫民为活命，起而抢夺官户粮食，"一邑中竟有抢至百案者"。福建省与浙江省也有因水灾乏食、灾民"勒借富户米谷"和"强赊商米"的事件。贵州、广西两省境内的索借富户粮米、截抢外运米船的事也时有发生。这些都是乾隆上台不出十年之间的民间不安事件。

中国幅员辽阔，灾荒时有发生，民乱事件不能一一尽述。现在再举数例，说明贫民因灾后饥寒生乱的扩大情形。乾隆十三年，江苏多雨，麦收无望，市场米价骤涨，苏州贫户顾尧年为使政府下令米铺减价，他自己反绑双臂，插竹粘纸，写着"无钱买米，穷民难过"等字样在街头行走，支持他的人民"纷如聚蚁"。地方官见状，立即逮捕了顾尧年，但也激怒了民众，大家合力打烂县堂，夺回顾尧年，并大闹苏州府衙，造成地方大动乱。皇帝闻讯后，下令强行镇压，结果顾尧年等三人被当堂杖毙，另有三十多人"永远枷号"。政府想以严厉之威"以儆刁徒"，但人民更恨上官吏与政府了。

乾隆五十年，河南大旱，新乡、柘城等县饥民抢夺富户粮米、布匹。柘城民众又因向富户告贷遭拒，大家集合抢夺富户粮米及当铺财物，分散给无米人家。官府最后出兵镇压，两百多民众被残酷处死才平定这次动乱。由此可见，乾隆虽不断赈济灾民，但贫民过多，杯水车薪，不能解决根本问题。因赈济灾荒而起的不安事件可以说与乾隆朝相始终，而且愈闹愈大。

除了赈济引起的动乱之外，地方上抗租与抗粮的事也经常发生。乾隆六年，江苏崇明县因粮食失收，不少佃户无力付租，乃集合起来倡议"不必还租，打逐业户"，结果他们真的把前来收租的地主打得狼狈逃窜。当地政府出动差役将行凶抗租佃户拘捕，民众又从官府救出难友，正式与官方对抗，并且"将业主寓所，保正房屋肆行烧毁"，抗租事件不久竟扩大到全岛，佃户甚至"胁逼业主，勒写田契，吓诈银两"，又聚众到县衙挟制"县丞出示减租"，真是无法无天了。

乾隆十一年，福建上杭县农民也有抗租活动，他们起先痛揍了下乡收租的业主与同来的典吏官员，然后聚众千人"把守关隘，各执竹枪木棍，堆积石块于高阜，以作拒捕之势"。最后被地方政府派来大军才镇压下来。

乾隆后期，抗租、抗粮的事仍然经常发生，而且规模进一步扩大。如乾隆四十一年浙江永嘉县佃户胡挺三领导的聚众抗租，乾隆四十三年嵊县王开经的纠众抗粮，安徽合肥夏瑶江的领导抢米，乾隆四十四年直隶、山东、江西各地的大规模的聚众闹事，在性质上有逐渐以官府为对象了。

人民最不满意官府的是任意加派，增加大家的负担。乾隆十二年，山西安邑县县令佟濬纵容家人催征钱粮，并加科派，贫民三四百人拥至县城东门，"拆毁镇压刁民牌坊"，不久人民更聚集七八百人，各执木棍、铁，"将草塞北门，公行放火"。政府出动兵弁，逮捕为首者八人，民众又从兵弁手中夺回，并将堡门堵塞，与官兵对峙。最后还是中央派来大员带兵镇压，才平息纷扰。

乾隆三十二年，陕西长武县因书役需索、短发草价而引起人民不满，"将书役七家房屋拆毁"。同年河南新野知县曹丞宣因谎称"办差赔垫，勒令市民捐派，人心不服"，以致县民捣毁书役房屋。三十五年，贵州桐梓县官员额外摊派军需，招致民怨，粮户"俱不许出马缴价应差"，还准备"敛聚钱文，到京折告"，并有人"打锣号召众人赴城"，更有将抗摊派被捕的人夺回"劈枷开释"，最后也是以大军镇压才得到收场。

乾隆四十三年，直隶井陉县令周尚亲利用采买粮食之际，剥削百姓，他向人民购买时价九钱三分一石的谷米，只付六钱给百姓，其余的尽入私囊。又以修桥、修庙的名义，"派钱累民"，因而引起人民向上级官员告状。当时直隶总督是周元理，他庇护贪官，不但没有公平地调查此案，反而将为首告状的斩首示众。人民的愤怒因而无法抑制，便和征税等官员诉诸武力了。皇帝后来得到消息，派了额驸富隆安处理此事，虽然把周元理一批贪官革职治罪，但民众中也有一些人因叛乱大罪而被处死的。

乾隆四十六年，山东仪封一带因黄河决口，地方官于正额地丁之外，又勒派一万名民众去当差。对于这种非法摊派，人民当然不能接受，因而抗争又起了。人民在生员等人的领导下，一致约定，"一概抗违"，后来事态扩大，人民竟聚众冲进县衙，打伤衙役，扒平房屋。当然事件最后还是靠武力镇压才平息。

从以上零星的叙述，可以看出从乾隆初年到晚年，从中国北方到南方，各地抗租、抗粮、闹赈、反摊派的官民冲突是不断发生的。乾隆皇帝虽然顾惜到人民的生计，以劝农、开垦、免税、赈济等等方法来减轻人民经济负担，为人民开源节流，但民间生齿过繁，物价升高，劳苦大众想越过贫穷线是很难的，饥寒无望的生活，要人民不思乱也难！

二十三
官逼民反

　　乾隆皇帝因为从小就受儒家教育的影响，非常了解"民为邦本"的道理。在他即位之初，经常看到他降谕谈到"修养民生"、"爱养百姓"的话，日后诗文中也有"益信为政者，仁民最先着"等言志作品。他所以重视养民、爱民，主要的是他清楚国家的钱粮是靠农民、商民等交纳的；疆土开拓与地方治安是要靠军队维护打拼的；而整个国家社会的经济繁荣、文化兴盛则是有赖于全体人民的力量，才能成就。也正因为如此，他说："朝廷恩泽不施及于百姓，将安施乎？"

　　不过，乾隆对于君民的关系，则有一种新解释。他说："盖君之于民，其犹舟之于水耶？舟不能离水而成其功，人主亦不能离民而成其治。"这显然与水能载舟覆舟的示警教训不同，他是强调舟是主体，而他这个主体是必须担负养育万民之责的。皇帝爱养万民，万民也应该给皇帝一个忠诚顺服的回报才是，如何可以经常地抗租、抗粮、闹赈，在地方掀起动乱呢？若是想反抗中央政府，推翻大清皇朝，那就更是大逆不道了。

　　在全国各地不断有抗租抗粮、闹赈反摊派等事件发生时，皇帝就不满"民气渐骄"的现象。他认为"涓涓不绝，将成江河；萌芽不剪，将寻斧柯"，民间反政府的情绪不能不处理了。他下令地方官员要注意民间的不安，"严禁刁民敛钱告赈传单协官恶习"、"整饬刁悍民风"，必要时应对刁民予以镇压，施予严惩。乾隆十三年他下令"嗣后直省刁民聚众殴官至四五十人者，为首照例拟斩立决，仍照强盗杀人例枭示。……如系实在首恶，即一面具奏，一面正法枭示，并将犯由及该犯姓名遍贴城乡，使愚民咸知儆惕"。对于一般附和的人民，皇帝也主张重罚。乾隆初年，为标榜中道仁政，他曾说百姓因饥寒扒抢的行为，可以减轻处分，"分别流徙枷责"，可是到十三年以后，他却下令将附从的人民"俱着照伊应得之罪，按律分别定拟，不得概援饥民扒抢之例率请减等"了。乾隆十八年，更进一步规定，"嗣后各省有殴差夺犯致毙人命者，俱着不分首从，即行正法。其但经聚众夺犯，无论曾否殴伤差役，即照因而伤人律，从重拟绞"。乾隆为了专注对付"刁民"，他还做了两件不尽合理的决定，一是在地方人民闹事时，官员不必一定受到处分，因为若将官员同时受罚，"将来愚顽之徒，必且以此胁制官长，殊非整饬刁风之道"。另一件是"刁民"父兄族长不实时举报或有意纵庇曲为容隐的，"查出一并治罪"。如此一来，官员的权限加大了，对人民的迫害也加深了。"官逼民反"的事件自然也容易发生。

乾隆十三年以后，民间反清的运动增多了，像广东的李阿万、莫信丰；江西的李德先、何恶四；湖北的马朝柱；福建蔡荣祖，都是与官员处理不当有关的，尤其马朝柱与蔡荣祖两案，影响比较深远。

马朝柱是湖北蕲州人，家贫难以度日，又受官府欺凌，他在佛教法师的教导下，利用迷信，集合了不少贫民。他向愚民宣称天神向他传授了兵书、宝剑、金镜等法器，他又以明朝后代朱洪锦为号召，有兵数万，自己是军师，要带领大家推翻腐化的满清政府。乾隆十五年，他的势力已经扩大了，追随他的人已遍及湖广、河南、四川、江西一带。他组织人员，打造武器，准备起兵，不幸在十七年三月被官府查获。马朝柱虽想一齐举事，但各省清军都戒备森严，最后只好孤军拒敌，不久他被清军打败，随从的几百人全被消灭，他自己则乘乱逃出，不知所终。

福建的蔡荣祖则是和平县的一个秀才，因不满地方政府与地主富户对佃农的剥削与压迫，乃与一位好友道士一同密谋反清。乾隆十七年定国号为"大宁国"，竟有不少贫民与地方政府低层小吏、兵丁参与。他计划分漳浦、海澄、厦门、琯溪等五路起兵，约定十二月二十七日"黄昏以后，放火为号，一齐动手攻击"。结果因事机不密，蔡荣祖在南靖县城被捕，他的部众后来又有很多人被官兵擒拿，起事乃胎死腹中。地方文武官员照皇帝的指示，将两百多人不分首从，一概"即行斩决"。

乾隆三十年，新疆乌什回民发动了一次较大规模的反清运动。清朝统一南疆之后，设官治理，但是官员们以"天高皇帝远"，对当地回民剥削与压迫。据当时人的报告，清朝派往南疆的官吏与回民上层分子勾结，向人民征收繁重的"正供"之外，还要他们负担名目多种的苛捐杂税。另外在政治上作威作福，"每借战胜之威，凌虐所属"、"狎玩其民，辄以犬羊视之"，滥用酷刑，霸占民女，简直无法无天。回民实在无法忍受，便在赖和木图拉的号召下，进攻驻守乌什的清军，办事大臣素诚自杀，事态由是扩大。驻阿克苏的办事大臣闻讯，率领清军前来攻打乌什回民，不加区别地滥杀了很多人，因而激怒了叶尔羌、库车、阿克苏等地的回族，"人情汹汹"地参加了反清行列。清廷后来甚至命令南疆参赞大臣那世通与伊犁将军明瑞调来几万大军平乱，但战事仍无结果。乾隆最后任命阿桂运来大炮轰城，回民"依恃城坚粮足"、"以死拒守"，历经半年多的进攻，乌什才被清军攻陷，乱事才得平息。这是办事大臣素诚"昏愦不治事，又酗酒宣淫"所造成的反清民乱。

乾隆三十三年夏秋之间，住在台湾冈山地区的贫农黄教，因不堪当地官员的压迫和盘剥，集合了当地贫苦农民两百多人，向官兵驻地进攻，由于获得大批军械，实力顿时大增，全台也惊震起来。皇帝因台湾孤悬海外，急令福建提督率水师数千人渡海，协助台湾总兵平乱。由于兵力悬殊，黄教只好退守山区，出没无常地与清军作战。直到第二年三月，清军以重金收买叛徒刺杀黄教，这股反清势力才告瓦解。但是也有记述黄教并未被杀，只是逃亡不知所终，而清军谎称他被杀而结案的。

乾隆三十九年，山东又发生王伦的起事动乱。王伦是山东寿张县人，性慷慨，济危扶困，精拳棒，善医术，是白莲教一支的小首领。当时寿张县等地"年岁歉收，地方官妄行额外加征"，引起人民极度不满，寿张知县沈齐义大捕教徒，王伦等人便率领农民攻打寿张城。知县沈齐义不敌被杀，王伦自称"真紫微星"，设置元帅、国公等官，起兵攻打附近城市。王伦的军队节节胜利，人数大增，很快就攻占阳谷、堂邑、临清等地。清廷见情势严重，命大学士舒赫德为钦差督师，并以健锐、火器二营精兵千人前往平乱。清军后来与王伦军队在临清决战，由于兵力清方强过王伦很多，火器也比王伦部下的镰刀菜刀强大坚利，终于破临清旧城，王伦死不投降，在一小楼上举火自焚，"火势炎烈时，王伦须发已经焦灼，仍坐楼不动"，他的同伴死于战争的很多，为时一月多的王伦变乱至此结束。

乾隆四十六年，甘肃循化（今属青海）一带地方信奉回教的居民发生新旧教之争，旧教教长控制清真寺的土地与财富，并购买土地成为地主，转租农民取利，而教长一职又由选举变为世袭，形成"门宦"阶级。新教则反对旧教的"多收布施，敛钱惑众"以及"门宦"制度，而贫苦回民多归新教，"附之者日众"，因而引发了新旧教之争。本来这是回民内部问题，当地清朝驻防官员与旧教有勾结，采取了"帮扶老教"、"尽洗新教"的政策，这使回民间之争转化为回民反清之争。这一年正月，新教的首领苏四十三攻打旧教，杀死旧教总头人。苏四十三"戴大红帽"，自称"回王"。陕甘总督勒尔谨乃派兰州府驻军往剿，结果大败，新教回民竟反围兰州。五月中，清朝派出阿桂与和珅为钦差，前往讨伐。和珅想争得首功，急躁前进，又遭败绩。结果还是由阿桂统一指挥，并由京城调来二千多名火器营兵，才扭转局势。直到八月中苏四十三在战役中战死，新教回军陷于失利局面，但他们"俱尽力抗拒，不肯束手就缚"，最后全部牺牲，无一人投降。

清军胜利后，以高压手段尽毁新教礼拜寺，不准人民私习新教，又大举查办余党，株连罗织，并将新教徒充军边疆，没收其土地与财产，使新教无法复生。清廷这种强制残忍的措施，更激起回民的反感，不到三年，又在甘肃的石峰堡发生了反清事件。信奉新教的田五，一则要为惨死的新教领袖们复仇，一则受不了清廷的迫害，他在固原州、通渭一带团结回民，并在石峰堡修建营寨，制造武器，准备起事，不料事机不密，有人向清方告发，田五不得已乃仓促发动反清战斗，在攻打靖远、会宁的战争中失利，田五也战死，余众约在三个月后在清军重围下，或死或擒，结束了这场动乱。

　　清军为彻底消灭回民反清势力，将田五等人家乡全部夷为平地，并没收参与此次动乱人的所有土地五万余亩，房屋近四千间，都贱价卖给汉民，不准回人购买，这一措施给日后带来回汉间争产的纠纷，并埋下民族不和的种子。

　　在乾隆时期发生的多起少数民族反清事件中，湖南与贵州一带的苗民起义可能是最令清廷头痛的，也是给清廷打击最沉重的。本来雍正实行"改土归流"政策后，苗疆与内地的关系已日渐密切，苗民"衣冠耕读，无异编氓者"已"十居五六"，乾隆初年平定苗乱后，为防止苗人反抗，对苗人统治趋于严格，加上乾隆中期以降吏治的败坏，使关系顿形恶化，尤其清廷推行很多不合理的政策，如不许苗汉往来、不许苗汉结亲、不许苗人当兵、不许苗人习鸟枪、不许苗人参加生员考试等等，剥夺了不少苗人的权利。另外清廷派驻苗疆的官员多半腐败不堪，他们在正额赋税之外，又浮收滥征、额外敲诈，使苗民经济负担加重。尤其严重的是在清朝地方官纵容下，汉族地主以高利贷盘剥苗民，有"借谷一石，一月之内偿至三五石不等"。苗家经常出现"收获甫毕，盎无余粒；此债未清，又欠彼债；盘剥既久，田产罄尽"。结果"苗众转致失业，贫难渡日者日众"。苗民生活如此凄惨，反动事件当然容易发生了。

　　乾隆五十九年，贵州松桃厅的苗民石柳邓、湘西永绥厅的苗民石三保与吴陇登等秘密歃血立盟，提出"驱逐客民，夺还苗地"（客民，满汉官商）、"复故土"的口号，准备在第二年正月十五日起事。不料消息走漏了，石柳邓只好提前举事，围攻铜仁府正大营，一时贵州不少地方苗民响应，以致"苗疆大震"。湘西的苗民闻知也集合几千人，烧毁军营，苗民领袖吴八月特别英勇，率众攻下了他的故乡乾州，杀死清军地方官，声势甚大。不久石三保的苗民队伍也赶来与石柳邓会合，大喊"打到黄河去"的口号。清廷中央见势态严重，下令云贵总督、四川总督、湖广总督等大吏合兵征剿，并派福康安为主帅，和琳为随军参议，统领全军去征剿。

清廷动员了七省的兵力，经过半年的战斗，苗民攻势才被控制。乾隆六十年八月间，各地苗民为建立统一领导机构，整顿队伍，大家推吴八月为"苗王"，石柳邓、石三保为将军，重新部署，迎战清军。清方见苗势一时不能用武力尽除，乃用官爵、金钱分化苗民，对"苗酋皆许官爵花翎，散苗优以金钱"。不少意志不坚的苗民被收买了，连吴八月后来也被起事元老吴陇登出卖献到福康安的大营中，这对苗民起义军是一重大打击。

乾隆做太上皇的第一年，即嘉庆元年（公元1796年），苗民又与白莲教反清大军在两湖取得联络，使退休的乾隆都紧张起来，命令福康安"务宜加倍奋勉，迅速带兵剿捕，勿使湖北匪徒与苗匪勾结，此为最要"。但是不久之后石三保被人诱骗遭清军俘虏，石柳邓又在稍后的战争丧生，大规模的苗民反清事件才被镇压下去。但各地仍有零星的反抗运动，一直此起彼落地到十二年后才算结束。清朝对西南苗民的起事，前后动员了七省的兵力近八九万人，耗费白银九十五万多两，损失一百一十多员将官，包括云贵总督福康安、四川总督和琳这两位乾隆的爱将，也是因为平苗乱而劳累死亡的，付出也不能不算重大了。

当然，乾隆晚年最大规模、最严重的"官逼民反"事件，应是侵扰五省的白莲教反清大运动。

白莲教是元、明、清时代的秘密宗教，是从佛教白莲宗一支上发展出来的，后来与弥勒信仰混合，并吸收了道教、明教教义，宣称能拯救苦难世人，获得永生与幸福。白莲教在发展过程中，由于徒众日增，且往往成为贫民反政府的组织者，因而一直被朝廷视为邪教，指明要加以镇压消灭。白莲教也因此在各地发展时不断改变名称，如清代就以混元、清水、清茶、三阳、八卦、天理等名目进行传教活动。乾隆前期，南方各省如江苏、福建、四川、湖广、云贵等地早已成为白莲教徒活动地区，山东、河南等省亦有"邪教"的出现。当乾隆末年湘、黔、川苗民大举起事后，川、陕、楚各省的人民生活更加困难，因为政府军费骤增，这些就近地区人民应多纳税款，而且为地区安全，又厉行"保甲法"，这些需要正好给地方官员与衙役兵丁欺压剥削人民的机会，借机敲骨吸髓地取得民脂民膏。加上四川、湖北一带又连年灾荒，人民因洪灾淹没无数，歉年缺粮，饿殍遍野，贫民只有寄望白莲教了。不过当时官府正在大捕白莲教首领，如乾隆五十九年八月，湖北一地先后被捕的就有宋之清、林齐、伍公美等一百多人，其后又在房县捕获王应琥、廖勇富等数十人；在河南的宋显功、高成功；陕西的刘松、刘四儿；安徽的王双喜、刘之协的母、兄、妻子数十人。三个月中，各省的白莲教首领被捕、各派组织被破坏，著名的首领几乎全遭杀害，只有主要首领刘之协数人得早逃脱。

随着这几省的疯狂屠杀白莲教首领后，清朝地方官又以查拿邪教为名，四出搜求，胥吏任意勒索，"不论习教不习教！但论给钱不给钱"。据说荆州、宜昌都逮捕了百姓数千人，"凡衙署寺庙，关锁全满，各令纳钱若干释放"。不付钱的即惨遭毒刑，或"钉人手掌于壁上"，或以铁锤打得人"足骨立断"。人民就在这种恐怖恶政下贫困破产，流离失所。

白莲教徒在这种形势下，以"官逼民反"为号召，起而抗清了。首先是湖北各地的教徒在逃亡的首领策划下，准备在乾隆退休后的第三月，即嘉庆元年三月初十日辰年辰月辰日辰时发动起事。但事机不密，教徒们只好在正月间举事，各地教民纷纷响应，形成一股巨大反清势力，尤其王聪儿等起兵于襄阳；徐天德、王三槐、冷天禄、罗其清、苟文明等起兵于四川；冯得仕、林开泰等起兵于陕西，更强大了这一白莲教众反清的规模与势力。

各地起事的教众多则六七万人，少则几千人，由于湖北驻防兵大都调出平定苗乱，显得兵力空虚。清廷随即下令调河南、陕西、山东、两广、直隶、山西、东北等地兵丁来增援，致使该省起事军受制。唯一特别活跃的是襄阳部分，他们纵横在北起河南郑州、新野，南至湖北锺祥的汉水东岸广大地区，给清军很大困扰。

四川部分的白莲教众在徐天德等人统领下，势力也扩展到川陕两省，使清军一举歼灭湖北反清分子的计划，变成泡影。不过，清军除了增调兵员之外，又协助各地富户组织团练乡勇，帮助官军保卫地方。如此一来，贫苦的教徒大众面对的不单是官军武力了，同时也要对付乡绅富户所组织的武力，这给教徒们很大的威胁与牵制。乾隆当太上皇的第三年，是白莲教起事后战局变化较大的一年。正月长阳起事军失利，三月著名女英雄王聪儿与首领姚之富等在陕西壮烈牺牲；五月大宁老木园战役结束，教众军力几乎都被迫转移到了四川境内；同年七月王三槐又被清军诱擒。九月箕山失守，起事教民只好分散到各地区活动。十一月罗其清被俘，十二月底冉文俦战死。白莲教起事徒众在这一年可谓损兵折将，元气大伤。清政府虽然取得若干战役的胜利，但付出的代价也不轻，除官兵、乡勇死伤数字庞大外，军费支出到嘉庆三年末已高达七千万两，约等于两年的国家总收入。然而白莲教反清活动仍在继续，直到嘉庆十年（公元1805年）才真正地被镇压下去，结束了这场纵横五省、历时九年的大动乱。

乾隆皇帝一心要整饬吏治，但很多民变都是"官逼民反"而起的。尤其是白莲教的动乱，令他"心体焦劳，以勤致疾"。嘉庆四年（太上皇四年）正月初二早晨他还写一首《望捷诗》，希望"执讯速获丑，都同逆首来"，当晚病发，第二天逝世，带着遗恨离开了人间。

　　乾隆一朝确实是把他祖父康熙与父亲雍正所建立的事业推到了高峰，成就了"康乾盛世"。他勤政爱民，勇于进取，蠲租免赋，严惩贪官，给人的印象是他营造了一个太平治世。然而官场的腐败恶习并没有能革除，国家经济问题更没有能妥善地解决，因此民间疾苦仍多，民怨引起的动乱随时可见。有小规模的抗租抗粮事件，也有大规模的宗教或种族的反抗运动。这些民变不但耗费了庞大的国库帑金，死伤了众多的官兵吏役，同时民间生命财产损失更是无法估计，可见乾隆时期并不是一个和平安定的时代。尤有进者，乾隆皇帝还对外国与边疆地区发动过十次大战争，即他自己所谓"十全武功"，这些战役的规模、死亡、费钱、费力又不是各省地方的这些小动乱可比了，乾隆一朝也可以说是在刀光剑影、腥风血雨中走过来的。

　　所谓"十全武功"，按照乾隆自己说是："十功者，平准噶尔二、定回部一、打金川为二，靖台湾为一，降缅甸、安南各一，即今之受廓尔喀降，合为十。"这是乾隆晚年讲的，算起来好像只有九次，事实上廓尔喀战役也有两次，因而共有十次。如果更仔细地一点说："十全武功"应该是指：

乾隆十二年至十四年（公元1747～1749年）的大金川之役。

乾隆二十年（公元1755年）平定准噶尔达瓦齐之役。

乾隆二十年至二十二年（公元1755～1757年）平定准噶尔阿睦尔撒纳之役。

乾隆二十三年（公元1758年）平定南疆大、小和卓之役。

乾隆三十年至三十四年（公元1765～1769年）平定缅甸之役。

乾隆三十六年至四十一年（公元1771～1776年）再定大、小金川之役。

乾隆五十一年至五十三年（公元1786～1788年）平定台湾林爽文之役。

乾隆五十三年至五十四年（公元1788～1789年）安南之役。

乾隆五十五年至五十七年（公元1790～1792年）两征廓尔喀（今尼泊尔）之役。

从时间上看，这十次战役从乾隆十二年开始一直延续到乾隆五十七年，可以说几乎是与他统治岁月相始终的。

从战争的对象上看，有外国、有本国。有廓尔喀王、有藩属领袖、有蒙古大汗、有回部和卓、有金川土司、有台湾反清志士。

从实际作战时间上看，少则一年，多则三四年。若以大、小金川来说，则此一战役也可以说或和或战、或有或无的前后长达近三十年。

将近半个世纪的连续战争，究竟是乾隆黩武，还是有其原因？先来看看乾隆自己的说法。

乾隆五十七年十月初三日，廓尔喀战争结束，八十二岁的皇帝亲身撰写了《十全记》记述他的"十全武功"，当时称为《御制十全记》，文字虽长，但值得一读：

昨准廓尔喀归降，命凯旋归师诗有"十全大武扬"之句，盖引而未发，兹特叙而记之。夫记者志也，虞书朕志先定乃在心，周礼春官掌邦国之志乃在事。……则予之十全武功，庶几有契于斯而志以记之乎。……前己酉（指五十四年）廓尔喀之降，盖因彼扰藏边界，发偏师以问罪，而所遣鄂辉等未宣我武，巴志乃迁就完事，致彼弗惧，而去岁复来，以致大掠后藏，饱欲而归，使长此以往，彼将占藏地，吓众番，全蜀无宁岁矣。是以罪庸臣、选名将、励众军、筹粮饷。福康安等感激朕恩，弗辞劳苦，于去岁冬月即率索伦、四川降番等精兵，次第由西宁冒雪而进，今岁五月遂临贼境，收复藏边，攻克贼疆，履线险如平地，渡淄要若蹄涔，绕上袭下，埋根批吭，手足胼胝，有所弗恤，七战七胜，贼人丧胆。及兵临阳布，贼遂屡遣头人匍匐乞降，将军所檄事件无不谨从，而独不敢身诣军营，盖彼去岁曾诱藏之噶布伦丹津班珠尔等前去，故不敢出也。我武既扬，必期扫穴犁庭，不遗一介，亦非体上天好生之意，即使尽得其地，而西藏边外，又数千里之遥，所谓不可耕而守者，亦将付之他人，乃降旨允准班师，以藏斯事。昔唐太宗之策颉利曰：示之必克，其和乃固。廓尔喀非颉利之比，番边殊长安之近，彼且乞命吁恩，准之不暇，又安敢言和乎？然今日之宣兵威，使贼固意求降归顺，实与唐太宗之论所有符合。……乃知守中国者，不可徒言偃武修文以自示弱也。彼偃武修文之不已，必致弃其故有而不能守，是亦不可不知耳。知进知退，易有明言，予实服膺弗敢忘，每于用武之际，更切深思，定于志而合于道，幸而五十七年之间，十全武功，岂非天贶。然天贶逾深，予惧益切，不敢言感，惟恐难承，兢兢惶惶，以俟天眷，为归政全人，夫复何言？

这篇志得意满的御制文，皇帝还谕令军机大臣等将它译成满、蒙、藏文，与汉文一起建盖碑亭，"以昭武功而垂久远"，似乎给人好大喜功的

二十四 「十全大武扬」

143

印象；不过他在文章中所说的"乃知守中国者，不可徒言偃武修文以自示弱也。彼偃武修文之不已，必致弃其故有而不能守，是亦不可不知耳"等语，倒也是值得吾人深思的。

先以大、小金川来说，这些边境地区原来分设土司，各守疆界，互相牵制，作为羁縻，用以捍卫边陲的。不过到乾隆年间，大、小金川虽接受清廷册封，但常常利用朝廷名号，恃强掠夺，声势日盛。乾隆皇帝认为大、小金川近接成都，影响卫藏亦大，如果任他们不安住牧，侵略邻近地区，这不但对附近土司是骚扰，对清朝内地也是安全的威胁。为了安定边疆，乃有大、小金川之征。

厄鲁特蒙古自清初以来就是清朝西疆的困扰，康熙、雍正时期都与他们兵戎相见过，每次当他们新换领袖后不久，都见再一次地向清朝兴兵。乾隆当政以后，适逢准噶尔"部落携离，人心涣散之候"，为了不坐失良机，乃有用兵之事，以完成他父祖的未竟事业，"收自古以来未收之地，臣自古以来未臣之民"。

新疆的回族同胞很多，乾隆时期以大、小和卓木为回部头目，安抚回民，稳定边疆。可是大、小和卓木竟乘清廷与准噶尔战争时，占据回部独立，起兵反抗清廷并杀害清廷派去的专使。乾隆认为大、小和卓木"负恩反噬"，所以毅然决定加以讨伐。回疆平定，实际上也标示着西北边事的解决。

台湾林爽文之变，牵涉到秘密社会与反清复明活动的大问题，直接影响到清朝统治的存在，是大逆不道的行为，若不"痛加歼灭"，对皇朝的危害是可怕的。

缅甸、安南、廓尔喀都算是外国，但也都是中国的近邻。缅甸与云南接壤，安南也与中国的疆土毗邻，廓尔喀（尼泊尔）则位于西藏西南方，两地疆土犬牙相错，商务与宗教关系尤为密切。乾隆年间，这三国因自身发展而与中国发生纠纷，继而爆发战事。缅甸由于阿隆丕耶新王朝的建立，统一全境，势力大增，因而经常在滇缅边境上生事，乾隆为保卫边疆，遂有中缅之役。安南早为藩属，入清以后，仍按时朝贡。乾隆末年，安南阮氏兴起，推翻黎朝，恃强篡夺。清廷本着宗主国有保护属邦的义务，"义莫大于治乱持危，道莫隆于兴灭继绝"，乃派兵助黎氏执政。不料黎王怯懦无能，毫无振作，以致被阮氏兵力迫得弃印出走，而阮氏又向清廷"悔罪求降"，乾隆为"知进知退"，乃册封阮氏为安南王，以平息战事。廓尔喀则在乾隆末年因盐税银钱等事，先后两次派兵入西藏，肆行抢掠，严重影响到康雍时代在西藏开创的主权统治事业。乾隆皇帝为"绥靖边圉，保护藏卫"，乃有劳师动众之举。皇帝也说这是"不得已用兵之苦心"，难道是"穷兵黩武"吗？

乾隆皇帝在每一次大战役中都写下一些记事诗，现在只引几句反映他心境的佳句。如征大、小金川时，他见军费耗支极多，官兵死伤亦众，最初很有退兵之意，曾有诗句云：

功成万骨枯何益，壮志无须效贰师。

金川事件初定时，他想到官员、将领被他处死了一大堆，士兵死伤的更难计，他写了《回忆往事辄益惘然》诗：

六宫今日添新庆，翻惹无端意惘然。

他的不快、自责是溢于言表的。

第二次金川之役，皇帝也担心前线的军情，乾隆三十七年初春焦急等候战报时，他说：

节事七朝今日收，一弹指顷迅过眸。
都称火树银花快，谁识望云思雪愁。
只觉民艰那觉乐，知无仙分故无求。

迩来倍有关心者，贼境将临盼捷邮。

新春喜气，京城欢乐胜景对他都不是乐事，他只是每天在望云思雪地盼着早日能有胜利消息传来。到参将薛宗等人在战场殉职军报抵京后，皇帝更感慨地写下《自惭》诗，其中有：

夜不安眠昼问频，划筹军务复劳神。
自惭息事安民念，却类穷名黩武人。

以上只是大、小金川的部分诗句，皇帝的感受、心绪是可以看出一些来的。

现代史家有人认为乾隆十全武功是保卫国家领土与主权，维护边疆安定与巩固才发动的；但也有人说是因他好大喜功所致。我们现在就比较深入地来看看十全武功吧。

在四川西北部，有一条著名的河流叫大渡河，上游有两个支流，即大、小金川，因沿河诸山有金矿而得名。金川地区形势险要，交通极为不便，所谓"万山丛蠹，中绕汹溪"，当地居住的是藏族，他们都在石碉之中，生活相当清苦。这一带地区在明朝属杂谷安抚司，清朝顺治七年（公元1650年）小金川归附，康熙五年（公元1666年）大金川也来附清，都仍为土司，像附近的杂谷、绰斯甲、瓦寺等土司一样，是清朝的"属番"，各土司的首领被清政府封为安抚使、宣抚使等职衔，通常简称为土司，他们定期向朝廷交纳贡赋，听从调遣，从征应役，不得相互掳掠侵占，否则要被朝廷革职问罪，遣兵征剿。

雍正元年（公元1723年），清政府因莎罗奔随岳锺琪进兵西藏平乱有功，授为安抚司，是为大金川，而旧土司泽旺仍居小金川为土司。

莎罗奔当了大土司后，势力渐强，常常抢掠邻近土司的人畜，夺占土地，四川官员谕劝调解，毫不生效。乾隆十一年（公元1746年），莎罗奔想兼并小金川，劫持泽旺印信。四川总督纪山下令申斥，并命"还泽旺于故地"。莎罗奔不但不理，反进一步出兵攻掠其他土司。纪山乃派军镇压，但又为莎罗奔所败。清廷得报后，命令"征苗有功"的云贵总督张广泗统兵进剿。

乾隆十二年三月命张广泗主持军务时，又拨饷百余万两，调兵三万，皇帝以为如此一举可以大功告成。张广泗军分两路进攻金川，一路由川西入攻河东，一路由川南入攻河西。但是金川与苗疆不同，山高路险，碉卡林立，藏民又恃险冒死抵抗，使得清军"阻险不前"，战事极不顺利。张广泗又向皇帝派调甘、陕、云、贵等地兵万人前来，并请从京中赶运火炮助战，乾隆都照准给予支持，可是战事仍无进展。皇帝派钦差大臣班第入川了解实情，班第对张广泗的报告很差，说他对"番情非所熟悉，士气积疲"，"闻将弁怯懦，兵心涣散"。建议皇帝起用"久办土番之事，向为番众信服"的岳锺琪出山剿贼。

皇帝考虑再三，最后决定派大学士讷亲经略四川军务。讷亲是乾隆的表叔，雍正指定的顾命大臣，皇帝即位在削弱皇室亲贵旗权与打击旧朝重臣时都倚重过他，乾隆也坦白地说过"朕培养陶成一讷亲"、"自御极以来，第一受恩者无过于讷亲"。皇帝用讷亲督师也表示朝廷对金川事的重视，希望彻底消灭"川蛮"。为了尽快完成任务，皇帝又命被革职的岳锺琪为提督，随行协助讷亲。

讷亲以皇亲自居，一到前线，趾高气扬，下令"限三日克刮耳崖，将士有谏者，动以军法从事。三军震惧，极力攻击，多有损伤。讷自是慑服，不敢自出一令，每临战时，避于账房中，遥为指示，人争笑之，故军威日损"。讷亲打了败仗，反过来依靠张广泗，张一方面轻视讷亲不知兵，另一方面对死对头岳锺琪又东山再起表示不满兼恐惧，结果他对讷亲阳奉阴违，"诸将无所禀承，率观望不前"。张广泗用的当地向导良尔吉竟是莎罗奔的卧底间谍，清军动静全被莎罗奔掌握，因此在乾隆十三年夏天的一次重大决战中，勇将任举等人阵亡，汉士兵死亡数千，另有因病遣返川内的，六个月内，四万多官兵竟减员八分之三，"士无斗志，战辄奔跑"，"兵老气竭，株数半载，无尺寸功"。讷亲、张广泗计尽策穷，只好筑碉株守，龟缩碉中，坐耗钱粮。

乾隆皇帝虽不断地降谕教诲、督促，斥责讷亲与张广泗，要他们重振军威，可是并无效果。后来皇帝知道张广泗桀骜不驯，跋扈骄横，御下寡恩，心胸狭窄，而讷亲又为依仗张广泗，"是以明知其非，曲为徇隐"，不敢向皇帝报告实情。皇帝一怒之下，将二人革职削爵，并在乾隆十三年底处斩了张广泗，命讷亲自尽。

此次金川的失利，固然与讷亲的胆小偷安、张广泗的指挥失宜、金川地险、番兵勇悍等等因素有关；但是乾隆是指挥全局的最高统帅，他的过分轻敌，任用长于政治但毫不知兵的讷亲以及盲信张广泗的才能等也不无关系，乾隆该负用人不当之责。皇帝杀讷亲等人之后，随即又任命大学士傅恒为经略，继续对金川用兵。傅恒又是皇亲，他姊姊是皇帝的皇后，二十四岁时就当上了军机大臣，后升为大学士，位居首辅。傅恒到达四川之后，调集精兵三万多人，采用岳锺琪的进兵方略，分兵两路进攻，连续攻打番碉，颇有斩获，正想在乾隆十四年春天大举进攻时，不料皇帝在是年正月至二月间，发出上谕二十道，命令傅恒撤兵停战。皇帝谕旨中所述的撤兵理由不外：一、金川道路奇险，进攻难以获全胜。二、军费过大，国力难支。三、补给运输，民力难堪。四、一切政务因金川事贻误甚多。他甚至引咎自责当初不该遣兵前往征讨。傅恒觉得军事行动已奏效，不想撤守。皇帝则在谕旨中说："朕思蕞尔穷番，何足当我王师？经略大学士傅恒乃朝中第一宣力大臣，顾因荒徼小丑，久稽于外，即使擒渠扫穴，亦不足以偿其劳！"并且还赐诗给傅恒："速归黄阁赞元功。"要傅恒赶快返京辅佐皇帝，显然傅恒将要被更受重用了。傅恒真是一位福将，正当他准备下令撤军时，岳锺琪已率军攻下了莎罗奔的老巢勒乌围，莎罗奔曾是岳锺琪的部下，便向岳锺琪请降了。岳锺琪更惊人地只亲率十三骑到莎罗奔营中谈判，示以诚信，莎罗奔等"稽首膜拜，衷甲持弓矢迎"，"请奉约束，顶佛经立誓"。历时三年，调兵六万，用银一千一百多万两的第一次金川之役于焉结束。

自此以后，大、小金川仍属土司管理，莎罗奔也被赦免，仍为土司。不过当地土司之间，相互争斗，战乱时有所闻。乾隆中期大金川土司莎罗奔年老，由其侄郎卡主持土司事务。郎卡经常侵掠邻近土司。乾隆三十一年（公元1766年），四川总督阿尔泰想从中调解，使郎卡与绰斯甲土司结亲，又准郎卡之女嫁予小金川泽旺之子僧格桑为妻。阿尔泰原以为这样可以缓和、增进他们之间的关系，没有想到他们却藉此联合了力量，从此不但更攻杀其他土司，甚至也公然与清政府的援军作战。乾隆得悉之后，指示阿尔泰实行以番攻番之策，希望用众土司之力打击大、小金川。可是阿尔泰平庸无能，率军进剿时也在打箭炉停留半年不作战。皇帝大怒，革掉他大学士、总督之职，拿问治罪，后来赐他自尽，并下令由定边右副将军温福统军进剿。

　　乾隆给温福极为优越的条件，不但升他为大学士兼兵部尚书，拨发汉土兵七万人供他遣调，六七倍于小金川的番民，又为温福派去海兰察、哈国兴、阿桂等名将，更特别的是，皇帝又为他调运了各种新制大炮，付出三千万两白银，皇帝是想温福速战速决，建立功勋的。

　　温福率兵猛攻小金川，开始时颇为顺利，连夺关隘，小金川土司僧格桑逃往大金川。大金川见清兵来攻，"全力抗守，增垒设险，严密十倍于小金川"，清兵分六路进攻，但效果不佳。同时温福"为人刚愎，不广诸方略"，而且又学张广泗当年"以碉逼碉"的办法，兴建了碉卡近千座，让很多士兵住进碉卡，活动的战斗力反而不足了。乾隆三十八年夏，温福屯兵于大金川之东的木果木，"日与董提督天弼辈高宴"，"不亲督战"，"寒将士之心"。大金川此时见温福无出兵攻击意，乃主动出兵切断粮运道路，并猛攻木果木大营与各碉卡，温福战死，清兵大溃，据说清兵自相践踏，"过铁锁桥，人相拥挤，锁崩桥断，落水死者以千计"。军营米粮一万七千余石与大量银两、枪炮弹药都被大金川获得，这是乾隆执政三十八年第一次的惨重败仗。

　　皇帝得到战败消息之后，重新布置军事，命阿桂为定西将军，丰绅额、明亮为副将军。增调健锐营、火器营及各省兵增援，名额增加近十万之众，又拨发大量军费与弹药，决心非消灭金川势力不可。阿桂等于稍事休息整顿后，于三十九年正月开始进攻大金川。在"天时之多雨久雪，地势之万夫莫前，人心之同恶誓死"的"三难"下，阿桂沉着指挥，诸将用命，不久攻克了小金川，随即向"跬步皆山"的大金川挺进。大金川土司索诺木倚险设碉坚守，清军一碉一碉地争夺，至为艰苦，最后终于逼进到了大金川的根据地勒乌围。索诺木见形势紧急，他将小金川土司僧格桑鸩死，向清军献尸求降，阿桂不允，继续进攻。勒乌围"碉坚墙厚，西临大河，有崖八层，层各立碉"，因此耗费了清军半年的时间，才逐渐进入核心地带，最后还是用重炮轰击大寨，始克竟全功。乾隆四十年中秋夜，清军攻破勒乌围，索诺木等又逃到刮耳崖，直到四十一年初，清军才大举包围刮耳崖，索诺木走投无路，乃带领祖父莎罗奔、喇嘛、家族、藏民二千多人出降。大、小金川战役至此真正结束。

阿桂等的捷报传到京师，皇帝大喜，封阿桂为一等公，丰绅额为一等子爵，海兰察为一等侯爵，明安一等伯，其他将官也晋升官爵。乾隆四十二年四月十八日，莎罗奔、索诺木等人押运京师，在午门前举行受俘礼，皇帝穿龙袍、御午门楼，一时铙歌大作，金鼓齐响，战犯押至行三跪九叩首礼，又置已死僧格桑的首领于地，礼成后各犯被押出天安门。莎罗奔、索诺木祖孙及金川首领多人被寸磔，又将索诺木与僧格桑二人脑袋枭示于市。

乾隆十四年第一次平定大金川，清廷前后动员了约八万名的兵员，军费耗掉约一千多万两。乾隆四十一年第二次大、小金川之役，各路参战的满汉土屯兵丁约十万人，军费则花掉七千多万两，实在是劳民伤财、死伤惨重的事。据阿桂的报告：小金川番兵约七千名，大金川约八千名，总共只有一万五千人，何以让清廷花费那么多时间，耗损那么多钱财、人命才能平定呢？乾隆的用人不当，估计错误，相将不和、文武贪生等等都是原因。不过金川藏民的一些能以寡拒众因素也应该注意。据庄吉发教授从故宫旧档里查得资料，金川的"地险碉坚"是一个原因。地险是指"碉寨所踞地势危峻"，"跬步皆山，并无平地"，而金川藏人又"善于穴地藏躲，临阵之歼戮无多"，清军马兵无用武之地，步丁也不惯于在如此地形地区作战。碉不但坚而且数量特多，又是难以快速平乱的原因。据史料各路官兵攻克的碉寨不计其数，总督阿尔泰在负责征剿时就共克碉寨八百五十余座，大小石卡二百五十余座，焚毁寨落四百五十余间，总督桂林在乾隆三十六年十二月到第二年五月，共毁大小战碉二百余座，焚毁寨落八百五十余间。将军阿桂则前后毁大小战碉一千一百余座，焚烧寨落八千五百多间，将军明亮、丰绅额等人也有毁战碉数万座的纪录，可见金川一带，遍建战碉，不容易攻打。另外，藏番所用的武器本来只有原始的挡牌、两头尖撺棒、腰刀、长矛、鸟枪等物，后来从清军逃兵处获得大炮、劈山炮、母子炮等重武器，实力增强了很多。还有凡遇打仗，"各寨头人挨着门户每家派一人去出兵，就是十三四岁小孩也要派去充数，器械是各人家里自己带去，所需口粮，都是出兵人家自己预备先带着十五六天的粮食去"，可见土司不需为作战经费烦心。藏人敬奉喇嘛，而喇嘛又善咒语，可以呼风唤雨，也可以诅咒清军，对金川藏民的士气大有鼓舞作用。弄得乾隆后来都命阿桂也带着喇嘛随营听用，以求助顺。

大、小金川及邻近地区平定后，为永绝后患，皇帝命于大、小金川设镇安营，后来又把大、小金川改设为阿尔古厅与美诺厅，不久又合两者为懋功厅，驻以同知，办理屯务，大、小金川被改土归流了。金川自设厅后，保证了川藏交通，也发展了当地农业，不到十年，人丁日增，屯事日兴，原住民也各安耕作，"无异内地民人"，大、小金川被内地化了。

明末清初，分布在天山南北、青藏、甘肃一带的蒙古部落称为卫拉特（又称厄鲁特）蒙古，即明朝的瓦剌，意思有"亲近者"、"联盟者"、"林中百姓"等不同解释。清初分为和硕特、准噶尔、杜尔伯特、土尔扈特四大部，其中准噶尔部的势力强大，与清廷关系也最差。康熙时代曾三次亲征准噶尔噶尔丹，雍正时也因准噶尔庇护青海逃人罗卜藏丹津而再启战端，最后以划界和谈结束，准噶尔蒙古始终是清朝北疆的一大隐忧，尤其在噶尔丹死后，准部由策妄阿喇布坦及其子噶尔丹策零继承汗位，团结卫拉特诸部，实力日见增长。乾隆即位后，因稳固自身统治地位与国家财力等问题，对准噶尔采议和固边的原则，签订了和约，但是在皇帝心中，这父祖未完成的事业他有责任要达成的。

乾隆十年，准噶尔瘟疫流行，九月噶尔丹策零又因病去世，汗位继承发生了问题。本来噶尔丹策零生有三子，长子喇嘛达尔札系庶出，次子策妄多尔济"因母贵而嗣汗位"，年幼的三子策妄达什也被一些权贵所拥护，因此策妄多尔济虽继承而隐伏着斗争的危机。乾隆十五年，策妄多尔济终因肆意荒淫，诛杀过甚，被长兄喇嘛达尔札的人马弑杀，喇嘛达尔札乃继立为汗。但准部贵族大策零敦多布等极为不满，拟立第三子策妄达什。他的计划不久曝光，喇嘛达尔札乃先发制人，杀死了三弟及支持者大策零敦多布等人。继承政争并没有因此结束，大策零敦多布之孙达瓦齐又与辉特部的台吉阿睦尔撒纳联合在一起，于乾隆十九年发动政变，杀死了喇嘛达尔札，达瓦齐于是登上了汗位。达瓦齐与阿睦尔撒纳之间也不是精诚合作，政变成功后双方又起矛盾，而且愈演愈烈，到乾隆十九年，两边的人马便在伊犁一带发生激战，阿睦尔撒纳大败，于是率领了残部两万多人投降了清朝。

阿睦尔撒纳不是等闲的人物，他是和硕特部拉藏汗的孙子，准噶尔部策妄阿喇布坦的外孙，他的牲畜、牧场、属众都很多，是当时卫拉特蒙古王公中一个举足轻重的人物，但是他的野心也不小，他的投降清朝，实在令乾隆意外，乃派出专人带着赏赐礼物去迎接，并准备冬天再去承德避暑山庄亲自接待阿睦尔撒纳。乾隆十九年十一月十五日，避暑山庄陈设了全套卤簿，以隆重的典礼接见阿睦尔撒纳一行，封他为亲王并任命为北路参赞大臣，可谓相当厚待了。

乾隆皇帝早就把平定准噶尔的事看作是头等大事，现在准噶尔内讧将近十年，汗国实力严重削弱，是用兵的一大良机。阿睦尔撒纳又力陈"伊犁可取状"，请求尽速出兵，正合皇帝心意，也增强了皇帝平定准噶尔的决心。

乾隆二十年春，皇帝任命班第为定北将军，阿睦尔撒纳为定左副将军，由乌里雅苏台出北路。又命永常为定西将军，由巴里坤出西路，两路出兵会攻。清军出征之后，准噶尔军纷纷归降，甚至有些地方，"各部大者数千户，小者数百户，无不携酒牵羊"迎接清军，达瓦齐的准部兵土崩瓦解，几乎全无抵抗，清军便如此顺利地到达了伊犁。达瓦齐当时已无力阻止清军进入伊犁，便率领兵士一万多人退守格登山一带，驻营固守。清军分两路攻击，直捣营地，达瓦齐兵败奔逃，降者六千多人，包括雍正初年青海叛投准噶尔的罗卜藏丹津也一并擒获。达瓦齐则与少数随从逃窜到南疆。

154

南疆的回民本来就痛恨准噶尔的暴力统治，纷纷起来响应清军，当达瓦齐逃经乌什时，被当地回民领袖霍集斯擒获。霍集斯是用计伪装慰问，供应酒马给达瓦齐而将他逮捕的，后来达瓦齐被押送到清军营中，与罗卜藏丹津一并辗转再押送京师，至此，一征准噶尔之役顺利完成。

平定准噶尔后，乾隆满心欢喜，大封功臣，特别给阿睦尔撒纳封为双亲王，食双俸。用兵三月就有如此成就，实在不易。乾隆二十年五月，皇帝命在伊犁建"平定准噶尔勒铭伊犁之碑"以及"格登山碑"，记载战功。十月，达瓦齐等押解北京，又在午门举行献俘大典礼。皇帝认为达瓦齐虽有罪，终究是准噶尔台吉，特予赦免，并加恩封为亲王，配以宗室之女，赐第京师，希望减少准部的仇恨。同月，乾隆又下令在承德避暑山庄附近依西藏三摩耶式样，建造普宁寺，以志盛事。

乾隆在平定伊犁准部之后，为了西北边疆不再有强权割据，便采取"众建以分其力"的策略，把卫拉特四部"封为四汗，俾各管其属"。但是阿睦尔撒纳一心想做"四部总台吉，专制西域"，他是想做卫拉特总体汗王的，当然对乾隆的政策是不能赞同的。他虽被封为双亲王，食双俸，但这些都不能满足他的欲望。自从平定达瓦齐受封之后，他独断专行了，也任意杀掠了。他不穿清朝官服，不用清朝官印，暗中扩展势力，积极准备反清。

乾隆也看出了他的野心，想出了一个解决的办法。就是战胜准部之后，召见有功人员到避暑山庄来入觐，皇帝原想利用这个机会把他调离蒙古老巢，以消除后患。但是狡猾的阿睦尔撒纳看穿了朝廷的用意，早有应变方法。他先是一再迁延地上路，后来走到乌隆古河时又谎言"暂归治装"，终于从间道逃回塔尔巴哈台，公开地与清廷对抗了。一时间，"伊犁诸喇嘛、宰桑劫掠军台，蜂起应之"。当时清军因准部已平，大部分撤回内地，在伊犁只有班第与鄂容安所领的五百名官兵办理善后，根本没有想到阿睦尔撒纳会突然反清，结果被叛兵杀害，而在乌鲁木齐的定西将军永常也不敢赴援，只好先退守巴里坤，天山南北顿时又变乱四起了。

在阿睦尔撒纳反清后不久，喀尔喀蒙古也追随叛乱。他们原与清朝关系很好，只是在这次征讨准部的行动中，清廷在喀尔喀地区中征丁征马，骚扰很大，引起民众不满，高层权贵又因他们的活佛兄弟被清廷处死而感到疑惧与不安，因而参与阿睦尔撒纳的行列。喀尔喀部长青滚杂卜将"卡伦、台站兵丁尽行撤回"，使清政府北路台站几乎全部瘫痪，军情联络中断。

针对新发生的大变局，乾隆皇帝又制订新方案。他先任命了一批武将，如策楞为定西将军、达尔党阿为定边左副将军、玉保为参赞大臣等等；同时又调整了卫拉特四部汗位人选，这一切都有助于平定阿睦尔撒纳的叛乱。

乾隆见喀尔喀撤回站兵，乃命在额尔齐斯办理屯田的另一位喀尔喀亲王成衮札布带兵迅速镇压青滚杂卜，不久乱平，稳定了喀尔喀的局势。乾隆二十一年正月，各路官兵将抵伊犁时，阿睦尔撒纳怕被清军捕获，派人去清营地诡称：阿睦尔撒纳已被台吉诺尔布擒获，现正在押送前来途中。参赞大臣玉保信以为真，立即驰报定西将军策楞，策楞也不审虚实，飞奏朝廷。乾隆帝以贼渠被擒，宣示中外，并封赏策楞等人，结果发现是一大骗局，而让阿睦尔撒纳轻易脱逃，皇帝大怒，降旨将策楞等拿解入京治罪，重新任命以达尔党阿为定西将军，兆惠为定边右副将军，继续往剿阿睦尔撒纳及其叛众。

乾隆二十二年，清廷命成衮札布、兆惠等分兵两路进剿，大军在前进过程中，随军的绿营兵丁留在适合农耕的地方屯垦，又召募了一批回民帮助种地，如此则一面解决了军粮供应问题，一面又截断了准部兵丁的退路，而适在此时，准噶尔地区"瘟疫流行，死亡相望"，因此官兵长驱直入，阿睦尔撒纳在清军进逼下，仓皇逃生，窜往哈萨克。清军派人到哈萨克部长阿布处说明政府缉捕阿睦尔撒纳的决心，希望他予以协助。阿布已向清廷"遣使入贡"，当然答应照办。不过在同年六月阿睦尔撒纳逃亡至哈萨克时，发现他的马匹牲只被人分散，机警的阿睦尔撒纳觉得不妙，便将器械鞍马抛弃，轻装随着少数人渡过额尔济斯河逃往俄国了。

　　乾隆皇帝对于阿睦尔撒纳的脱逃，很是忧虑，他认为这个"游魂远窜，将来必不能久甘穷困，势必滋生事端，为患边境"，"逆贼一日不获，西路之事一日不能告竣"，尤其是阿睦尔撒纳逃入俄国，更是感到不安，因为"俄罗斯既收留叛贼，始未尝不欲抚而用之"。因而下令理藩院行文与俄国交涉！根据雍正年间订立的《布连斯奇条约》中议决的条文"彼此不允许留逃人"一款，强烈要求俄国引渡阿睦尔撒纳。俄国政府最初支吾推托，捏造谎言说阿睦尔撒纳已"落水身死"。实际上西伯利亚总督庇护了阿睦尔撒纳，把他"安置在托波尔斯克二十俄里外已经废弃的库杜斯克酒厂一所房子里"居住。后来阿睦尔撒纳患天花身亡，俄国见奇货已不可久居，又在清廷不断交涉下，便将阿睦尔撒纳的尸体送到恰克图，交给清廷官员验视，阿睦尔撒纳的死亡，也宣告了清廷第二次征讨准噶尔战争的结束。

　　准噶尔战事的平定确实巩固了清朝西北边防，也巩固了多民族国家的统一，更巩固了乾隆皇帝的统治地位。对于西北地区与中原内地经济及文化的交流同样具有发展的重要意义。只是清朝皇家对准噶尔族人有成见，认为他们是难制的敌人，因此在两次征剿战役中，使用了残酷的屠杀手段，到了"凡山陬水涯，可渔猎资生地，悉搜剔无遗"的程度，甚至对已归降的无辜民众，也悉数屠杀，使准噶尔人口大量减少，这是一大憾事。

二十七

统一回疆

现在新疆南部塔里木盆地周围，在明末清初，存在着一个信奉回教的汗国，早期称为喀什噶尔汗国，后来因首都迁到叶尔羌，又改称为叶尔羌汗国。由于居住在这个汗国内的人几乎都是回教信徒，清朝称该地为回疆。

这个回教的汗国，因为处于强大的准噶尔蒙古的周边，经常受准噶尔的侵凌。康熙十九年（公元1680年），准部噶尔丹称霸时，就灭掉了叶尔羌汗国，利用一批傀儡回人首领为他治理回疆。噶尔丹被康熙消灭后，回部首领玛哈木特和卓木（"和卓木"，译言"圣裔"也）企图恢复依斯兰汗国，却被噶尔丹的继承者策妄阿喇布坦派兵征服，并把玛哈木特俘送伊犁禁锢，玛哈木特的两个儿子，长名波罗尼都（又译称布拉尼敦）、次名霍集占，即所谓的大、小和卓木，也被准部当作人质，在伊犁不得自由。另有不少回人也押运到伊犁，利用他们的农耕技术，为准部垦地输赋。

乾隆二十年（公元1755年）清军一征准噶尔攻陷伊犁时，准噶尔汗达瓦齐捕送北京，玛哈木特早已去世，他的二子乘机逃脱，率领部众向清军投诚，乾隆皇帝对他们的遭遇甚为同情，特别降谕说："投诚之和卓木，原系叶尔羌、喀什噶尔回部之长，羁留为质，情甚可悯，着即令彼等前来入觐后，仍令复回回部。"可是不久发生了阿睦尔撒纳反叛事件，大、小和卓木因而未能入京朝觐。不过皇帝还是派兵送大和卓木波罗尼都回叶尔羌，"使统其旧部"，留小和卓木霍集占于伊犁"掌回务"。清廷并分派官员赴回疆各城晓谕，招服回民归顺，天山南路各地回民都欣然接受，不料此时却发生了大、小和卓木的叛乱。

在阿睦尔撒纳反时，小和卓木霍集占就曾"率众迎逆"，暗中参加了叛乱，到阿睦尔撒纳逃亡俄国时，霍集占就从伊犁潜逃回叶尔羌，唆使其兄一同策划起事。

乾隆皇帝本想利用大、小和卓木在宗教上的影响力去招服叶尔羌与喀什噶尔人民，从而安定回疆的；但是事与愿违。据回民事后对清朝官员说：大和卓木本来"欲安集回地人民、听候大皇帝谕旨，而霍集占不从"。霍集占对他哥哥说："若听大皇帝谕旨，你我二人中必有一人唤至北京为质，当与禁锢何异？莫若与中国抗拒，地方险远，内地兵不能即来，来亦率皆疲惫，粮运难继，料无奈我何。且准噶尔已灭，近地并无强邻，收罗各城，可以自立。"波罗尼都受了他的蛊惑，决意反清了。他们随即"传示各城回目，整备鞍马、器械"，不久"叶尔羌、喀什噶尔、和阗所属之数十万回户皆从之起事"。

乾隆二十二年（公元1757年）五月，清朝派出的招抚使阿敏道到南疆后，又被大、小和卓木杀害，随从的一百多人也无一幸免，回部反清愈演愈烈。

乾隆皇帝闻讯后，一连颁降几道谕旨，其中可以看出他对回变的看法及计划。第一、他认为大、小和卓木之乱必须予以征伐，进军时间可以稍后到明年。第二、目前准噶尔阿睦尔撒纳之乱尚未平，以擒获阿贼为先。第三、征讨回部较为容易，用兵不难。也就是因为皇帝轻估了回部的实力，使得日后出征的兵将吃了不少亏。

乾隆二十三年正月，准噶尔的乱事大体上已平定，皇帝着手对付回疆了。他先以回酋霍集占罪状宣谕回部各城，讲出用兵的原因，希望回人归顺，凡来归的"安居如旧"，助恶的则"悉行剿除"。随即任命雅尔哈善为靖逆将军，率满汉兵一万多人，由吐鲁番进攻库车。库车是通往回部的门户，而"其城依山岗，用柳条沙土密筑而成"，相当坚固，易守难攻。雅尔哈善是文人出身，历任知府、巡抚等官，自命儒将，实不知兵，他不认真指挥，不巡营垒，也不听诸将建言，以为回民不足一战。清军万余人攻库车，大炮齐发，一连两日，均未攻下。大、小和卓木闻库车被困，乃亲率三千马兵由阿克苏赶来增援，结果却被清军击破，退入库车城中，清军大有一举尽灭大、小和卓木之势。

霍集占等退保库车后，清军没有乘胜攻城，也不派兵巡查动静，雅尔哈善"坐守军营"，"略不设备"，致使霍集占等乘夜突围遁走。雅尔哈善后来以诒误军机罪被革职解京处死，另有将官多人也受到死刑的判决。

皇帝于是重新布局，任命纳穆泰为靖逆将军，三泰、富德、阿里衮、舒赫德为参赞大臣，又重用兆惠率军由天山北路往征南路，并且说："办理回部，仍于兆惠是赖。"兆惠的心头压力由此可知了。更让兆惠感到责任重大的是皇帝在二十三年七月间传谕兆惠说："回人素称怯懦，近来屡经剿捕，畏我军威，乞降相续"、"如擒获霍集占，各城自然归附，兆惠即加意奋勉，以奏肤功。"好像回人胆小都怕清军，因此也没有拨发大量的兵丁与军费给兆惠，让他以优势去作战。

兆惠于八月间从伊犁出发，领兵只有八百人，而且去南疆行程有千里之遥，道路又不完好，因此行军十分艰苦。所幸当时不少重要回城如阿克苏、乌什、和阗、沙雅尔等都先后归顺，也被清军取得。大、小和卓木则分别据守喀什噶尔与叶尔羌，相互犄角，准备与清军负嵎顽抗。

皇帝在京城听到回疆各城相继投降的消息，十分高兴，认为"霍集占不日就擒"、"大功即日告成"，还命令军机大臣等计划回疆平定后的善后事宜。不料此时，前线传来兆惠被困的不幸消息。

原来兆惠在十月间开始进攻叶尔羌时，霍集占已于叶尔羌城外坚壁清野，他又掘壕筑垒，加强工事，而霍集占拥兵一万三千多人，实力不弱，兆惠所率领的清军仅三千人，可谓孤军深入。叶尔羌是南疆大城，周长十多里，四面有十二个城门，兆惠在城东的黑水河"自水草处，结营自固"，由于兵少，兆惠只能围攻城的一面，参战的清军约一千多人，先遭回军诱骗，再被回军大举包围。清军尝到败绩，只好且战且退，浮水还营，勇将高天喜、参赞大臣鄂实（鄂尔泰的次子）、都统三格等将官皆战死，兆惠也负伤。清军以残余兵力"据壕结寨"、"筑长围以相持"，回军则以万余之众包围，形势非常危急。回军又不断以炮轰、水淹、偷袭等方式攻击黑水营清军，兆惠则一面向中央求援，一面率军勇敢迎敌，艰苦地坚持了三个月之久，这便是著名的"黑水营"之役。

乾隆皇帝不愧是明君，他得悉兆惠被围之后，曾发表一篇长谕，其中有：

> ……向来之轻视逆回，乃朕之误，又何忍以妄进轻敌为兆惠之责乎？……

皇帝如此引咎自责，不罪前线将帅，当然给了兆惠等人很大的激励。乾隆同时又从重奖赏了兆惠及一些回部首长，封公封王，并对阵亡死难者议典议恤或从优封赏，以安定军心。

兆惠等在黑水营的境状确实十分险恶，先后与回军接战五次，真是死里求生。霍集占后来在黑水营外筑一道长垒，想困死清军。不久后又在上游掘水淹灌清军大营，兆惠都设法予以解除破坏，只是"拒守日久，粮日乏，仅瘦驼羸马亦将尽"。这时虽有纳穆札尔与三泰的援军赶来，但人数不多，又被霍集占的三四千大军围困，直到乾隆二十四年正月，参赞大臣阿里衮、舒赫德等领兵四千人到来，才与富德的一军会合，包围了霍集占的回军，在富德与兆惠两军内外夹攻下，霍集占的回军土崩瓦解，狼狈逃窜，黑水营之围遂解。

皇帝听到兆惠等脱险之后，十分欣喜，并作了几项重大决定：一、坚持征讨，痛斥"罢兵息事"之论与一些"怯懦无知之人"。二、纠正轻敌冒功之弊，大调兵丁两万人，战马三万匹，并充分准备粮草军费。三、重用回部降人，分别封赏他们，鼓励他们从征效力。

乾隆二十四年六月，在兵多粮足的优势下，兆惠与富德两位将军分别率领大军出发。兆惠攻大和卓木波罗尼都防守的喀什噶尔，富德则负责进剿叶尔羌的霍集占。在清军逼进之际，大、小和卓木竟将喀什噶尔与叶尔羌两地回民迁移，焚城砍树，携带兵马眷属弃城往巴达克山逃去。有部分不愿随和卓木逃亡的回民，他们分别从喀什噶尔与叶尔羌写信给清朝将军，表明他们愿意投诚，并请清军速来援救。兆惠等一面将军情上报朝廷，一面接受回民的归顺。皇帝收到前线军报之后，给兆惠等指示说：挑选精兵数千，每人给马三匹，足备口粮，紧急追袭二和卓木，"总以务获逆贼兄弟，始可告成功"。至于一般回民应恩威并用，施以离间，敌必自溃。巴达克山首领亦令献送大、小和卓木，"违则诛剿"。兆惠等遵照皇帝命令行事，果然收到良好效果，清军先大事招降，来归的回民很多，使得大、小和卓木只有旧部四五百人随行逃入巴达克山。清军加紧追杀，在巴达克山界伊西洱库尔两岸又歼灭了不少回军。霍集占兄弟后来被巴达克山汗素勒坦沙杀死，并将两人首级献送给了清军，至此，大、小和卓木之乱正式平定。

乾隆鉴于准噶尔与回部一再叛乱，现在既然都被平服，也应该想个彻底解决的善后办法。以前的称汗称王显然有弊，就是仿照喀尔喀、科尔沁的盟族制度将来也可能有问题。为了全盘改革，乾隆决定建立新的军事管辖制度，将天山南北路直接隶属于中央。在天山以北原卫拉特蒙古地区设一总管伊犁等处将军（简称伊犁将军），总管全疆（包括回疆）军政财经一切事务，下设都统、副都统、参赞大臣、领队大臣、办事大臣、总管等官，分驻各地。南疆的所有大臣也直接受伊犁将军节制。这种军府制的实行，不但进一步加强了新疆地区与清朝中央的关系，也增强了清政府对西北地区的统治与边防，假若我们更深一层地来看，天山南北路的平定至少有以下几点值得注意的事：

第一，乾隆完成了他祖、父（康熙、雍正）两朝"筹办未竟之事"，彻底清除了喀尔喀蒙古生存与青、藏不安的祸根。第二，在军府制的管理下，大力推行屯田政策，并对原住民轻徭薄赋，以致人丁增多，生产发展，改变了全疆以往人烟少、劳力严重不足现象，对当地农工商业的发展大有裨益。第三，内地与新疆的交往增繁，在文化经济方面起了推进作用，在种族融合方面也起了正面的作用。

清朝大学者魏源曾说：乾隆平定准、回之后，从前"烽火逼近畿"的西北边乱，如今"中外一家，老死不见兵革"了。新疆除官田之外，余地听民人自耕，农桑阡陌徭赋如内地。内地土满人满，而西域地大物博，"牛、羊、麦、面、蔬、瓜之贱，浇植贸易之利，金矿、铜矿之旺，徭役赋税之简，外番茶马布缎互市之利，又皆什佰内地。边民服贾牵牛出关，至则辟汉莱，长子孙，百无一反，是天留未辟之鸿荒，以为盛世消息尾闾者也"。

他的赞语应该算是中肯的。

二十八
四征缅甸

缅甸是亚洲中南半岛上面积较大、人口较多的国家，在中国史书里，汉朝称它为掸国，唐称骠国，宋称蒲甘，元称缅国，明朝才称作缅甸。由于缅甸与中国是山水相连的邻国，交往也多。元世祖时曾派兵征缅，明代则设宣慰使司羁縻之。清顺治十八年（公元1661年），吴三桂等因追捕明桂王永历帝曾统军入缅，缅王后缚献永历帝送清军，吴三桂等后即班师，没有责令缅甸朝贡。

乾隆初年，云贵总督张允随奏请听从内地人民出边开矿。不久有云南石屏州人吴尚贤在缅境开采有成，事业大旺，且得卡瓦部长蚌筑信任，获利甚丰。张允随亦委任吴尚贤为该地矿场首长。吴尚贤与当地首领关系良好，为保护矿场继续经营，便游说蚌筑以厂课纳贡，向中国内属。乾隆十一年（公元1746年），卡瓦矿地课银便解送到云南省城，并进呈缅文禀书一纸，请求归诚纳贡。张允随也立即上奏说：

滇省永、顺东南徼外，有蛮名卡瓦，其地茂隆山厂，因内地民人吴尚贤赴彼开采，矿砂大旺，该酋长愿照内地矿例，抽课作贡。

乾隆皇帝后批示"应如该督所请办理",缅甸一小部的入贡就由此开始了。

吴尚贤劝说蚌筑入贡成功后,他又想游说缅甸国王向清廷入贡。当时缅甸国内局势混乱,土司多有叛乱的,国王奔达拉很想借着中国力量来稳固他的统治权,乃同意吴尚贤的建议,因此在乾隆十五年七月,吴尚贤就向云南巡抚禀报称:

> 缅甸国王奔达拉情愿称臣纳贡,永作外藩。……彼国大臣一员、头目四人,象奴夷众数十人出境过江,于四月已抵边界,请代奏。

云南巡抚图尔炳阿立即将吴尚贤的禀文与缅甸国王的贡表一起呈送中央,向乾隆报告。皇帝得报后,相当高兴,同意缅王请求,并派官员伴送缅使来京。乾隆十六年六月,皇帝在太和殿接受缅使朝贺,赐以筵宴赏物,缅使一行于十月返抵云南。

中缅正在建立朝贡关系之时,缅甸内部突然发生大动乱,缅王奔达拉先被得楞部酋长杀害,而另一木梳部长瓮藉牙则乘势起兵,统一了大部长缅甸,只有少数如贵家(一称桂家)部等与他对抗。贵家是明末随桂王逃亡缅甸的一些贵族后代,他们据波龙等处采银矿,自成一部。贵家的首领宫里雁后来被瓮藉牙击败,窜居到云南边境。瓮藉牙的次子懵驳相继统一缅甸各部,成了国王,他为扩展势力,派兵扰掠云南普洱府一带的土司,使清朝云南边境时受侵凌,很不安定。

吴尚贤本来是个"无籍细民",自从开矿富有,又为朝贡关系牵线成功后,变得胆大妄为起来,颇为云贵疆吏不喜。总督硕色就说他"言貌举动粗野无知,终非安分之人"。随缅使入京后,在归途又因"望泽未遂,时怀怅怏"。不久在硕色等人搜证下,认为他"侵肥入己"、"乖张僭越"、"霸占别人产业"等罪,将他拘禁,吴尚贤最后"在监病故"。

乾隆三十年(公元1765年)十月,缅兵在九龙江一带骚扰,云贵总督刘藻即调兵防御,主动出击。由于军队缺乏训练,三路兵丁均告败绩,尤其何琼诏部,行军征伐途中,竟将兵器捆载行装,将弁徒手散行,以致惨遭缅兵痛击,全军不战自溃。但是三路总兵刘德成竟谎报战绩,刘藻又不作调查,为邀功立即进呈皇帝,声称破缅军大营七座,并将在普洱府迎战缅兵等语。皇帝后来发现刘藻所奏的情况不实,而常以书生之见,办事错谬极多!官兵忽调忽撤,全无纪律,于是降旨将刘藻革职,留滇效力,所有因调兵不合定例靡费的银两,全由刘藻补赔。刘藻见缅事难办,又多次被皇帝降旨责斥,心绪大坏,寝食难安,乃于乾隆三十一年三月初三日夜在公馆内自刎,留书:"君恩难报,臣罪万死,快请常巡抚……。"刘藻死后,皇帝命杨应琚继任云贵总督,杨总督运气不错,他刚到昆明时,正值缅甸境内瘴疠大作,缅军渐次从边界退却。清军也乘机攻取了孟艮、整欠、车里等地,随着普洱边外地区平定,杨应琚派出官兵正经界、集流亡、厘户口、定赋税,使地方恢复安定。皇帝知道这些事实之后,非常高兴,下令加恩边地土司豁免钱粮,以表示优恤之意。

杨应琚已达成了份内工作,但是不久之后他竟误听腾越副将赵宏榜的煽惑,以为缅甸首领势力孤单,容易征服,决定兴兵征缅。尽管不少属下官员劝告"边衅不可轻开",但他却不予采信,并向皇帝奏报缅甸可攻取,并说有些土司怨缅王残刻,情愿归附。皇帝以为"杨应琚久任封疆,夙称历练,筹办一切事宜,必不至于轻率喜事,其言自属可信"。不过乾隆也带着几分保留地说:"倘必须劳师筹饷,或致举动张皇,转非慎重边徼之道。"指示杨应琚"务须详审熟筹,其于妥善,以定进止"。杨应琚显然没有经过长时间的"详审熟筹",他接到皇帝的谕旨后,便向皇帝保证似地说:他断不敢邀功,但也"不敢坐失事机,不敢轻举妄动"。乾隆觉得很稳重实在,特别传旨嘉奖了他。

杨应琚得到皇帝允准后,便开始了他的军事行动,先派人传说缅方,说他已调集精兵五十万，大炮一千门，随时可以发动战争，缅甸各土邦，不降的即予征讨，他想以此来震慑缅人。清军入缅境顺利地进据蛮暮、新街等地，但不久缅甸国王集军数万人反攻！而清军仅有三千人应战，副将赵宏榜先在新街失利，大败退兵，响应清军的土司也随之入云南境内避难。杨应琚得前线兵败报告后，痰疾发作，他向皇帝报告了病情，但没有真实地陈述战况。皇帝还关心他的身体，调两广总督杨廷璋去云南暂带军务，并派杨应琚长子江苏按察使杨重英去云南探视父病并为监军，分担他父亲的事务。皇帝又让乾清门侍卫、大学士傅恒之子福灵安带着御赐的十香返魂丹、活络丹等大内珍品与御医去云南为杨应琚治病，皇帝对他的关怀重视，可谓无以复加。当然也暗中命福灵安在当地了解军情，回京时据实详报。不久，杨应琚病愈，调集士卒一万四千余名，分路出击，不幸在楞木、宛顶等地均遭败绩，并受重大损失，杨应琚却向皇帝谎称大捷，杀缅兵近万人，并说缅甸有兵头来营，恳请罢兵归降。他想以与缅甸议和来弥补此前的一切谎报。他并向皇帝表示缅人"愿效臣服，似可宥其前愆，酌予自新之路"。然而乾隆在不久后即接到福灵安等人的奏报，知道缅甸乞降，前线胜仗，杀敌万人等等，都是虚妄不实之语。绿营兵多畏缩不前，而杨应琚驭下姑息，不察虚实，实属欺罔。乾隆了解实情后，大为生气。下令革杨应琚大学士与云贵总督职务，逮捕入京，廷讯后命令他自尽。其他云贵一带有关与杨应琚一同造假欺罔的官员，都逮治论死。这是乾隆朝第二次征缅之役的大概情形。

乾隆三十二年三月，皇帝重新任命满族名将明瑞为云贵总督，决心与缅甸作战。他在一份谕旨里说：

> 蛮暮、新街等处，既已纳降，并遵定制剃发，即成内地版图皆为中国版宇，两处附降人民，即同内地人民，自当加意保护。木邦、整欠、整卖等处，前此恳请内附，并请我兵保护，焉能还与缅甸，听其欺凌！

皇帝还特别强调说：

> ……缅匪侵扰内地，则必当歼渠扫穴，以申国威，岂可遽尔
> 中止？且我国家正当全盛之时，准夷、回部皆悉底定，何有此区
> 区缅甸而不加剪灭乎？

由此可见，前两次清军攻缅，多因总督邀功，尤其是杨应琚抵达云南履新时，普洱边外事态已经平静，可以不必用兵，若能善自清理疆界，亦能保卫边疆。但他为冒昧喜功，又缺乏对缅甸的认识，致遭败绩，自身亦致凶终。此次皇帝任命明瑞督师，完全出于主动，大有一雪前耻之意。

明瑞于三十二年五月抵达云南，了解军事情况并调整部分官员外，八月间他拟定好了三路出兵计划，一路由他亲自率领，向木邦前进；一路由都统额尔景额带兵，攻向猛密；另一路由领队大臣观音保指挥，作为互为声援的中军。不过在出发的前夕，明瑞又把观音保一路划入他自己的一路，简化为两路出兵。九月二十四日明瑞等统兵出征，天下大雨，三昼夜不绝，人马都在泥潦中渡过，"饥且冷，多疾病，糇粮而尽失"，真不是好兆头。十月十八日明瑞一行抵木邦，缅兵早已弃城而去，明瑞派珠鲁讷带五千兵留守，令杨应琚长子杨重英等人管印务粮饷，明瑞则率兵深入，希望能直捣缅甸国都，打败缅王。

明瑞乘胜渡锡箔江至蛮结，该地缅兵两万，立木为栅，栅外有深壕，又"列象阵为伏兵"，木栅共有十六座，相互为应，"不但山势峻险，兼深林密箐，并无可通之路"。明瑞英勇督战，"身先陷阵"，右眼遭敌枪伤，"几殒"，"犹指挥不少挫"，终于连破栅垒，杀敌二千多人，缅兵逃散，是为蛮结之捷。但是经过战役，随行将官观音保等认为不宜再深入，因兵疲粮乏，不如先回木邦，"整旅再进"。明瑞不从，反责诸将怕死，于是继续进兵，不料在前往目的地阿瓦途中，向导无人，迷失道路，

明瑞一军到了人疲马乏,水土不服,"势不能进"的境地,而北路军额尔景额的情形又一无所知,实在面临危急状态。

额尔景额一路进兵到猛密北面的老官屯时,被缅军所困,他也因"幽恚"而死,他的军队九千人于是就由额勒登额统领。

乾隆三十三年初,军情发生不利的变化,缅甸攻占锡箔,又打进木邦,参赞大臣珠鲁讷自尽,数千绿营兵或逃或死,杨重英被俘。云南巡抚鄂宁七次檄令驻守旱塔的额勒登额援救木邦,正如要他出兵支持明瑞一样,他却全无反应,甚至后来还退兵入内土司地区,以保安全。明瑞至此与内地联系完全隔绝,只得孤军奋斗。二月初七日,明瑞率军行至猛腊地方,缅兵数万人截断去路,他下令在山顶扎营七处,迎战四面来攻的缅军。此时额勒登额仅离明瑞二百多里,竟不听皇帝谕令派兵来援。明瑞等在人伤粮缺的情形下,仍拼命拒敌,直到初十日,见形势大坏,乃率将领与巴鲁图侍卫数十人及亲兵数百殿后,命诸军乘夜退去。后来扎拉丰阿阵亡,观音保以遗矢刺喉自尽,明瑞身负重伤竭力疾行二十多里,至小猛育,"乃从容下马,手截辫发,授家人使归报,自缢于树下,家人木叶掩其尸而去"。由于明瑞等将领视死如归,掩护了突围的兵士,总兵哈国兴、长清及不少满汉兵丁,才能突出重围,安抵宛顶。第三次征缅之役也就这样以惨败收场。

皇帝对明瑞的死非常难过,也感到自己有责任。他说过:"若在额尔景额病故时,即令阿里衮前往统帅,即不能进取阿瓦,亦必能应援明瑞。"因此皇帝对按兵不动的额勒登额痛恨万分,后来乾隆下令将锁拿来京的额勒登额凌迟处死,其父云代与其亲叔弟侄等都照大逆缘坐律拟斩立决,谭五格也因为不出兵被处斩,由此也可以看出皇帝对明瑞之死的震悼之情。

乾隆三十三年二月二十八日,皇帝降谕授大学士傅恒为经略,阿里衮、阿桂为副将军,舒赫德为参赞大臣,增兵增粮,再征缅甸。

在筹集兵马粮草期间,舒赫德等人曾以山多路远,缅人熟悉地形以及缅甸未敢侵犯内地种种理由，上书建议息兵，派人招降缅甸。皇帝严饬"荒唐无耻，可鄙可怪"，并将他革去尚书与参赞大臣职务，改赴新疆乌什任办事大臣。另外，在三十三年六月初，缅甸有使者来书谈和，强调以往都是"土司从中播弄，兴兵战争"，希望能准许他们"循古礼，赐贡往来，永息干戈"。乾隆也认为缅甸人"甚属狡猾，殊难凭信"，因而不予接受。

乾隆三十四年二月十八日，皇帝赐御用甲胄给傅恒，举行隆重出征典礼。二十一日傅恒离京，三月二十四日抵昆明，七月间即兵分三四路出击，准备直捣阿瓦，生擒缅王。傅恒进军后，因缅甸正值秋收时节，无兵应战，傅恒行军千里，兵不血刃；但一路多雨路滑，驮马倒毙的很多，兵士食宿不易，傅恒只好先收兵而回。十月间再发兵与阿桂等会合，结果在伊洛瓦底河与缅军分别发生水陆两军大战，阿里衮、阿桂等在两岸矢铳齐发，骑兵劲旅冲入，缅兵大溃。哈国兴在水上又大败缅甸水师，"杀溺数千人，河水发赤"。这是傅恒征缅初期的所谓清军三路皆捷。

可是自伊洛瓦底胜利后不久，傅恒与阿里衮都染上时疫病倒，直捣阿瓦的计划无法执行。将领们会商结果，认为先进攻老官屯，作为基地。不料老官屯依坡临河，形势险要，清军以火炮猛轰多日，竟不能攻破。后来阿桂以战舰截断缅兵粮道，缅人才遣使乞和。当时清兵中患病的很多，阿里衮也在十一月间病故，傅恒也卧病不起，只好上书皇帝准备接受议和。

乾隆在接到傅恒奏折，知道三万清军"仅存一万三千余兵丁，领队大臣亦多患病"，而阿里衮已死，皇帝决定允降罢兵。

经过中缅双方初步谈判、议定：缅甸对清朝称臣纳贡，交回侵占土司之地。清朝则以木邦、蛮莫、猛养等地人口交还缅甸。傅恒乃带兵回京，阿桂留云南办理善后。

乾隆三十五年三月，傅恒在天津行宫朝见了皇帝，七月中因病重逝世，阿桂在云南谈判也不如预期的顺利，因为据西方史书记述，当初进行议和只是缅甸前线领兵官的主意，并未事先禀报国王。所以在清军撤退后，"缅王异常愤怒，而将缅甸所执的一份和约撕毁，并命参加议和将领家眷俱在阿瓦宫廷西门头顶着清军经略傅恒赠送的礼物，跪了三天三夜"。缅甸并未如约来朝贡称臣，而且后来也指责清朝失信，没有将土司归还，于是生出很多纠纷，交涉朝贡的事一直到二十年后才得到解决。那是因为缅甸新王即位，国内连年用兵，国力耗损极大。又与暹罗作战，并遭败绩。其后暹罗又朝贡中国，缅甸受威胁更大，乃于乾隆五十三年（公元1788年）遣使呈金叶表文入贡，奠定中缅封贡关系基础。乾隆五十五年，缅甸再正式遣使来华为皇帝庆贺八旬万寿，并请求敕赏封号，乾隆帝以缅甸既已纳贡称藩，位列属国，因而正式敕封猛陨为缅甸国王，并赐印，定十年一贡，至此云南边界才无缅患。

乾隆十全武功中的中缅之战，实在有值得人省思的地方。战争历时四年，征讨前后四次，动员几十万官兵，花费白银一千三百多万两，而死伤的官兵为数惊人，最后却是毫无成果而收场。本来只是边界土司间的纠纷，缅甸也没有进犯中国之意，却因边臣的冒进喜功，皇帝的决策误谬，以致损兵折将，弄得国家颜面无光。若非金川乱事再起，乾隆可能还不肯罢兵，中缅两国的民间灾难也可能还会更为深重。唯一令人欣慰的事，是一位英国史家所说的："由于乾隆皇帝外交政策的成功，缅甸十年一贡，结果使得英国在兼并缅甸的过程中，遭遇了极大的障碍。"

二十九

台湾林爽文之役

　　台湾自康熙二十二年（公元1683年）归附清朝之后，一度严禁大陆人
民偷渡入台，雍正时始逐渐开放，乾隆中期以降，入垦的人因禁令废除而
日增，台湾也因此得到进一步开发。由大陆渡海入台的人，以闽粤两省
的人为主，而且多来自漳、泉、潮、惠等地。这些移民历尽千辛万苦，
在台湾求得生存，成家立业。为保护得来不易的财产与一己的生命，大
家常以同宗、同乡血缘与地缘关系，相互集合，形成力量，彼此扶持帮
助。乾隆以后，秘密社会势力也在台湾传布开来，特别是天地会常对会众
号召："人了此会，大家帮助，不受人欺负。"因此当时在台湾各地有不
少集团，互相为维护利益而发生械斗。有闽粤人之间的械斗，有漳泉人之
间的械斗，也有帮会之间的械斗等等。官员对他们不是不予置问，就是派
人晓谕，将就了事，因此械斗成了一项乱源。台湾又因远隔重洋，人民与
中央的关系真是天高皇帝远，在台的官员因腐化而贪赃枉法，对居民常常
压迫与剥削，使得民不聊生，因而屡见有百姓铤而走险的民变事件，乾隆
五十一年（公元1786年）发生的林爽文揭竿起事反清，就是其中规模特大
的一次。

林爽文原是福建省漳州府平和县人，生于乾隆二十二年，十七岁时随父移居台湾彰化大里杙，早年赶车度日，后来曾充衙门捕役。他为人豪爽，素喜交游，人脉可谓很广。当时天地会正在台湾各地秘密传布，乾隆四十八年有位严烟（又称严若海或庄烟）藉卖布为名来台传授天地会，第二年林爽文结识了他，并参加为会众。他们在大里杙山内车轮埔饮酒结拜，很多人一同约誓，有难同当，有事相助。于是他们武断一方，地方官甚至也不敢过问。

乾隆五十一年秋天，林爽文等天地会势力日益强大，官府派人前往拘捕，不肖"衙役等从中勒索，无论好人歹人，纷纷乱拿，以致各村庄俱被滋扰"。衙役们甚至宣称："如敢违抗，即烧庄剿洗。"人民逼得无法忍耐，终于又演出"官逼民反"的事件了。同年十一月二十五日，林爽文、刘升等二百多人首先起事，两天后参加的高达两千多人，前来剿捕的清军被他们全部歼灭，事情发展至此，民军只得进一步对抗地方官兵了。二十八日夜，林爽文等率众攻打彰化县城，由于城是栽木为墙、守兵又少，因而不堪一击。知府孙景燧、同知长庚等大小官员多人被杀。民军"抢夺仓库器械"，"开狱放囚"，事态变得更严重起来。

刘升等又率众攻破大墩（今台中市），到处张贴告示安民，俱写"大盟主刘"字样。由于会党兄弟多不服刘升领导，后来在彰化城中建立政权时，大家公推林爽文为盟主，因他"人爽快、有义气"的缘故。二十九日，林爽文以县衙门为盟主大元帅府，竖立旗号，初书"天运"年号，后改称"顺天"。彰化攻取后，民军为数更多，林爽文下令不准损坏居民财物，规定"失一赔二，焚茅赔瓦"，军纪相当严明，据说当时民军"所过之处，香案迭迭，唧唧相迎"。为进一步巩固政权，林爽文分兵往攻鹿仔、淡水（今新竹）、诸罗（今嘉义），声势极大，全台震动。十二月初六日，民军攻下诸罗，杀死代理知县董启埏等官员。各地人民响应，斗六门、南投等地不久也被林爽文军攻占，台南府城面临严重威胁，而此时南路的庄大田也率众起兵。庄大田与林爽文是同乡，也是天地会众，居住在南部凤山，以侠义闻名，所以一时拥戴他的人民也很多。他与林爽文系莫逆之交，大家曾歃血盟誓过，他自称南路辅国大元帅。庄大田起兵后很快就攻下凤山，知县汤大绅等被杀，不久与林爽文合力由南北夹攻府城，海防同知杨廷理兼知府，力御来攻民军，稳住局势。

同年十二月底，闽浙总督常青呈报台湾乱象，并向皇帝报告他已经急派水师提督黄仕简领兵二千由鹿耳门飞渡进剿，又命陆路提督任承恩领标兵一千二百名入台，口气非常紧张。乾隆看了他的奏报后，批评常青"看尔等俱属张皇失措"，并说"台湾常有此等事，此次何至尔等如此张皇恐惧"、"岂有因一匪犯，使合省及邻疆皆怀恐惧之理？"可见皇帝当时把林爽文之事看成一般械斗。他不了解台湾实情，如当地民风好斗，而且人民痛恨官吏的贪婪，藐视兵丁的实力，而林爽文已集众十万，打下了半个台湾，他还以为杀鸡焉用牛刀，派如此多官兵赴台，真是"张皇失措"之举！

常青派到台湾的水陆兵丁，抵台后没有发生平乱的作用。海坛镇总兵郝壮猷虽一度打败民军收复凤山，但不过二十天他又被庄大田部猛攻下，死伤惨重地失掉了凤山，逃回府城。福建陆路提督任承恩由鹿港登陆，见林爽文兵势强大，不敢出战，龟缩在鹿港，一筹莫展。水师提督黄仕简则株守府城，毫无作为。可以说清军都被民军切断，并被包围之中。

皇帝后来知道了台湾的危急情形，一边下令闽浙总督常青为将军入台，以福州将军恒瑞、提督蓝元枚为参赞，率领所属满汉军队由常青统领，一边命令将失地遁逃的郝壮猷就地正法，将拥兵观望的黄仕简、任承恩革职下狱。

常青于五十二年三月抵台，担任钦差大将军，到十一月初福康安领兵征台取代他为止，历时八个月，这期间他不但没有达成任务，反而使情势更为恶化。常青出生于官宦之家，父亲安图当过江西巡抚。他从一个郡王府的长史，一路升官到闽浙总督。他根本不是将才，而且庸懦无能；但他善于钻营，特别是搭上了当时被皇帝宠信的和珅，所以他官运亨通。这次遇上林爽文之变，令他愁苦万分。

常青抵台后不久，庄大田部下庄锡舍率众投降了清军，一度使府城的处境转好；但是为时不久，林爽文与庄大田两路大军会合，猛攻府城，使清军重创。五月下旬，常青曾有一次带兵出城迎战，结果大败。有人说常青骇怕到"手不能举鞭"，在军中大喊："贼砍老子头矣！"不敢再战，即速逃回府城，只做被动的防守。后来林爽文分兵北上，围攻诸罗，台湾总兵官柴大纪负嵎顽抗，多次派人请常青援救，常青也几次派兵试去救援，但却遭民军击败。当时整个台湾只有沿海及府城仍在清军之手，柴大纪被困在诸罗，常青则株守府城，不敢离城一步。

林爽文深知诸罗的重要，曾经几次发动围攻，甚至用"中藏枪炮"的大车"击城北堞"，并以火箭射雉楼，又断绝粮道，但是始终攻城不下。常青在府城更是焦急恐惧，来台半年以上，一事无成，既不能解府城与诸罗之围，又不能削平民变，为了将来不受严重处分，俗话说："三十六计，走为上计"，于是向和珅求救，据说"密札哀求和相，请以他将往代"。和珅可能在皇帝面前说了情，当常青上奏请"派一大员，到台湾督办军需"时，皇帝也觉得常青既不舍南趋北，"岂在台湾坐老即能了事乎？"常青年老，"留于军营，亦属无益"，因而有改派钦差到台湾的事了。

乾隆五十二年六月，皇帝以福康安为将军，领侍卫内大臣海兰察为参赞大臣，率领在京的满洲强勇侍卫一百多人赶赴台湾，代替常青。同时下令抽调四川、贵州、湖广军队数万人速赴福建沿海，待命渡海入台。至此，为镇压林爽文变乱，清廷已征调了七省大军十万多人，军费更是可观，福康安是孝贤皇后的侄儿，傅恒的儿子，曾参加第二次征金川之役，多次率军攻下险碉，军功卓著。其后为皇帝重用，历官盛京将军、云贵总督、内务府大臣、军机大臣。乾隆四十九年的甘肃回民田五乱事他又去平定，升任协办大学士，留任陕甘总督。

除了增派大军备福康安作征台之用外，皇帝又为征台军筹集大量银米，命令户部"于邻近福建各省拨银三百万两，迅速解往闽省备用"。其后不少洋商、盐商又响应皇帝分别捐银三百多万两。江南、四川、湖广等省又派办米粮一百多万石，供应台湾军粮与救灾之用。福康安在兵员粮饷方面确实是很充足了。

不仅如此，皇帝还降谕给他两项重要的指示，这对福康安在台取得战胜结果是非常有关系的，一是皇帝叫他设法招抚良民，嘉奖（也许说得贴切一点是利用吧！）"义民"。所谓"义民"，就是拥护清朝反对林爽文等人的在台百姓。原来移民到台湾的广东人与福建泉州人，他们都与福建漳州人因多年争利益而恶交，林爽文起事时，粤民与泉民多不支持，后来有少数参加反清的也多半是被胁从的。康熙时朱一贵之乱，清廷就利用了台湾族群的矛盾而收到很好的效果，乾隆也特别交代福康安要联络这些"义民"，增强自己的力量。另一件指示是他命令福康安登陆后，不忙去救府城，应先去捣毁林爽文的住家一带老巢，因为起事人的家属还居住在大里杙，林爽文与他的部下一定会分兵救家乡家人，如此一来，诸罗之围必解。即使林爽文等不返家救援，福康安可以毁大里杙后再攻包围诸罗的民军，林爽文兵丁见"巢穴已倾，自可不战而溃"。不过在福康安抵达福建将渡台时，皇帝发现诸罗情势实在危急，又改变了计划，谕令福康安"就此时情形而论，自先以援救诸罗为要"，并且还说：台湾府城，现有常青防守，虽不能进攻，尚可御敌。即使府城竟至失陷，亦不难收复。意思是福康安在援救诸罗后，用兵有自己的空间，不一定非救府城不可，因而大大减少了福康安的压力。

乾隆五十二年十月二十九日，福康安率大军抵鹿港，十一月初四日，海兰察等与民军大战于八卦山，大败林爽文军。由于清军为数众多，装备也精良，加上用金钱与官位来诱惑"义民"，福康安大军很是顺利，在占领彰化八卦山后，南下先攻仑仔顶，再打牛稠山（今嘉义县），势如破竹地逼近到了诸罗。福康安与海兰察分兵攻打，林爽文领军"阻溪自固，在山梁屯扎，见官兵将至，四面围裹，不下万余"。清军后来，"抢上山梁"，民军不敌，纷纷逃窜，福康安等遂进入诸罗，解除了五个月的诸罗之围。

福康安是十一月初八日打进诸罗的，他还不知道在五天之前皇帝已将诸罗县名改为嘉义了。据清宫档案所记：乾隆认为"城内义民帮同官兵，奋力守御，保护无虞，该处民人，急公向义，众志成城，应锡嘉名，以旌斯邑"。十一月初二日军机大臣们遵旨更定诸罗县名，拟出"嘉忠"、"怀义"、"靖海"、"安顺"四个名称，请皇帝选取。乾隆则在"嘉忠"与"怀义"两个名字中，各取一字而定名为"嘉义"，取嘉奖义民之意。第二天，正式颁谕，将诸罗县改为嘉县。

林爽文在嘉义战败后，便逃往大里杙。清军追击，先在丁台庄（今台中县）发生战斗，互有死伤。林爽文后又携带家人走集集（今南投），十二月初五日，清军又迫集集，林爽文不守，逃到小半天（今南投），窜埔里社山中。福康安派兵入山追捕，并檄令原住民帮助搜索，直到第二年正月初五日，林爽文逃到老衢崎（今苗栗县）时，才被人捉到，献给了清军。

林爽文的被捕，还有一段插曲。据台湾本地的方志说：他逃到苗栗后，自知性命难保，乃到朋友高振家，对他说"吾使若富且贵"，高振后来就把他"缚之以献"清军。不过在福康安向皇帝的报告中，则称：因为清军不熟路径，又不认识林爽文，所以找了义民作眼目。正月初五日在老衢崎地方，义民首领高振发现了林爽文，随即告知清军侍卫翁果尔海等三十多人，一同围捕，擎获后解送京城的。高振后来赏戴蓝翎，并授千总职衔。林爽文等则被装入木笼，渡海押解北京，经大学士、军机大臣会审后，按律凌迟处死，枭首示众。

福康安平定北路之后，又挥兵南下，向庄大田发动猛烈攻击，庄大田先据大武垄（嘉义东南一带），经过激战，民军不敌，乃退保琅峤（今屏东县）。二月初，清军分水陆两路攻琅峤，庄大田拒战失败被擒，后被磔杀于府城，林爽文反清之役，至此才完全被平息。

福康安建立了"三月平台"的大功之后，又着手处理善后问题，他修建了城池，添设了戍兵，赈济了灾民，并举办屯田，给从征的几千名原住民各四十多亩田地，要他们协助官兵，防守隘口，缉捕逃犯。福康安又与福建巡抚徐嗣曾根据皇帝指示，妥拟了稽查台湾积弊善后事宜章程十六条，计为一、各营操演宜设法稽查以核勤惰。二、水师兵丁宜按期出洋巡哨。三、严总兵巡查之例以肃营制。四、兵丁贸易离营等弊宜严行禁止。五、禁革旗牌、伴当、内丁、管班四项目兵丁以杜包差之弊。六、换防戍兵宜分交水陆提督互相点验。七、清查海口城厢各炮位。八、严禁抢夺械斗以靖地方。九、清查户口以别良奸。十、严禁私造器械旗帜。十一、严惩赌博恶习。十二、大员轮查台湾文武官员出具考语。十三、准台湾道员专折奏事。十四、开八里坌海口以便商民。十五、严查各港口私渡船只。十六、修治道路与船只以便传递邮报。

这些善后事宜的实施，使得清廷能更进一步有效地管理与统治台湾。

台湾林爽文之役，自乾隆五十一年十一月二十七日起事，至乾隆五十三年二月初五日庄大田等被捕而平定南北两路动乱，前后历时一年又三个月。在历次战斗中，民军死伤的很多，无法统计。清军方面据福康安的报告，自乾隆五十一年十一月至五十二年十月，阵亡官弁计一百四十一员，满汉兵丁共为四千零九十五人。福康安来台主持军务后，直到平息乱事的三个多月中，战事中死亡的汉屯官弁兵丁共四百七十八人。另据户部开列的资料，说四川抽调征台的屯土弁兵共伤亡二千八百七十八名。清廷为平台花费的军费也是一笔大数字，因此在平台之后，除了妥拟善后事宜章程外，还做了一些赏罚的事宜，现在把这笔"秋后算账"分两方面来简略说明。

除了福康安、海兰察这些功臣得到封赏以及死难官兵得到抚恤外，皇帝很重视台湾当地"义民"的奖赏。他曾在谕旨中说："如系务农经商生理者，即酌免交纳赋税。若系首先倡义绅衿，未有顶带者，即开列名单，奏明酌予职衔，以示优异。"福康安上奏称在南路东港上游，有粤民一百余庄，誓不相从庄大田，并同心选出壮丁八千多人，由举人曾中立等领导，堵御天地会民军，请皇帝嘉奖。乾隆亲自写"褒忠"二字匾额，并赏给曾中立同知职衔。另有教授罗前萨也因管理义民有功，也赏给同知职衔。其他刘绳祖、涂超秀、黄衮、周敦纪四人，俱赏戴蓝翎。在北路彰化一地，杨振文与曾大源在林爽文起事时，拒绝入伙，弃家逃到泉州，后随福康安征台，在鹿港一带招募义民并参战，经福康安奏请赏戴花翎；曾大源因系举人，后来还以同知实缺补用。还有嘉义的黄奠邦、郑天球、王得禄、淡水（新竹）的王松、高振、叶培英等人，都以翎顶加身，荣宗耀祖了。

林爽文动乱期间，台湾米价飞涨，高到平时三倍，即一石卖价三两银之外。皇帝了解实情之后，先下令蠲免乾隆五十二及五十三年两年钱粮，让人民得到经济实惠。同时又因兵乱农村无法正常耕种，严重缺粮，先从内地运米来台救急，广为平粜，以减市价。皇帝又下令给难民赈济银与修屋费二十四万多两，以便人民安身。

附从林爽文作乱的人当然也应受罚。现在举三项作为说明：

第一、在变乱中参加林爽文民军的，不论是漳州人是泉州人，事后都受到迁徙内地的处分。有人被编入大陆清军内当兵，藉以约束，这批人如阮和等约有九十多人，因后来叛林爽文投清，他们有罪又有功，所以贷其一死，但不能再住台湾。另外有一批人如李祖生等一百多人，情节较重被发往湖南、贵州、广西烟瘴地区，交与地方官严加管束。还有在作战中被清军俘获的很多人，则被充军到黑龙江等处，分给满洲兵丁为奴，以防止他们逃回原籍。清廷如此措施，据说是怕他们留在台湾，滋生事端。

第二、参加林爽文乱事死亡及迁徙内地的人，他们所有的田产被政府充公，另行作分拨之用，或为渡台防守兵丁的补贴。林爽文与其他要犯的祖坟，不论在台湾的，或是在内地的，都给刨挖，以示惩罚。

第三、林案要犯的子孙，十五岁以上的处死，十五岁以下则送到北京内务府进行阉割手术，充当太监，以备宫廷洒扫之用，前后分三批解送，共有三十七名幼童，其中年龄仅四五岁者达六七人，极为凄惨。

在林爽文之役"秋后算账"事件中，最令人感伤的可能是柴大纪的被处死。一般说来，柴大纪死守诸罗的功劳很大，而且连皇帝也激赏并嘉奖过他，何以最后得到如此不幸下场呢？此事值得一述。

柴大纪是浙江江山县人，乾隆二十八年由武进士拣选为守备，分发福建试用。三十六年至四十三年，历任水师守备、游击、参将等官，后升湖南水师副将。四十六年升为福建海坛镇总兵。从资历上看，柴大纪是科班正途出身，一路升迁平顺。乾隆四十八年，原任台湾镇总兵孙猛患病，因水师无人可调，闽浙总督富勒浑奏请将柴大纪调到台湾，署理总兵，皇帝却降旨令柴大纪为正式的总兵官，这是他入台的经历大概。

台湾因地处海外，一般地方官视台湾官位为肥缺，不以冒险渡海为畏途，不少人反而以获得美缺为喜，因为来台任官后可以任意侵渔肥己，大获赀财。柴大纪多年服务军旅，绿营恶习沾染仍多，来台后的操守大有问题；不过自林爽文起事后，他的表现应该是不错的。

乾隆五十一年动乱开始后，柴大纪先领兵保卫府城台南，立下功劳。后来领兵收复诸罗，并在乾隆五十二年间死守诸罗，虽经林爽文先后十次猛攻，始终坚守，也阻止了林爽文全力攻打府城的计划。设若柴大纪在诸罗战败，民军必可挥兵南下，没有后顾之忧地与庄大田会合，府城也会被攻陷，林爽文据有全台即能成为事实，清军要想恢复也会更为困难。因此诸罗保卫战是具有重要性的。

皇帝对柴大纪守诸罗的战功也是肯定的。乾隆五十二年五月十六日，皇帝就降谕褒扬其战功，命交兵部议叙，并赏给大荷包一对、小荷包两对，赞扬他"始终奋勉出力"。六月十六日，又颁谕旨说柴大纪"实属奋勉可嘉"，"着即补授福建陆路提督"，这次不是空口赞美，而是给柴大纪升了官。七月中又下令"授柴为参赞大臣及壮健巴图鲁名号"。"巴图鲁"是满洲语baturu的音译，意为"勇士"，这是满族有大功才能获得的称号，有清以来，汉人武将得此殊荣的不多。诸罗后来改名嘉义，虽然为了义民参与守城之战，事实上也与柴大纪的义气有关，因为皇帝看到各方情报，知道诸罗缺粮、缺兵、缺武器，柴大纪能死守几个月，实属不易，因此皇帝曾在八月二十七日传谕给柴大纪，不必拘泥于城存与存、城亡与亡的旧思想，如果实在支持不了，可以"将贼匪乘势剿杀，突围而去"，意思是叫柴大纪可以弃城而走，政府将来不会怪罪的。可是柴大纪却拒绝了皇帝的好意，写了奏折向皇上表示愿与人民共守危城。柴大纪提出两大理由不能突围弃城：一是，"若一旦弃之而去，则城池营盘大炮均为贼匪所据，恐贼势益张，盐水港、笨港两路之兵，均难驻守"。二是"城厢内外居住百姓，及各庄避难入城者，共有四万余人。实不忍将此数万生灵，尽付逆贼毒手！"皇帝阅览了柴大纪的报告，被他的"忠肝义胆"感动得"为之坠泪"，认定他是"以国事民生为重"的忠义之臣，"古之名将！何以加之？"因而给他重赏，擢封为一等伯爵，世袭罔替。并且命令浙江巡抚拨银一万两，赏给柴大纪的家属，"用示朕轸念勋劳锡爵酬庸之至意"。

柴大纪有如此难得的际遇，应该前程似锦，一片大好了。可是就在此时，钦差将军福康安等人向皇帝参奏他了，说诸罗城被围数月未失的原因是"众民一心奋勇。柴大纪人本诡诈，甚染绿营习气，不可倚任"，所奏守城、打仗各情，多非事实。皇帝看了福康安的奏报，最初很不以为然，认为福康安"过事苛求"，于是写了一份满洲文的谕旨给在台湾的福康安，晓谕开导，并为柴大纪剖辩，甚至还指点出福康安或因柴大纪"屡经恩旨褒嘉，或稍涉自满，在福康安前礼节或有不谨，致为福康安憎，遂尔直揭其短乎？"皇帝并且还婉转地对福康安说：

朕于柴大纪、蔡攀龙二人，并非先有成见，不过念其守城打仗，勤苦出力，曲加轸念。福康安非他人可比，尤需仰体朕心，略短取长，方得公忠体国之道。况柴大纪已加恩封以伯爵，蔡攀龙业经超升提督，福康安所奏各情形，并无确据，岂可转没其功，遽加以无名之罪耶！

皇帝既如此相信柴大纪，此参案本应该就此了结；但是这年底，有位工部侍郎名叫德成的，他自浙江返京，皇帝召见他时问起柴大纪平日的官声名誉如何？德成回皇帝说：风闻柴大纪"纵恣自大，且居官贪渎，较之地方文职尤甚，并将台湾所辖守兵，私令渡回内地，贸易牟利，驻守之兵，所存无几"。皇帝听了这番话之后，突然改变了态度，他想到台湾驻军，为数本来不少，就因为柴大纪"私令渡回内地"，才让林爽文之乱蔓延滋扰开来，于是下令叫福康安与闽浙总督李侍尧查明柴大纪的罪行，拿问治罪。乾隆五十三年正月二十三日，皇帝正式下令将柴大纪革职拿问。七月间柴大纪被认定有罪处斩了。

　　柴大纪被杀之后，两百多年来不少人认为是一大冤案。同时代人满洲贵族礼亲王后代昭梿就说：

　　　　……大纪以功高，与福康安抗行宾主礼，康安衔之，遂密奏其人奸诈难信。会侍郎德成自海上监修城垣归，复媒蘖大纪之短。上信其言，遂以前贪纵事，逮大纪及永福入，先后正法。

道光时代的大学者魏源也说：

　　　　初福康安之解诸罗围也，柴大纪出迎，自以参赞、伯爵，不执橐之仪，福康安即劾其前后奏报不实。

民国初年修《清史稿》，书中有《柴大纪传》也写着：

　　　　……福康安师至，嘉义围解，大纪出迎，自以功高拜爵赏，又在围城中，倥偬不具橐鞬礼，福康安衔之，遂劾大纪诡诈，深染绿营习气，不可倚任……侍郎德成自浙江奉使还，受福康安使，讦大纪。上命福康安、李侍尧、徐嗣曾按治……军机大臣覆

三十

「秋后算账」

谳，大纪诉冤告，并言德成有意周内，迫嘉义民证其罪，下廷讯，大纪犹力辩。……

清史大家萧一山先生认为：

> 福康安之解诸罗围也，城中市民皆赢饥无人色，见福至，无不歔欷啜泣，喜其来而悲其晚也。惟大纪出迎，自以参赞、伯爵，不执橐鞬之仪，福康安恨之，密奏大纪奸诈难信，前后奏报不实。……大纪逮至京，命军机大臣会同大学士九卿覆讯，大纪再三称冤。弘历廷讯，大纪始引咎，仍微诉其枉。清廷谓其狡辩取死，依福康安所拟正法。时议以大纪之死也，不知引咎，昧帅臣之体，与张广泗不服讷亲之劾，而负气大廷者何异？……

近人周远廉教授则称：

> 为什么皇上对柴大纪的态度会发生这样一百八十度的大转变，把他由钦封的忠臣名将贬为奸佞小人？是乾隆洞察秋毫识破柴大纪伪装面目，还是听信谗言误杀栋梁之臣？从历史事实看，从乾隆有关柴大纪数十道谕旨看，柴大纪确实不是有罪当戮，而系含冤去世。

以上诸家的看法大都从皇帝谕旨中因柴大纪"屡经恩旨褒嘉，或稍涉自满，在福康安前礼节或有不谨，致为福康安所憎"这些话引申而来，事实上福康安在调查柴大纪之后所述的罪状才是真的重要，如"纵容兵丁出钱替役、离伍贸易、包庇娼赌"，以及柴大纪本人营私罔利，巡查婪索天价，海口得受陋规，公然受贿徇私，林爽文起事时"退缩府城，以致贼匪蔓延猖獗"，这些罪行是犯了"统兵将帅玩视军务故意迁延贻误军机"大罪，按律是"拟斩立决"的，也因此福康安才请皇帝将柴大纪"即行正法"。

福康安指陈的各项罪名是不是都是真实呢？据柴大纪后来在北京受审时的口供，我们可以了解一部分是确有其事的，一部分则是柴大纪矢口否认，认为是罗织的罪名。例如他到台湾之后，按照旧规，在巡阅南北两路各营时，接受"折送酒席银两"，前后四次，共得番银一万二千元。在"拨补各营外委"时，他又收过不少人番银"各七八十元及一百余元不等"。还有巡查经过厅县所收盘费银两，"共得过番银七千三百余元"。"又每年受营员生日节礼番银三千七百余元，亦是有的"。显然柴大纪对贪婪得赃是供认不讳的，只是这类收受银两都是惯例的居多，从前多任总兵都取得这些银两的。

至于"废弛营伍，全不认真操演，纵令兵丁在外包庇娼赌，贩卖私盐"等等，为什么柴大纪"不行查办"？柴大纪在供词中有："台湾营伍废弛，我不能实力整顿，随时操演，以致兵丁在外包庇娼赌，原是向来有的。"总之，这些都是多年来的老问题。

对于彰化玩误军机的指控，柴大纪辩称他因回府城添兵，不料彰化与诸罗两城失陷如此之快。后来诸罗收复，他因军力不足，只有"在县城死守，以待大兵"。他不认为他犯有贻误军机的大罪。另外他指德成在台湾有意罗织罪款，图谋陷害。军机大臣等原本判了他监侯免斩，但他在皇帝亲自审问时，给皇帝的印象是他想"将德成扳陷，希冀脱罪，奸巧之极，实属可恶"，因而激怒了皇上，改判他"即行处斩，以为辜恩昧良，狡诈退缩者戒"。

柴大纪的贪渎，罪应处死；但他的战功也不应抹灭。萧一山先生说他"不知引咎，昧帅臣之体，与张广泗不服讷亲之劾，而负气大廷者何异"？极有道理，因为乾隆是专制独裁君主，大臣只应向他求饶服贴才能生存得宠，辩论是不能得到真理的，柴大纪确与张广泗一样，毕竟还是个正直而又负气的"武夫"！

三十一
台湾赤崁楼边的平台纪事碑

　　平定台湾林爽文之乱既然被列为十全武功之一，好大喜功的皇帝当然会为自己美言一些功绩了。史官们以文字写记在国家官书里，乾隆自己也留下不少诗篇歌颂他的决策与成就，这些还是不够，他在乾隆五十三年三月十一日，降谕军机大臣说：

　　……此次剿捕台湾逆匪，军书筹笔，宵旰焦劳，一切紧要机宜，朕思所及，随事指示。福康安等禀承方略，擘划周妥，仰赖上苍眷佑，于三月之间，生擒二逆首，全郡贼氛，扫荡无遗。现在大功告蒇，所有办理此事颠末，曾亲制纪事语二篇，及平定台湾功臣像赞序一篇，备述用兵机要及赏功罚罪诸大端，而一本于敬天勤民、孜孜不怠之一心，宜勒之贞珉，以昭彰瘅。著将御制文三篇，用清汉字书写，发交福康安、李侍尧，于台湾府及厦门二处，建碑碣三座，照依尺丈，慎选石工，妥为镌刻，俾岩疆海徼，咸喻朕勤政爱民、明慎用兵之意。

这道谕旨就是现存台南赤崁楼边那些满汉文大石碑的由来。

同年八月间，乾隆皇帝又降谕旨说：

前因台湾贼匪剿捕完竣，但该处民情剽悍，虽经此一番惩创，恐事过即忘，不足令其怵目儆心，常思安分，特令于台湾建立福康安、海兰察等生祠，俾民人望而生惕。……福康安、海兰察等带兵渡台剿贼，固属有功，而李侍尧在泉州、厦门一带，办理军需，始终无误；徐嗣曾前赴台湾，帮办善后一切，亦属妥协，……著准一体列入。俟生祠建竣后，将御制功臣生祠纪事诗一首，缮写清汉字发往，一并刊泐碑旁，以示朕优奖勤劳至意。

这是福康安等人生祠里刊勒满汉文纪事碑的由来。后来又加上平定台湾告成热河文庙碑文一件，兼写满汉文，而福康安等生祠诗碑字少，合刻一块，因此当时台湾的一组石刻碑共五种，计为：

一、御制平定台湾告成热河文庙碑

二、御制平定台湾二十功臣像赞序碑

三、御制生擒林爽文纪事语碑

四、御制生擒庄大田纪事语碑

五、命建福康安等功臣生祠志事诗碑

前四种各刻满汉文的一块，共八块，第五种因两种文字刻在一起，所以总共为九块。

五种碑文的内容文字很多，不能尽录，大体说来，生擒林、庄纪事与功臣像赞三篇主要的是表达他大皇帝的思想、战略、方针及某些行事作风，当然对他用兵主旨、调度有功、指挥得宜，终能平台等事语多溢美。平心而论，在平台的军事行动期间，皇帝确实是备极辛劳地筹划、指挥，基本上是有功劳的；但是，他初期的严重错误判断、用人不当、派兵过少以及事后处死柴大纪等事，都是败笔，他在以上石碑的文字中就轻描淡写，甚至刻意辩护了。如"林爽文始事之际，一总兵率千余兵灭之而有余，及其蔓延猖獗，全郡骚动，不得不发劲兵命重臣，则予迟速论所云未能速而失于迟，予之过也。然而果迟乎？则何以成功？盖迟在任事之外臣，而速在筹划之予心，故虽迟而终能成以速，非夸言也，盖纪其实而已"。另外他又以命李侍尧代常青，常青代黄仕简，蓝元枚代任承恩而保住了府城，后来又命福康安等救诸罗，都是"未迟"的具体成绩，这一切说法不外为他在初乱的错误做辩护而已。功臣像赞文强调他对台湾用兵全是为海疆人民生命的关系，他有不得已的情由，绝不是穷兵黩武。他因为爱民薄赋，明慎用兵，才得天助而能胜利。当然他也赞美了满洲兵的天下无敌，而绿营兵已经是无用不堪，特别缺少能领兵的将领。至于福康安等人生祠纪事诗则有建祠理由如"三月成功速且奇，纪勋合与建生祠"以及皇帝希望"台地恒期乐民业，海湾不复动王师"等语。

皇帝既然御制了碑文，也降谕地方官建碑造祠，福建省大吏当然只有遵旨赶办。根据现存的史料，我们大约了解部分当日的情形。首先是选用石材的事。厦门因在大陆沿海，而福建省也有很好的山石可以造碑。可是台湾地区平地不产巨石，而且石质不好，坚致程度不够，所以后来只好转往内地求材，最后决定仿照厦门的方式，在泉州府同安县属的金门列屿与漳州府属的龙溪县港尾等地，开凿山石，以作建碑之用。这批石材既是采自深山邃谷，运输出来当然很是困难。当年没有直升机或启重机等设备，只凭人力作业，真是费钱费力，而且困难重重。据说负责人员为了开凿这批石碑材料，事先做了不少准备工作，因为石料是先由内山开凿出来，运到山边，再由山边运到厦门港口，然后装船再运到台湾的加工所在，这当中动员的人力相当可观。据官员们事后报告说：计在开山掘土时用了泥匠三百九十六工；打石匠三百六十四工；运土扒土夫四百九十八名；旱运四十里用运工匠四百八十六工；沿途搭架泥匠一千零三十工；搬运架夫帮运下山拆架等工九百八十二名。工作之艰苦，工程之浩大，由此可见一斑。从厦门采得运往台湾的石块原料，有长六丈二尺四寸的，重量约为一万六百零八斤。

这批石材运到台湾之后，当时的台湾道万钟杰与台湾知府杨廷理立即督同台湾与嘉义两县官员，一面负责赶紧建造，一面又陆续从大陆购买其他木料等物，作为盖屋之用，到乾隆五十六年才完工，前后费时三载。据有关的资料记述，台湾府城的碑亭与生祠建在府学之南：

> 筑砌台基，前建头门一座，中建方亭一座，竖碑四通，恭勒御制平定台湾告成热河文庙暨二十功臣像赞序共清汉文四道；左建六角亭一座，竖碑二通，恭勒御制生擒林爽文纪事清汉文二道；右建六角亭一座，竖碑二通，恭勒御制生擒庄大田纪事清汉文二道。碑亭之后，接建功臣生祠头门一座，两边游廊两所，后建正祠一座，两旁厢房二所。祠前另建六角亭一座，竖碑一通，恭勒御制命建功臣生祠志事诗清汉文合刻一道。周围概筑花墙，外面统砌砖墙，以资卫护。

嘉义地方的生祠与府城生祠的式样差不多，在县城内：

> 适中处所，筑砌台基，前建功臣祠头门一座，内两边游廊二所，后建正祠一座，厢房二所，祠前另建六角亭一座，竖碑一通，恭勒御制命建功臣生祠志事诗清汉文合刻一道，周围俱筑花墙，外面统砌砖墙卫护。

以上两处的工程，在府城的共费工程费二万二千四百六十六两多白银，嘉义部分因只建生祠，花费较少，计白银七千五百一十八两左右。两项工程总共用了两万九千九百八十四两。

从以上的文字记述，我们可以看出：在当时这应该算是一项大工程了，花了三年的时间，动用了近三万两国帑，不需说碑亭与生祠都应是壮丽的建筑。可惜由于日后的天灾人祸，这些建筑都已经不复存在，我们只能从上引文字中想象其式样与规模了。所幸九块石碑还大体完好地尚存人间，也算是不幸中的大幸事。

最有趣的是，这笔工程在经费报销上还发生了一段插曲，地方官与中央主管机关争讼了两年多，最后还得乾隆亲自裁决才算了案，残存的史料大约地为我们钩考出了当时报销争论的所在：主要的是中央主管机关工部认为两地工程费花掉近三万两，"与则例未尽符合"，不准报销。乾隆五十六年十月十七日，闽浙总督觉罗伍拉纳与巡抚浦森又合奏请求准"于存剩军需截存台湾府库银内动给"，皇帝没有同意，工部则坚持石料报价太高，而"生祠应与别项房屋无异，何得亦用石柱，致滋糜费"。其他匠夫、运脚等费，也有浮报之处，问题似乎不止一端。福建布政使伊辙布虽然一再解释开凿大石碑与开采一般小石块不同，不能一律计丈论价。运送费用也因山路崎岖，倍增开支，这是常情，也是事实。至于生祠为什么要用石柱，而不用一般房屋的木柱，伊辙布也说明了原因。他说"台湾不产木植，购备巨料，工价昂贵；兼生祠在碑亭之后，碑亭已用石柱，生祠自应一律办理，庶期坚固经久，以重钦工"。这些解释有的言之成理，有的甚为牵强。不过地方官总是希望中央能准许报销，特别是争取到皇帝的同情，了结此案。可是工部在再三调查审算之后，向皇帝呈上了一份决定性的建议，其中有：

一、碑身十块用银应减少三千一百四十八两三钱八分。

二、生祠石柱费用浮报，三十六根亦应减银五百七十二两四厘。

三、其余石料、砖瓦、匠夫等项，应共减银九百六十六两三钱四分七厘。

总计以上三项应共减银四千六百八十六两七钱三分一厘，实准报销两万五千二百九十八两一钱五分六厘。

工部的核算也许苛刻了一些；但地方官浮报却是常见的，尤其觉罗伍拉纳与浦森是大贪官，后来因其他贪案被处死的，皇帝在工部的报告上批了"依议册并发"，核减的银两由地方官设法弥补了。

碑亭与生祠花了那么多经费建造，而且承办官员一再强调"坚固经久，以重钦工"，可是这些工程显然造得不好，甚至是偷工减料，因为不到五十年，在道光年间，有人就见到府城里的碑亭与生祠都已成"亭圮碑存"的残破景象了。"外三门及围墙已尽圮，前层渗陋剥落，雕镂细工，修补尤难"。

乾隆以后，清朝进入中衰期，特别是鸦片战争给海疆带来危机，国家多难，台湾的碑亭与生祠当然变为不足重视的建筑，更谈不上动用巨款来维修了。中日甲午战争以后，台湾割让给了日本，在日据期间，为了造建马路，日本官员把原先竖立在府城学府南边的碑亭与生祠里的大石碑九块，一齐搬运到大南门内城之中，建造碑林。生祠（在现今南门路邮局一带）也因扩建工程而铲平了。第二次世界大战以后，台湾光复，约在民国五十年（公元1961年）左右，这些御制大石碑才被台南市政府安置到赤崁楼边的今址，供人观赏凭吊。至于嘉义地方的一块生祠纪事诗碑，现在仍放在中山公园之中。

林爽文事件后台湾建造的一组满汉文大石碑，虽然饱经风霜，石质也部分斑驳；但在当今世界各地，除韩国汉城近郊的三田渡大石碑以及北京、承德的一些石碑之外，恐怕像这样的金石遗珍也不多见了。我们应该重视这批珍宝，好好地维护它们才对！

三十二
安南和战略述

　　现在的越南在乾隆以前称为安南，与中国广西、云南两省相邻，在秦汉时代即与中国有广泛的交往。明朝安南国王黎氏定期向中国朝贡，到16世纪中期，安南发生政变，黎王被权臣莫登庸推翻，从东京（河内）逃往保清华，后来黎氏后代黎维潭得旧臣支持，打败了莫登庸而重掌政权，为了酬庸旧臣，新任黎王就以旧臣郑检与阮璜为左右辅政，但不久郑检排挤了阮璜而自兼左辅政，掌握国家大权，国王仅有虚名。阮璜逼走到顺化之后，积极发展，人称广南王，居富贵城，与郑检对抗。清朝人主中国以后，顺治十七年（公元1660年），安南国王黎维祺奉表贡方物，与清朝建立了封贡关系。乾隆中期，郑森杀害了安南国世子，夺取金印，谋篡王位，并与广南王的臣僚阮岳、阮惠勾结，合攻广南王阮福淳及其权臣张福峦（因其人专恣暴虐，人称为"张秦桧"），阮福淳因战败南奔，广南政权一时垮台，阮惠因势力坐大，自称秦德王。乾隆五十一年（公元1786年），阮惠攻黎王都城，杀死窃权的郑氏族人，自己执掌王国大权。第二年黎王维祧病逝，其孙黎维祁继立，阮惠因不得人望先以水陆两路军将王宫珍宝运到广南根据地，不久后又重新攻打黎城，黎维祁乃出走，隐居在

192

民间，当时安南可谓南北混乱，民不聊生。

乾隆五十三年六月十七日，广西巡抚孙永清上奏皇帝，报告安南政局变乱情形，并说黎维祁出奔，其臣阮辉宿、黎炯保护王母、王子等逃难到了中国边境，求救入隘。经官员盘问后，已将阮辉宿等男妇老幼六十二人收受入隘，拨给房屋，令其居住。皇帝接到孙永清的奏报之后，随即下达谕旨，给予指示：一、安南去年失国印，目前又有王室人员"求救入投"，应尽速查明真相办理。二、孙永清从未参与战事，此事应由两广总督孙士毅速赴广西调查。三、安南原系阮家天下，后为黎氏占夺，现在阮氏如为恢复旧业，亦可从而安抚。如非此阮氏所有，现强行篡夺，则不能置之不问，否则有失宗主国之体统。军机大臣与孙士毅等查明后，提出对策。四、对来投的王室等人，"优给廪膳，勿使失所"。五、设法寻找国王与遗臣，查明上报。

六月二十六日，孙士毅的奏报抵京，谈到阮辉宿向他报称：阮氏只据东京黎城与牧马、谅山等少数城市，而阮惠之兄阮岳"一味犷悍，并无法令"，不得人心。黎王若能乘隙而动，"即可一举成擒"。皇帝认为"人心又戴旧足恃，尚可徐图恢复，办理尚易"。传谕孙士毅令阮辉宿回国告知黎维祁招集义兵，力图恢复，"目前天朝已派调大兵"协助，如阮岳"负固不服"，清军将"四路会剿"。不久之后，清政府以总督名义发布责斥阮氏的檄文，希望安南臣民支持黎氏，恢复王室。

皇帝虽一再强调"兴灭继绝"、"字小存亡"，但并未正式下令用兵。孙士毅除了利用阮辉宿的谈话表示黎氏还得到大多人民的支持外，他又向皇帝报告斥阮檄文在安南各地发布后，阮岳、阮惠兄弟都"畏惧逃遁"，阮惠部下将领也有"即知外逆效顺"的，言外之意，如若出兵，胜利是可以预期的。皇帝受了他的鼓动，也认为"阮岳等亦无须多兵剿办"，派广西提督许世亨及总兵一二员带兵数千即可，最多让孙士毅再准备几千兵丁，在边境关隘驻扎，"声言续发"，壮壮声势。

阮惠见清军将至，乃向孙士毅请入贡，说明黎维祁生死不明，请清朝

让故王黎维祧的儿子维�主国事，并迎其母妃回国。清廷认为阮惠是狡猾缓师，而且想立维�为傀儡，下令要孙士毅严斥阮惠，不接受他的朝贡。同时决定用兵，兵分三路向安南进发：一、由广东钦州出海，过乌雷山到安南海东府。二、由云南蒙自县莲花滩陆路到安南的洮江。三、由广西镇南关直往安南。同年十月，孙士毅与许世亨率两广兵一万人出镇南关，直捣王京，以二千兵丁驻谅山为声援。云南提督乌大经则调集大军八千取道开化厅之马白关，入安南界。由于清军军威旺盛，又有土兵义勇随行，因而阮氏的隘兵都闻风逃散。阮氏最后只好靠天然地形的三江之险，即寿昌江、市球江、富良江（红河）抵御清军。

乾隆五十三年十一月十三日，孙士毅部属兵抵寿昌江与阮惠兵交战，阮惠军败，退守南岸，挤断浮桥，清军在大雾中不知浮桥已断，带头兵丁有二十多人落水，所幸后攀援竹筏登岸。清军后砍竹编筏，始能渡过寿昌江，继续南下，后在三异与柱石交界处与阮军交战，阮军于山坡竖红、白、黑等色旗帜，擂鼓进攻。十四日晨阮军败退，清军俘叛军七十九名。其后清军又分两路进击，抵达市球江边。

市球江面较宽，阮惠在南岸坡岭上屯兵，并于沿江一带竖立竹木栅栏。十一月十五日阮惠军列炮猛轰北岸清军，清军仰攻困难，多有死伤，战争延至第二日，孙士毅乃命分兵乘夜于二十里外地方暗渡。十七日，清军分两路夹击阮惠军，并突袭阮惠市球江大营，火光四作，阮惠不辨清军多寡，不知暗渡兵来，全军溃散。清廷据报，是役阮惠军积尸江岸与漂流江面的至少千人，被生擒的有五百多名。十一月十九日晨，清军抵达富良江北岸，阮惠在江心以大小船施放枪炮，孙士毅军则于远处觅小船乘夜到江心夺取大船，轮番载渡两千余人过江，分头进攻。二十日清军全数过江，阮军向南方溃逃。原本清军在作战时以割取已死敌人首级与俘虏耳朵记数，以作论功行赏依据的，孙士毅以为"追杀敌人间不容发"，"不令于剿杀吃紧时割取，致滋延误"，令兵士继续乘胜追击。乾隆皇帝为此事还称赞他说："所见是，不料汝读书人具此识见，以手加额庆得一好大臣，较之定安南尤为快也。"

十一月二十日，清军收复黎城，当天深夜黎维祁也由躲藏的乡村赶回王城，与孙士毅见面。乾隆皇帝在孙士毅出兵时就命令他克复黎城后，若黎维祁出面，即传旨册封他为安南国王，因此孙士毅当即宣谕这项册封命令。黎维祁以"陵寝尚陷贼境，未获展拜"，恳请暂缓册封，孙士毅认为不应该以"私情渎请"，仍决定二十二日宣读册文，进行加封。清廷因为安南动乱经年，元气大伤，遣使入贡若按规定又必费时费钱，不如早日册封，以安定民心，而且清军在外过久，也怕遭遇不测，所以皇帝交代孙士毅速办册封之事。

孙士毅等此次行军征讨，不到一月即恢复黎城，也办好册封安南国王的封典，皇帝非常高兴，乃降旨封孙士毅为一等谋勇公，赏戴红宝石帽顶。许世亨为一等子爵，其余文武官员也有被赏赐的。正在京城与前线都欢庆战争胜利之时，孙士毅从安南传来不幸的战败消息。

原来黎维祁恢复王位之后，为了报复，大肆诛戮，很失人心。据史料记述："帝（黎维祁）性褊刻，宗室女有嫁贼将有孕者，命刳之；又刖其皇叔三人，投于宫市，人情稍稍离贰。"当年除夕，安南王家母眷从广西边境回返黎城时，见黎维祁行动乖戾，母后都忍不住地提出警告："我辛苦请得援兵来，国家能经几番恩仇破坏，亡无日矣！"母后甚至号泣不肯入宫。孙士毅也阻止过黎维祁诛杀臣民，要他"务须宽大，收拾人心"。另外一个影响人心的事是"连年荒歉"，而"清兵在京者，肆行抄掠，民益厌之"。加上阮惠败后南下，兵力并未损失太大，他只是暂避锋头，俟机再起。

清朝中央也以为孙士毅的任务已经达成，可以撤军回粤，不能再穷追深入，否则有可能被阻滞在异域，转致欲罢不能。孙士毅本系文官，对军事了解不多，他以为用兵不到一月，阮惠被打得节节败退，好像清军所向无敌，因而有了轻敌之心，而且又想功上加功，彻底消灭阮惠，他就有继续作战之念，不照朝廷的意思班师了。甚至在同年十二月间，皇帝给他降谕多件，一再说明恢复安南黎朝的任务已达成，可以撤军。因为安南地小

三十二　安南和战略述

又多瘴气，易染疾病，运粮又难，加上黎维祁懦怯无能，"天心已有厌弃黎氏之象"，朝廷不应该再花费巨人人力物力，从事这种"搽之天时地利人事实有不值"之事。然而孙士毅却迟不撤兵，以致遭到乾隆五十四年新春惨败的结局。

孙士毅不但不撤兵回国，同时也没有乘胜追击阮惠，只在黎城迤南一带派兵防守。阮惠知道清军"悬军黎城"后，乃"倾巢出击"，并先派人于乾隆五十三年除夕来诈降，孙士毅信以为真。第二天是五十四年元旦，"军中置酒张乐"，欢乐地庆祝新年，哨兵来报阮惠军过江来犯。黎维祁向孙士毅"哀恳，只好絜母逃至内地，求大皇帝赏饭一碗，以全性命，断断不愿再做安南王"，经孙士毅开示大义，才"含泪而去"，孙士毅随即与许世亨仓皇备战，然而阮惠来兵人多势强，猛烈进攻，又用象载大炮冲阵，清军不敌，"黑夜自相蹂躏"，伤亡极重。孙士毅向皇帝报告说："黎维祁闻阮贼亲至，心胆俱裂，即手抱幼儿，随同伊母逃过富良江，不及携带其妻，百姓见此情状，俱慌张乱窜。"安南人则记载首先弃城的是孙士毅，"帝亦匹马与士毅偕北……命黄益晓等驰归内殿护太后、元子济河"。孙士毅不但"身先士卒"地弃城北逃，而在渡富良江时为怕阮惠军队来追，他下令砍断浮桥，而使得在浮桥南岸的许世亨与清军一万多人因桥断而无法渡江，最后被阮军歼灭，只有少数人当了阮军的俘虏，被俘虏的清军中有一个名叫张会元的，他后来因和谈而被放回，据他事后供称：

　　此次奉派带兵在黎城南门外十里扎营，正月初五日寅时与贼打仗，杀死贼匪多人，直至未时，贼众愈杀愈多，将官兵冲散。会元带兵冲杀至江边，见浮桥已断，不能过江，彼时尚有兵百余名。会元声言与其束手待毙，莫若拼命杀进黎城，多杀贼人，死亦瞑目。众兵闻言，各各奋勇，随回身一路冲杀，直至黎城，被贼四面围袭，会元在马上咽喉偏右及左肋被贼长矛戳伤，昏晕坠马，颈下又被刀伤一处，不省人事。

这是士兵亲身经历的遭遇，而孙士毅却向皇帝报告："在北岸候至一日，毫无提镇等消息……因所带官兵只有数百名，势难前后受敌，只得率同庆成等三员回抵市球江。"显然孙士毅是在扯谎。

这一仗，清兵阵亡与失踪的五六千人，一说万余人，包括提督许世亨、总兵尚维升、张朝龙等官几十人阵亡。孙士毅一路逃命入镇南关，"尽焚弃关外粮、械、火药数十万"，黎维祁携母逃抵云南，云南乌大经一路人马则几无损失地"整旅进关"，算是大幸。

孙士毅因贪功轻敌，迁延不遵旨撤兵，理应被严惩才对；但是当他返回广西后，上奏认承自己"调度乖方以致兵败"，请旨革职治罪时，皇帝在他的奏折上批了："何出此言。"后来孙士毅又上奏他愿赔补这次用兵所动用的几十万两帑银，乾隆也批写了"何至如此"。皇帝认为黎氏立国已久，政令废弛，气数已尽，为天所厌弃，不是孙士毅调度乖方所致，所以后来仅撤回以前封他的公爵及所赏红宝石帽顶，另外同意了孙士毅第二次请罚的四万两补损两广营房装备费用。皇帝不但没有重罚孙士毅，不久之后还调他回京，出任兵部尚书，真是"天威莫测"。孙士毅何以不受罚呢？我个人有两点想法：

一、他与傅恒、福康安父子二人的关系不差。乾隆三十四年大学士傅恒征缅甸时，他以侍读之衔随军，"典章奏"，帮傅恒处理文移奏报。五十二年福康安被任命赴台平林爽文乱，他又驻守潮州，遣兵助剿，备办粮草器械。傅恒父子前后都算是以达成任务收场，孙士毅对他们不无襄助之功。这次孙士毅自黎城惨败回到镇南关，福康安正好赶到该地，后来福康安向皇帝上奏说孙士毅"此次提兵出关，三战三捷，读书人能如此实心肩任，一往无前，此心可对皇上，可对天地"。福康安是乾隆最爱发妻的内侄，他能让皇帝改变主意杀掉柴大纪，当然他也是有能力帮孙士毅大忙的，况且皇帝正要重用福康安代替孙士毅来收拾安南的残局呢！

二、孙士毅在军机处当过章京，又在内阁任侍读学士，历官中外三十

197

多年，对皇帝的脾气作风与官场积习都很了解，他败归之后，立即向皇帝表示"痛哭流涕、伏地叩头，恭谢圣主天恩，自言调度乖方，贻误军律，致烦圣心，实属罪该万死"！乾隆是个集权专制君主，大臣只要向他认错、恳求，总是会有较好的结果。如果像张广泗、柴大纪这些人力争公理，死不认错，下场都很可怕。孙士毅又是"典章奏"的能手，把自己的丧师溃逃以文字修饰、淡化，而以"调度乖方，贻误军律"做罪状，当然罪行就轻了。战后他被召回京时，曾"待漏宫门外"，为了送皇帝一个"大如雀卵"明珠雕琢成的鼻烟壶，连和珅见了都赞不绝口的稀世珍宝。他的这些作为都是合皇帝胃口的，能不得到善待吗？

乾隆五十四年正月二十六日，皇帝下令福康安为两广总督，并有意停止对阮惠的用兵，说阮惠不过安南一土目，"得其地不足守，得其民不足臣"，不值得去大动干戈。皇帝指示福康安说："若阮惠等闻风畏惧，到关服罪乞降……不可遽行允准，使其诚心畏罪输服，吁请再三，方可相机办理，以完此局。"

在阮惠方面，因为当时他的兄长阮岳正与南方暹罗作战，而他自己原只是广南王的一个臣僚，现在能打败清军，但旧广南王家及臣属对他并不支持，而黎朝上下又视他如仇敌，所以他若想成为安南新国王，就必须得到清朝册封认可，否则存在都是问题，因此他灵活地运用了外交手段，忍辱负重地一再向清朝恳请入贡。乾隆五十四年正月击败清军后即差人赍表叩关，"情愿投诚纳贡"，当时孙士毅还在署理总督，即遵旨将表文退回，不予理睬。乾隆后来又提出一些条件，如阮惠必先将俘虏的清军全部送还，缚送杀害许世亨等将领的安南官兵到中国接受处分，为死难清军立祠纪念等等。同年二月初九日，阮惠二度遣使乞降请封，又不得要领。二月二十二日，阮使三度到关呈进表文，说明已将杀害清将之凶手查出，而俘虏送归清方的先后四次共近七百名，完全遵照清方要求办理。三月十六日福康安驰抵镇南关，当时阮惠第四次使节已至，十九日福康安接受阮惠亲侄阮光显的表文，愿为中国藩属。阮光显并请求进京觐见皇帝，并声称杀害许世亨等人之安南兵已被正法，福康安见其诚心悔罪，乃不复深究，只命令安南须建祠春秋虔祭许世亨等，另外阮惠得罪天朝，并未肉袒求降，双方又议定来年乾隆八旬万寿时，阮惠应亲自到清廷祝寿，输诚纳款。

清朝官书里一直称阮岳、阮惠等人，但是阮惠派人来乞降的表文里则自称为阮光平。后来清代中央从福康安的奏报中才弄清楚，据阮光显称：他的父亲名阮光华，兄弟四人，光华居长；二弟阮光岳，即阮岳或阮文岳；三弟阮光平，即阮文惠或阮惠；四弟阮光泰，可能就是阮文吕或阮吕。因此清代官书接受安南表文后也改称阮惠为阮光平了。

乾隆皇帝早想结束这场战争，阮光平又是如此恭顺，当然允准册封他为安南新国王了。在皇帝看来，安南自唐朝以后，由曲、矫、吴、丁、李、陈、黎、莫各家相继为王，黎维祁又再弃其国，是气数已尽，上天既厌黎氏，他也不敢再坚持了。黎维祁后来被编入汉军旗，住中国，不准回安南，也解除了阮光平的忧虑。

乾隆五十五年，阮光平率团至京祝嘏，乾隆特别赐宴于热河避暑山庄，坐次排在亲王与郡王之间，也算给他光宠了。乾隆又赐给他御制诗章、冠带袍马、金玉器玩等物，阮光平后以安南缔造方殷，国事不能久旷，所以在祝寿行礼后，即请旨归国。

《清史稿》中记载此事时说："五十五年，阮光平来朝祝厘……其实光平使其弟冒名来，光平未敢亲到也。"安南的《大南实录》也记："初，惠既败清兵，又称为阮光平，求封于清，清帝许之，复要以为入觐，惠以其甥范公治貌类己，使之代。"阮光平不敢来中国也有可能，因为当时安南局势不稳，旧阮广南王阮福映在暹罗想恢复失土，黎维祁又有谣传要返国执政，清朝让他进京祝寿是一骗局，在如此情势之下，阮光平以替身来华也并非无稽之谈。

乾隆朝征安南之役，不少学者认为是一次错误的征伐，不过以封贡关系的宗主国来说也是应尽的责任。孙士毅兵败之后，皇帝改剿为和的决策相当高明，而且很快实现了允贡、封王，恢复两国的宗主与藩属关系，同时使商业与文化得以正常交流，中国边境得到安宁，应该可以视为是乾隆的一些成就。

乾隆五十三年（公元1788年）六月，廓尔喀军攻入西藏，皇帝得到驻藏大臣庆麟的急报后，随即颁降谕旨，调兵遣将，前往迎战。皇帝出兵的原因是廓尔喀与西藏聂拉木、济咙、宗喀这三处地方接壤，廓尔喀既然派兵来侵略西藏的这三个地方，理应派兵去堵截擒拿。

清朝为什么要管这件事呢？原来从康熙末年清军平定准噶尔侵藏势力后，改组了西藏地方政府，由西藏贵族执政管理。雍正年间派驻藏大臣辅助达赖喇嘛，但在驻藏大臣尚未抵达时，西藏贵族间发生争夺权力的斗争，拥护清朝中央的康济鼐被杀，反清的阿尔巴布等人又进兵攻打管理后藏政务的颇罗鼐，颇罗鼐奋勇抵抗，平定了乱事，后来清军入藏，驻藏大臣也到了拉萨，为奖赏颇罗鼐，晋封他为郡王，接替康济鼐管理西藏。由于驻藏大臣的设立，加强了对西藏的有效管理。加上颇罗鼐的"克尽忠诚"，使西藏度过了二十多年的平安岁月。

乾隆十二年（公元1747年），颇罗鼐病逝，其次子珠尔墨特那木札勒承袭郡王爵位，但这位新王想独揽治藏大权，又与达赖喇嘛发生冲突。对驻藏大臣经常冒犯，甚至进行武装攻击。珠尔墨特那木札勒不但派人杀害他在后藏管事的兄长，并暗中勾结准噶尔部为外援。清廷忍无可忍，乃密令新任驻藏大臣傅清将他"相机擒戮"，以除后患。傅清等后来于乾隆十五年十一月召请珠尔墨特来议事为名，及时砍杀了珠尔墨特及其随从。不料他的党羽随即来围攻驻藏大臣衙门，枪炮齐发，烈焰焚楼，两位驻藏大臣傅清与拉布敦就在这场乱事中殉职。七世达赖喇嘛闻讯，召集僧侣与藏人攻击叛众，四川方面也派兵入藏，叛民闻讯乃溃散，因此清军尚未抵拉萨，乱事即已平定。

从这次事件中，清廷深感西藏贵族权力过大是乱源，于是对西藏政府进行了一项大改革。废除了西藏郡王的封授，政府由噶隆（亦称噶伦）四人管事，但"噶隆事务，不可一人专办"。噶隆也不能"于私宅办事"，不能私自补放第巴的官员，各寺院的喇嘛缺出也不能私自选派等等，都需要与达赖喇嘛、驻藏大臣请示遵行，这就是所谓的《西藏善后章程》。清政府为了有效实行以上改革，决定在西藏长期驻军一千五百人，"令提督大员弹压，三年一换"。如此一来，虽以西藏贵族为噶隆治理藏地，但噶隆权力大受限制，而驻藏大臣的权力大为提升，也可以说加强了清廷对西藏的管辖，西藏政局也因此稳定了近四十年，直到廓尔喀入侵时才再起动乱。

廓尔喀原是尼泊尔的一个部落，位于首都加德满都西北。乾隆三十四年（公元1769年），部长博赤纳喇乘尼泊尔内讧，举兵征服各部，迁都加德满都，建立新王朝。廓尔喀地当印度与西藏之间的往来通道，因在西藏西南，疆土犬牙相错，故与西藏的宗教、商务关系都很密切。据当时人的叙述：博赤纳喇死后，传位其子西噶布尔达尔巴克，约在乾隆四十年左右，西噶布尔达尔巴克又传位年仅四岁的王子喇特纳巴都尔，由于年幼，由叔父巴都尔萨野摄政。幼主所住的房子俱系"西洋式房屋"，廓尔喀兵丁所有的武器多有鸟枪、藤牌、刀矛，但也有用"自来火枪"，正如缅甸的情形一样，这些"自来火枪"都是来自欧洲英法两国的新式武器。

廓尔喀进兵西藏的原因，不少清朝史书都说是起于六世班禅死后其兄弟争产所致，六世班禅于乾隆四十五年七月到热河觐见乾隆，但不幸于十一月初二日患天花死于中国，百日诵经之后，皇帝命班禅之兄仲巴呼图克图护送灵柩回藏，据说当时皇帝对六世班禅极为尊敬，不但在他生前造了承德的"须弥福寿之庙"作为班禅的行宫，他死后又赏赐了"金银不下几十万金，此外宝冠、念珠、晶玉之钵、镂金之袈裟、磁器、彩帛、珍珠等，不可胜计"。这笔巨额财产都被班禅之兄仲巴呼图克图所占有，而班禅的另一位兄弟沙玛尔巴是红教活佛，受长兄黄教首领排斥，"未能分润"。沙玛尔巴极为不满，乃投奔廓尔喀，唆使廓尔喀人入侵西藏。这一兄弟不和争产确是一项原因，但是更重要的却是双方商务交往上发生了问题。

冯明珠教授从故宫档案中发现，一个当时西藏本地人说："闻系前藏人不用巴勒布新钱，又因彼地乏盐，常有人来藏买食，被藏民将不堪之盐售给，故此不和兴兵。"又有人说："向来藏里与廓尔喀相好，交通贸易，一切买卖，俱用廓尔喀银钱，后来廓尔喀因新铸银钱，比旧钱成色较好，要把新钱一个当两个使用，藏内人不肯依他。又因藏内向来将食盐易换廓尔喀粳米，廓尔喀人以藏内的盐有掺杂土的，说藏人买卖不公道，所以两下不和的。"另外藏人向廓尔喀商人增收高额货物入口税，因而引起廓尔喀不满。这些商务上的纠纷，廓尔喀小王曾写信给西藏的噶隆与驻藏大臣，驻藏大臣"因不认得廓尔喀的字，就没有给他回字"。廓尔喀就因为这些原因出兵占领了后藏的聂拉木、济咙、绒辖、宗喀等地。

乾隆皇帝接到驻藏大臣庆麟的奏报后，立即派出成都将军鄂辉、四川提督成德等率兵进藏，征剿廓尔喀来军，另遣熟悉西藏事情并会说藏语的御前侍卫、理藩院的侍郎巴忠也速往西藏，主持用兵诸事。乾隆五十四年正月中旬，鄂辉、成德二人带兵到了廓尔喀与西藏的边界，发现被廓尔喀攻占的宗喀已无敌军，碉寨也经破坏，几乎成了一座荒山。绒辖一地也不见廓尔喀军踪迹。清军抵藏后可以说未经战斗即长驱直入，收复了失地，后来才发现西藏与廓尔喀方面早已私下议和，许银赎地，廓尔喀因而自动地撤了军。

巴忠于乾隆五十四年二月底到达济咙军营与鄂辉、成德会合,当他们了解西藏方面与廓尔喀已私下议和之后,大家意见略有不同。"成德原说带兵前来,自然该与廓尔喀打仗,使他害怕,方不敢再至边界滋事,如何即与说合。后来成德因见事已说定,不能与巴忠执拗,只得随同办理"和议了。这也是不少人以为"巴忠自恃近臣,不复为鄂、成所统属,自遣番人与廓尔喀议和"的。事实上,西藏因为兵丁懦怯成性,不能作战,无法抵御廓尔喀的来侵,包括达赖喇嘛在内的政教领袖们都赞成与廓尔喀谈和,花钱消灾。据达赖喇嘛属下亲信、也是负责与廓尔喀谈和的丹津班珠尔事后供称:

> ……我于四月内也就前往济咙,住在邦杏地方,同巴勒丹敦珠布见了沙玛尔巴(即死去的六世班禅之弟),他说如今要廓尔喀退还地方,每年须给廓尔喀一千个元宝。……我当时没有依允,后来沙玛尔巴再三说合,达赖喇嘛叔叔阿古拉前曾寄信叫我酌量办理,我因廓尔喀不肯退还地方,唐古特人又怯懦,巴大人在胁噶尔又连次写信催我完结,我与巴勒丹敦珠布商量,想要速完此事,就讲定了三百个元宝,沙玛尔巴就写了合同,用了图书。……那时庆大人、雅大人都已革职,我就一面禀知达赖喇嘛,一面就向穆大人、张大人禀过,两位大人说你们与廓尔喀照旧相好,这合同上的事,你们怎么办,我们也不能管了。我因没有带得银子,若得藏内去取,又路远赶不上,当下就向札什伦布在宗喀做买卖的人凑了三百个元宝给付完事。

可见西藏人向廓尔喀许银赎地是"众人商量"的事;不过巴忠的催促,穆、张两位驻藏大臣的默许也是促成和议的原因,清廷这些大臣对此次事件的办理不善是显然的事实。

乾隆皇帝知道西藏喇嘛与廓尔喀私自议和之后，降旨痛斥庆麟、鄂辉等人，表示反对许钱赎地之事。因为一般喇嘛与执政的噶隆能擅自操纵如此重大之事，则达赖喇嘛与驻藏大臣的地位与权力必然会降低。红教的沙玛尔巴既能在议和中扮演如此重要角色，则黄教势力必受侵压，红教也可能由此兴起。皇帝的这些考虑并非无因，所以降旨给在藏的清朝官员，警告他们"使知远大之图，勿狃目前小利"。可是巴忠等人则以为一年付三百个元宝，是西藏政府的事，不要朝廷负担。西藏地形气候不适清军作战，而廓尔喀又表示要向清朝进贡，这样解决问题似乎也是很好，所以他隐瞒了真相，甚至编造了谎言，强调廓尔喀进贡的事，并请皇帝封授廓尔喀国王王爵，王叔公爵，巴忠迁就议和后就赶回北京，清朝初征廓尔喀之役也宣告结束。

乾隆五十六年（公元1791年）六月底，廓尔喀兵又越过边界，与藏兵发生冲突，再度占领了聂拉木，并诱捕了当年谈判人丹津班珠尔等人做人质，廓藏问题因而再起。

廓尔喀第二次进兵西藏的主要原因有二，一是西藏答应每年支付的三百个元宝约银千两爽约未能付清；二是红教沙玛尔巴想夺得后藏寺庙珍宝而唆使所致。廓尔喀军占领聂拉木、济咙等地后，又进攻班禅所住的札什伦布，烧杀掳掠，后藏大乱。廓兵还扬言要攻打前藏，驻藏大臣保泰与雅满泰"心慌胆落"，准备把达赖与班禅"移至泰宁"，更加造成人心不安，乾隆责骂他们简直是"开门揖盗"，下令将他们撤职。另外，皇帝在八月二十三日看到西藏来的报告，知道廓尔喀二度兴兵来犯，他披阅之后，将报告交与巴忠阅看，第二天巴忠就在军机大臣面前表示此事他有责任，希望给他或革或降职务的处罚，"赶赴藏地效力赎罪"。皇帝没有处罚巴忠，也没有派他去西藏，只命鄂辉带兵前往，巴忠可能见前事已败露，当晚就投河自杀了。乾隆知道巴忠等人做了丧权辱国之事，而廓尔喀又再度起兵侵藏，不但侵犯了宗教圣地，又威胁到中国的领土主权，为了"安边境而摄远夷"，皇帝决定以大军来永杜后患了。

同年九月的上旬，皇帝谕示两广总督、协办大学士福康安入京，面授方略，领大兵征剿廓尔喀。除了又派猛将海兰察、奎林等名帅协助福康安办理军务外，皇帝还为他制定了作战方针说：为捣穴擒渠，福康安可率五六千劲旅进剿。攻陷其首都后，廓尔喀自必瓦解。如国王"心怀慑伏"，悔罪乞降，也可以允其所请，订立条约之后再班师回朝，不必消灭其国。

　　福康安自九月二十九日自京城启程，十二月二十四日经过星宿海，一路相当艰苦。"冬令处处凝冰，远近高下，竟无路径"，"乱石纵横，与冰块相间层积，马足倾滑，行走维艰"。二十八日过巴颜哈拉，地势更高，"人行寸步，气喘头目眩晕，肌肤浮肿"，连福康安正值年富力强之时，也不免"冒寒患病"，"略形困顿"，高山反应，又值严冬，延误了福康安一行的行程，直到乾隆五十七年正月二十日，他们才驰抵前藏，稍事安顿后即驰往后藏，准备向廓尔喀进剿。

　　廓尔喀在福康安未入藏前就先写了书信呈寄清朝文武大臣，说明纯因西藏不履行约定付银才进兵的，绝非有意与清廷为敌，愿意遵奉清廷训谕，罢兵息争。福康安抵藏后，因为皇帝态度强硬，决心坚定，所以他三月间檄谕廓尔喀，义正词严地告知廓尔喀：西藏为中国版图，廓尔喀为天朝属邦，属邦竟进犯天朝边界，攸关体统，必须声罪讨征。

　　福康安、海兰察等统兵奋战，到乾隆五十七年五月已尽复西藏失地，廓尔喀兵全部撤回本境。福康安领兵六千进入廓尔喀，企图直取其首都阳布（加德满都），然而沿途山高路险，"无平地可搭营"，有的地方"路逼仄，不能驻足"，福康安等"皆露宿崖下，实甚劳苦"，"士卒皆穿履，跣足行石子上，多刺伤，又为蚂蟥唒啮，两足肿烂"，清军可谓狼狈不堪。到七月初旬，据称已深入七百多里，离首都阳布只有几十里之遥。不过清军在集木集一带大山重叠之中，与廓尔喀军发生过激战，福康安等最后虽克复两重大山木城四座，但伤亡损失也很惨重，尤其热锁桥一战，福康安"甚骄满"，"贼乘间入，遂败"。尽管清军因轻敌小挫，但廓尔喀在大军压境下深恐国都不保，而邻国锡金、不丹又俟机协助清军，国王喇特纳巴都尔就遣使印度，请求孟加拉国英国东印度公司以武力支持，当时英国正为发展与中国的商务关系，以西藏为中国主权所在，不愿加以援助。廓尔喀见外援不应，强邻窥伺，乃决定转向中国请罪求和。国王先把俘虏的丹津班珠尔与汉军、喇嘛共四人释放回藏，并向福康安呈送禀帖。福康安开出议和条件如国王或王叔应亲自来营叩头认罪、红教活佛沙玛尔巴若已死亡亦应将其尸体送来呈验，廓尔喀所抢去札什伦布寺金银宝物必须全数交还等等。七月十七日，廓方呈送札什伦布财物、沙玛尔巴骨骸及其眷属，另当初许银赎地合同也一并交出，重申愿意遣使纳贡，呈表乞降。皇帝本来就想适可而止，乘胜收兵，八月二十二日看到福康安的奏折与廓尔喀的降表，立即降谕允许降顺，"赦其前罪"，令福康安班师回朝，并封赏有功文武大臣，从此结束了十全武功中的最后一役——廓尔喀之役。

清朝乘战胜余威，在大军未撤时，在西藏进行了一次积极改革藏政的计划，从当年十月起，福康安与八世达赖、七世班禅等共同筹议西藏善后章程，经前后会商共提出一百多条款项，第二年经中央修订为二十九条，正式颁行，这就是著名的《钦定西藏善后章程》，这个《章程》乃成为日后清朝对西藏管理的最高法律。其中最重要的部分约有：

一、规定"驻藏大臣督办藏内事务，应与达赖喇嘛、班禅额尔德尼平等"，自噶隆以下，所有西藏政教官员，均为驻藏大臣之属员，"事无大小，均禀驻藏大臣办理"。

二、规定前后藏的噶隆（行政官）、代本（又称戴琫，是率领五百人的军官）、商卓巴特（掌管大活佛仓库的僧官）以下大小官员，凡有缺出，"统归驻藏大臣会同达赖喇嘛拣选"。

三、规定达赖、班禅和各地黄教活佛呼图克图转世，必须在驻藏大臣的监视下，采取金瓶抽签（金奔巴瓶制）来决定，不再由巫师作法决定。

四、规定建立西藏地方常备兵三千名，以保卫西藏，巩固国防。

五、一切外交交涉方面事务，"俱由驻藏大臣主持"。

六、西藏地方政府的财政收支，也"统归驻藏大臣稽查总核"，并准铸造银币。

单从以上几项就可以了解：《钦定西藏善后章程》明确地规定了清朝中央拥有管辖西藏的政治、军事、经济、外交等各种最高权力，达赖与班禅只是当地的宗教领袖，驻藏大臣的权力进一步地大为提高，这对清朝西南与西北边区的安定，对多元民族国家的统一与发展，都有重大的作用。

清朝自入关以后，历代皇帝都了解：要统治众多的汉人，不能单靠武力。从清太宗皇太极开始到顺治、康熙以迄雍正，都推行崇儒尊孔的国策，都举办科举考试来笼络汉族读书人。乾隆当然知道这一国策的重要，因此他在即位之后，先排斥道佛与祥瑞迷信的思想；这些都是他父亲雍正生前提倡并用以加强对人民统治的。乾隆则转向推崇儒家学说，"以儒学为宗主，接尧舜为心传"。初期他也强调他祖父康熙认为最完美的程朱理学，他自己诵读理学的书，也叫大臣们"研精宋儒之书，以上溯六经之闳奥。……明体达用，以为启沃之资；治心修身，以端教化之本"。不过理学在康熙后期已经产生流弊了，不少学者"托于道德性命之说，欺世盗名，渐启标榜门户之害"。加上后来乾隆自己要提升皇权，强化专制统治，于是理学的地位逐渐下滑，而汉学慢慢地成了显学。这种转变也可以在科举考试上看得出来，乾隆十年（公元1745年）以后，原先以朱子的《四书集注》为规定内容的政策改变，而迎合汉学研究的方向，专门出些经史考据的题目，如此一来，一大批在经史学问上研究有成的人就进入了政坛，听命皇帝，藉以整饬吏治政风，并建立另一类为皇帝服务的队伍。

乾隆真是一位幸运的皇帝，他接管的江山是他祖先多年辛苦经营的基业。他的时代正是中国经济繁荣、政治稳定、四方无警、物阜民安的一个盛世。他自己又是奋发有为，因此在确定文化国策之后，他就从事很多相关的工作了。

首先他着重培养人才，培养一批"顺民"式的人才。所谓"帝王敷治，文教是先"，兴办学校是首务。康熙也说："兴学校以端士习。"让大家从小就知道"尊君亲上"，绝对服从政令家规。乾隆时期随着学术风气的转变以及他自己统治的要求，他非常重视士风、学风。他常说：

> 士人以品行为先，学问以经义为重。故士之自立也，先道德而后文章；国家之取士也，黜浮华而崇实学。……为士者当思国家待士之重，务为端人正士，以树齐民之坊表。至于学问必有根柢，方为实学，治一经必深一经之蕴，以此发为文辞，自然醇正典雅。若因陋就简，只记诵陈腐时文百余篇，以为弋取科名之具，则士之学已荒！而士之品已卑矣。

乾隆又教大家要知书，有书气。他认为一个书生如果做了官，一定会"行宽和惠爱之政，任一邑则一邑受其福，莅一郡则一郡蒙其休"。"至于书气二字，尤为宝贵，果能读书，沉浸酝酿而有书气，更集义而充之，便是浩然之气。人无书气，即为粗俗气、市井气，而不可列于士大夫之林矣"。直到乾隆晚年，皇帝还是以士风、文风为念，坚定认为"士子读书讲学，原应湛深经术，坐言起行，方为敦本崇实之道"。总之，乾隆是以学校来振刷士气与文风，造就一批"顺民"，将来为大清朝工作。要年轻的读书人品学兼优，成为"书生"，当然对各级学校的教师给予优渥待遇，以示隆重师儒。像免除杂差、增加俸银、供应经史资料等等，这些措施确实收到不少维系知识界和社会凝聚力的效果，对政权巩固有良好帮助。

除了正常地考试录取从学校训练出来的以及私人家族培养出来的人才之外，乾隆又仿照他祖父的办法，亲自下诏求贤，要大家举荐人才，考试录用，以博学鸿儒科、孝廉方正、经学科以及皇帝出巡时当面召试等等不同名目与方式收罗人才。乾隆元年诏开博学鸿儒科，初取刘纶等十五人，第二年又收录万松龄等四人，各授以翰林院职官。十四年，下诏举经学大儒，得吴鼎等四人，授以国子监司业。乾隆在各地巡幸时召试而被录取的人则更多，在浙江得王昶等八十五人，在山东得黄道熙等十七人，在天津得姚文田等十六人，在五台山得龙汝言等九人，还有在其他地方收得的人才，当时选拔人才之盛，方式之多，堪称历朝罕见。

乾隆不但看重人才，收搜人才，更难得的是他也相当怜惜人才。钱维城是乾隆十年（公元1745年）中榜的进士，因为他被认为是可造之材，因而被选上到翰林院攻读满洲文，以备未来升大官为国家服务；可是钱维城在三年期满结业考试时，他竟交了一份白卷。乾隆听到此事后，大怒说："钱维城以国语不足学耶？乃敢抗违定制，将置于法。"后来大学士傅恒为他说情："钱某汉文优者，尚可宽贷，……上异其才，命南书房供奉。"皇帝也违法宽恕了钱维城，并命他到南书房工作，乾隆也因此找到了一个好秘书，培养了一个好画家。另外传说江阴缪炳泰为乾隆画像，因画出"耳窍毫毛"，皇帝认为他做事实在，赏了他郎中官职。梁诗正的亲戚杨瑞莲，在内廷充缮写人员，因为"工篆隶书"，而且人"甚诚实"，乾隆赐他为举人。类似的故事还有不少，在在可以说明乾隆对人才的重视与怜惜。

搜求资料与编辑图书也是可以表现倡导文治的，同时还是一种有效的网罗人才与控制思想的手段。乾隆当然不放弃这方面的努力，而且做得比他祖先还更好。

搜求图书资料在康熙朝就举办过了，皇帝当时以"稽古崇文"为名，说古帝要致治隆文必具备典籍，用来"广见闻而资掌故"，所以他命令地方官或付钱购买，或"借本抄写"，把一些善本好书搜访后送到京城中来，"用充秘府"的不足。乾隆即位之后，也效法他祖父，先后在六年与十五年，两次下令采访遗书，"以广石渠、天禄之储"，让内廷有更丰富的图书收藏。后来到乾隆三十七年（公元1772年），皇帝再下征书的命令，这次征书不但规模最大，成效最好，也是最具政治目的的一次征书。

乾隆三十七年正月开始大规模征访全国遗书，直到四十三年才结束，之所以费这么长时间的原因，一是最初地方官员不把这件命令当急事办理，总认为这不是什么国计民生的大事，后来皇帝再下令催行，大家才认真搜集。二是因为当时文字狱大行，人人自危，害怕家藏书中会有违碍的文字，拿出来说不定会弄得家破人亡，民众不愿意合作。三是好书善本多存收藏家手中，珍本不易求得，送进京中是有风险的，能不拿出来当然尽量推延。乾隆逐渐了解这些情形之后，便想出一些配合的措施，使藏书的人合作。第一，皇帝一再说明，书中若有忌讳文字，表示宽大处理，他说："文人著书立说，各抒所长，或传闻异辞，或记载失实，固所难免，果其略而可观，原不妨兼收并蓄；即或字义触碍……此乃前人偏见，与近时无涉，又何必过于畏首畏尾耶？朕办事光明正大，可以共信于天下，岂有下诏访求遗籍，顾于书中寻摘瑕疵，罪及收藏之人乎？"他甚至还保证地说："至书中既有忌讳字面，并无干涉，必不以此加罪。"第二，定出奖励办法。对于进呈书籍的人，凡在五百种以上的赏《古今图书集成》一部；一百种以上的赏《佩文韵府》一部，这就是"奖书"的办法。进书人若送来的确是精醇的善本，皇帝亲自为这些书咏评并题识在书的卷首，并将这些书尽快抄录后发还给原收藏人。还有一种奖励办法是"记名"，就是把原藏书人的姓名附记在各书的提要后面，以便留名。第三，严令地方大吏努力搜求，皇帝甚至指出江南某些大藏书家的人名，派人去逐一查访，务必让天下收藏都尽收内廷。经过将近七年的收集，各地珍本秘籍不断地被进呈入京。据史料记载，这次大规模收集，一共征集了一万三千零一种宫中没有的图书，其中进书最多的是江苏省，先后奏进书目清单三十次，呈进的好书有四千八百多种。其次是浙江，共送达的图书四千六百种，其他各省也送呈遗书，不过数量都不多。

乾隆收集到如此多的各种图书，倒也不是他一个人"独乐乐"，他是有两层愿望的，一是编辑成大丛书，让全国读书人参考阅读。另一愿望则是仔细检查书中文字，若有反满反清或是对政府不利的言论文字，借着这次机会给予销毁。乾隆朝所编辑的世界纪录的大书就是靠这次收集而后编成，它就是《四库全书》。关于这部书的编纂等有关情形，将在下一节里叙述，现在先来谈谈乾隆朝官府修书的大概。

乾隆年间，由于财政富裕，人才辈出，加上皇帝的热心，数十年中，政府所修的书籍多达一百二十余种，而且都不是粗制滥造的成品，有的一部书是花了十多年才编成出版的。若给予分类，至少可以有经注经疏类、乐律类、文字音韵类、史著类、史评类、经略方略类、传记类、地理类、职官类、典制类、政书类、考工类、目录类、金石类、儒家类、农家类、医家类、天文历法类、阴阳五行类、艺术、诗赋文集类、丛书类等。就以上面最后一类丛书类来说，其中《四库全书》一种，前后花了十年的时间才完成，而动员了一时之选的大学者及其他抄录人员总共三百六十人。后来又钞成复本六套，再费了十年的光阴。幸亏乾隆高寿，否则他生前是不能完成这项巨大工程的。不仅如此，在编辑这部将近八万卷的大丛书过程中，乾隆皇帝还亲自主持，不断询问修书的情形。他从体例的制定、内容的增删、人员的组织到史实的考证、文字的订正等等，无不参与。有时他断然行事，绝不马虎，使得所有工作人员都认真地工作，不敢稍懈。这部丛书的辉煌成就，皇帝也是有功劳的。

乾隆对文化活动的提倡确是不遗余力的，而他个人的躬亲参与则更能造成风气。他强调实学，教大臣们"以实心行实政"，他自己也是整日辛苦，处理军国大事。他也雅爱文学，一辈子写成四万多首诗，没有一个诗家能与他匹比。他几乎每天写诗，有时还写作好几首。赵翼说过：

上每晨起即进膳，膳后阅部院所奏事及各省督抚折子毕，以次召见大臣，……见毕日加巳，皆燕闲时矣，或作书或作画，而诗尤为常课，日必数首。……

也有人说乾隆皇帝喜欢作诗，"每一诗出，令儒臣注释，不得原委者，许归家涉猎。然多有翻撷万卷莫能解者。尝于塞中雨猎诗内用制字！众臣莫晓，高宗（乾隆）笑曰：卿等一代巨儒，尚未尽读《左传》耶？盖用陈成子杖制以行也。"这些也许是皇帝在作"秀"，表示他有学问，但是他这样做必然刺激大臣专心深入地读书。

乾隆年间，由于有既定的文化国策，有雄厚的财力，有安定的学术环境，有高深学术成就的人才，加上皇帝自己亲身的提倡与参与，营造出了一种博大宏伟的文治气象。全国资料得到妥善的收集，专书丛书不断地问世，给予读书人极大的便利，学术思想在不违国家政策下得到空前的发展，吴派、皖派、扬州学派鼎立江南，为经世致用之学重新奠定了再现的基础。乾隆以文治统治了国家，国家也因文治而显现了盛世的绚丽。乾隆时代的文化建设可以说到达了传统中国历史上发展的高峰，皇帝的贡献是不能质疑的。不过，乾隆大倡文治也确有其政治目的的，他培养人才，是想培养"顺民"为他效忠服务。他收集资料，多少有着过滤反动思想的用意在。他编印专书也是防止异端言论"煽惑"士人的，他主持的"御制"、"钦定"出版品根本就是不准有不同声音与看法的出现，这一点尤其值得我们注意。

乾隆写真

中国是个文化悠久的国家，自古以来，从事著书立说的，代不乏人。经过两千年的积累，到了清代，图书文献的成就数量非常可观。可是由于历经变乱以及其他天灾人祸的损失，也使很多著作亡佚不存，而有些则是讹脱或是衍误不实，进行一次大规模的整理是很多学者的期望。可是这是一项巨大而又艰难的工程，私人是绝对不能做到的，正好到了乾隆时代，国家统一，社会安定，财政盈余，人才辈出，加上皇帝好大喜功，做各种事都希望比别人又强又好，因此在以上多种机缘聚集下，中国有史以来的大丛书《四库全书》乃纂修问世了。

在乾隆三十七年（公元1772年）皇帝下令向全国搜求遗书，充实内廷图书文献的同时，有人向皇帝提出校录图书的建议。朝廷王公大臣有不赞成此举的，因为"非为政之要"；但是皇帝最后还是批准了此案，并且下令扩大加倍地"详加剔择校勘"《永乐大典》中的收录书与清代官刻本书以及各省征集来的各类书，"统按经史子集，编定目录，命名为《四库全书》，俾古今图书荟萃无遗，永昭艺林盛轨"。《四库全书》就这样地开始纂修起来了。

乾隆三十八年二月，清代中央正式成立四库全书馆，负责纂修的工作，由亲王、大学士领衔为总裁官，总理馆内一切事务。另外根据工作性质需要，分设纂修、缮书与监造三大处，邀约了全国知名学者多人参加工作，其中名望较高的有纪昀、陆锡熊、任大椿、戴震、邵晋涵、周永年、程晋芳、朱筠、姚鼐、翁方纲、王念孙、王引之、彭元瑞、朱珪、庄存与、刘墉、谢墉、门应兆等等，真是"贤俊蔚兴，人文郁茂，鸿才硕学，肩比踵接"，成为学界空前的盛事。

　　随着《四库全书》的纂修工作的开始，好大喜功的乾隆皇帝不但经常关心工作，而且对修书的计划愈改愈大。例如在开馆之初，决定纂修的只全书本身，最多加一份总目。后来皇帝认为全书卷数太多，一时难以编成，而且将来修好后也是内容过多不易翻阅，所以下令"撷其英华"先编成一套《四库全书荟要》。乾隆三十九年又命编《四库全书简明目录》一种。四十一年再决定增修《四库全书考证》一书。增加这几种副产品，皇帝是为"嘉与海内之士，考镜源流，用昭我朝文治之盛"的。另外，《四库全书》修成究竟要缮写几份？早期皇帝只想到皇家的图书馆，所以命令缮写四份，分别存在北京紫禁城、圆明园、承德避暑山庄与沈阳故宫四地。后来为了满足社会需要，也满足他的喜功心，下令再抄录三份，分别收藏在扬州、镇江与杭州三地，让这些"人文渊薮"之地的读书人能"就地观摩誊录"，全书份数的增多与副产品的增修，都是费钱又费力的事，也只有在乾隆统治下的当时，才能顺利完成这项中国文化史上的壮举。

　　《四库全书》是中国古代重要典籍整理与重新抄录的大工程，书中分经、史、子、集四大部，四十四类，共收录图书三千四百六十一种，七万九千三百零九卷。存目则有书籍六千七百九十三种，九万三千五百五十一卷。总计一万零二百五十四种，十七万二千八百六十卷。可见存目的书比收录在全书中的要多出一倍略多，共三千多种，被清廷这次"消失"的图书数量实在也是多得可观的。尽管如此，《四库全书》仍是中国古代思想文化遗产的总汇，内容包罗宏大，丰富浩瀚是毋庸置疑的。全书修纂的时间从乾隆三十八年开始到五十二年全部竣工，前后历时十五年，而动员的专家学者等共计三百六十多人，其中纪昀（晓岚）是出力最多的一位，他从头到尾参与了工作，全书的体例与文字多是他主持制定，加以润色与统一的。尤其是《四库全书总目提要》二百卷，他的贡献更多，他把著录在全书里的三千多种书籍以及未著录而存其书目的六千多种书籍都作了介绍和评论，简要地叙述每部书的内容，评述其优劣得失，探讨其学说源流与版本同异，实在是有益于读书与治学人的实用书，难怪大学者阮元说：

> 高宗（乾隆）纯皇帝命辑《四库全书》，公（纪昀）总其成。凡六经传注之得失，诸史记载之异同，子集之支分派别，罔不抉奥提纲，溯源彻委。所撰定总目提要，多至万余种，考古必衷诸是，持论务得其平。

《四库全书》以及《四库全书总目提要》的内容与价值在这寥寥数语中，似乎可以窥知梗概了。

《四库全书》修成之后，分别珍藏在"内廷四阁"（紫禁城文渊阁、圆明园文源阁、避暑山庄文津阁、沈阳故宫文溯阁）与"江浙三阁"（扬州文汇阁、镇江文宗阁、杭州文澜阁），由于外省各地读书人可以到江浙查阅参考，对学术研究的推动与发展贡献良多。就收集资料与修书而言，也是自西汉以来政府组织的历次整理图书文献事业中，最有意义、最具影响的一次活动。

不过这七处收藏的《四库全书》，不到一百年间就有三处毁于兵火了。圆明园的毁于英法联军之役，扬州与镇江的则在太平天国期间被烧毁。连藏在翰林院里一份底稿也在八国联军入北京时被化为灰烬，实在是不幸的事。不过在20世纪后期，带到台湾收藏在台北故宫博物院的文渊阁藏本由台湾商务印书馆复印成书，使这套空前绝后的大丛书能呈现在各大图书馆中。后来中国大陆又出版了纸印本与光盘，四库资料更便利于学界及一般人利用，真是大功德之事。

《四库全书》的出版以及这一大丛书的在江浙地方公开使用，确实是意义重大，而且影响深远的。先从该书的内容来说，它除包含了《永乐大典》、清宫原先收藏图书与武英殿刻本等资料外，又从江南征求到大量的遗书，而且不少是收藏家们几代珍藏的善本，甚至是失传数百年的海内孤本，现在都因《四库全书》的问世，得以重现人间，委实难得。其次，在修纂全书的过程中，由于主事者都是饱学之士，他们把收集来的资料作了有系统的分门别类，并反复地校勘、考证，把原书中的错误改正了，缺文增补了，这些整理工作若不是政府出面主持推动，根本无法做到。还有一点更重要的是自从全书的在南方公开之后，民间学者便利用该书作学术研究，不久之后他们就有了具体的成就，如在经学方面，把历代学者对汉代以来经学家的误解与歪曲解释清楚了，并在钩考汉儒经学真义时做出了新的看法，尤其把清代人对经学研究的成果汇集在一起，供后人参考，这些贡献都是对后人有大帮助的。在史学方面，由于资料的增多，作家们扩大了研究的范围，提高了史学的地位。尤其是对古代历史拾遗补缺，考证发明，做了很多有用的工作，为后世治史者搭起了津梁，开辟了新路。其他在文字、音韵、校勘、目录等等学问方面，学者们也因利用了《四库全书》而有了丰收的成果，不但制作出了很多的专书与工具书，同时也让各该学科有了显著的地位，终于成为独立的专门学问。总之，清代学者能在笺释群经、搜补史料、辨证伪书、搜辑佚册，同时又能在文学、训诂、音韵、算学、地理、金石、方志等学科中做出创见发明，实在多少是与《四库全书》的公开流传有关的。

然而，乾隆皇帝也不是"为学问而学问"纂修《四库全书》，他让一批御用学者为他做这套大丛书的工作是有其政治目的的。以下几点，也许可作说明：

第一、儒家唯一正统：乾隆知道要统治汉人，不能不崇儒，因此《四库全书》的编纂也以崇儒为基调。儒家的开山老祖是孔子，所以全书"以孔子之是非为是非"。儒家的经书也被编纂人高度重视，因而全书极力排斥各种异端思想，纪昀等人更不隐讳地说：

> 今所采录，惟离经叛道者、颠倒是非者，掊击必严；怀诈挟私、荧惑视听者，屏斥必力。

尽管全书中也包容地收录一些别家"阐明学术"的文章，但儒家经典的书"甄录最宽"，总数高达六百多部，占全部著录书的五分之一，可见儒经被抬高到了显赫地位。其他科技、手工业、道佛与西洋宗教之书，被收入全书的寥寥无几。从比例上看不但有着重经轻艺的失调缺陷，同时也明确地透现了全书是配合国策崇儒而修纂的。如果我们再深入一点观察，皇帝当时所崇的儒是汉儒不是宋儒，是汉学不是宋学，程朱之学在《四库全书》里显得失去光彩而式微了。在全书里我们可以看到不少地方批判理学，例如理学是以一个"理"为核心的哲学逻辑结构，全书则认为"执一理而该天下之变"是不当的。纪昀等人以"气外无理"、"理外无气"来责难宋儒的"理先气后"、"理为气本"的理气一元论。理学家又以"穷理"为主，竭力关注"修身养性"与"性尽至命"。程颐说："凡学之道，正其心养其性而已。"朱熹则说："曾子之学专用心于内，故传之无弊。"把他们的学问推演下去会发展成正心诚意为"国治安民之本"，这也是理学被不少君主尊崇的原因。《四库全书》则认为性理空谈悖背于儒家的入世实用传统。至于理学强调的"存天理，遏人欲"泛道德主义的理想，全书也予以批判，认为不近人情，而应该恢复古代儒家具有人情味的"礼"传统才对。朱熹是宋朝理学的大领袖，全书当然不能放过他，认为"晦庵（朱熹的号）一集律天下万世……非千古之通论也"，反对以朱熹一家之言，笼盖天下学术文化。总之，皇帝厌恶程朱理学，全书也反对宋儒理学，而独尊汉学。

第二、满清皇权至上：《四库全书》修纂期间，乾隆不但亲定收录图书的标准，而且有时还干预编纂的工作。例如他几次下令要馆臣们对所收录书的内容仔细清理与审查。唐宋以下，特别是明末清初的史料与史书，其中如有"违碍悖逆"的文字章节，具有民族思想以及反清意识的叙述，全部予以销毁，不能收录。即使是名著如顾炎武的《日知录》，纂修馆臣认为是"学有本原，博瞻而能贯通"的佳作，但是书中原有以"素夷狄行乎夷狄"，"胡服"、"左衽"等等用字用词，又有其他一些尊称明朝或行文中有"夷"、"贼"、"胡"等称呼的，乾隆也谕令将它们改易，无法改易的则干脆删除销毁。当然清朝皇帝们"钦定"、"御制"、"敕撰"的书全部收入，皇帝们的圣训、庭训、诏令等文字，充塞在"圣义"、"圣谟"等部分了，藉以宣扬大清得国之正与帝王们的圣德、圣学伟大。

第三、传统天朝观念：《四库全书》中有一项明显的事实，就是以天朝观念去审视西学。尽管编纂们承认西洋科技是一种"精密有据之术"，甚至说"其制器之巧，实为甲于古今……皆裨益民生之具"。但是对西学传来的目的却以为"欲借测之有验以证天主堂之不诬"，用心是可议的，而且沿用明末徐光启与康熙等人的说法，强调"西学中源"。根据《明史·历志》"谓尧时宅西居昧谷，畴人子弟散入遐方，因而传为西学者，固有由矣"。这种固步自封、至尊至大的文化观念，其根本就是来自天朝心态。对于西洋科技尚且如此，对西洋宗教则更是严加指责了，像是说"其议论夸诈迂怪，亦为异端之尤"。更有趣的是全书的编纂人与审查人乾隆皇帝都认为天主教是从佛教变幻而来，所谓"天堂地狱之说与轮回之说相去无几，特小变释氏之说，而本原则一耳"，或是"盖西方之教，惟有佛书。欧罗巴人取其意而变幻之，犹未能甚离其本"等等。这些说法是对西洋无知的表现；不过，当时担任全书编辑的威权学者们总相信无论是佛教或是天主教，它们都不是中国意识形态的正统，都不是皇帝喜欢的，因此说天主教"欲人舍其父母，而以天主为至亲；后其君长，而以传天主之教者执国命。悖乱纲常，莫斯为甚，岂可行于中国哉！"当然有关西洋很多书，特别是宗教有关的书，都被排除不录了，最多有些于民生有益的天算方面的书，准予抄入四库，这就是"节取其技能，而禁传其学术"。这种说法，充分反映了中国传统的天朝心态。

以上几项重点也许可以说明《四库全书》修纂的政治用心了；但是更大更可怕的是在修书前后销毁了为数可观的中国古代图书文献，据说"初下诏时，切齿于明季野史。其后，四库馆议，惟宋人言辽金元，明人言元，其议论偏谬尤甚者，一切拟毁。……"按照专家估算，当时销毁的各种图书总数在三千种左右，六七万卷以上，几乎和收录在《四库全书》中的数量相等。这次毁书与秦始皇的焚书一样，同是中国文化史的大浩劫，也为乾隆朝文治削减了不少的光彩。

三十六

惨烈的文字狱

　　乾隆皇帝除了销毁"违碍"的图书，窜改古人作品中不利于他统治的文字之外，又大兴文字之狱，以达到消灭异己人士与钳制思想的目的。文字狱就是在作家的出版品或论著中找文字上的麻烦而定罪，甚至是些望文生义的，或任意罗织的文字罪状。文字狱不是清朝首创的，在中国专制政体下早就有文字狱案了。史家学司马迁与魏收等人都是文字狱案的受害者，专制皇帝常用这种方法来震慑官员与知识分子的。不过文字狱发展到清朝，变得更为残酷激烈了，受害者不仅是当事人，家族与关系人有很多都被牵连上的。而且又形成一种告讦之风，很多人为了报私仇或谋私利而告发别人造成文字大狱。更不幸的，文字狱多了，被杀的人多了，因而令读书人不敢写时论相关的文章，特别是民族的有关文字，这样使得民族思想受抑制，乾隆朝的情形正是如此。

　　乾隆即位后，一度因为标榜中道，造就自己宽仁的印象，曾经对思想文化界采取过比较宽松的政策；但是后来为了打击朋党，特别是鄂尔泰与张廷玉两党人士的斗争，开始借孙嘉淦奏稿案与胡中藻的《坚磨生诗钞》案，皇帝以文字的缘由整肃思想，震慑官员了。到乾隆三十年代之后，更因强化专制，伸张皇权，大兴文字狱案，无论是择词不精，引用不当，或是无意发出牢骚抑郁，甚至连文墨都不通的人，一经告发，都被定罪，有些还弄得家破人亡，惨烈的情形超过前代。知识分子生活在浓重的恐怖气氛中，而君主的专制淫威高涨到了极致。乾隆朝的文字狱有很多起，为数在百件之上，不能一一列举，现在分几类略述如下：

第一，因打击反清反满思想而兴的文字狱：乾隆时代不少人因写诗作文而被指为思想反动，有反清复明的意图。像胡中藻《坚磨生诗钞》里有"一世无日月"一句，被断章取义地解释为怀念明（日与月合而为明）朝。"一把心肠论浊清"被看作是在大清国号上加上"浊"字，心存侮辱。徐骏述的《一柱楼诗》里有"明朝期振，一举去清都"句以及咏正德杯诗写出"大明天子重相见，且把壶儿搁半边"二句，都是不敬大清，甚至在诅咒大清，想要一举"去"掉清朝政权。而且"壶（胡）儿"更是影射满族。徐骏述的"狂诞悖逆，实为覆载所不容"。钱谦益著作很多，经人告发在他的《初学集》与《有学集》中有"不辨科斗文，神官为我读"、"青衣苦效侏儒语，红粉欣看回鹘人"，被认定是对满洲语文的讽刺文字。又有"先祖岂知王氏腊，边人不解汉时春"以及"歌舞梦华前代恨，英雄复汉后人思"等等，都有诋毁清朝之意。钱谦益已死后百年还被清算，可见当时文字狱之可怕。其他杭州卓长龄着《忆鸣诗集》，因"鸣"与"明"同音，被指为忆念明朝，图谋不轨。戴移孝《碧落后人诗集》中有"长明宁易得"、李骥《虹峰集》中有"翘首待重明"、安徽武生李超海在《武生立品集》里写了"大明进士"犯了忌讳。王沅《爱竹轩诗稿》内有"暗影日月二字，合成明字，藏于篇终，言其所思在明"，也被当作逆案查办。清初祝廷诤教儿子的《续三字经》课本里有"发被左，衣冠更！难华夏，遍地僧"，也是"系怀胜国"，"指斥本朝制度"，而他书中"未将本朝国号敬谨抬写"，意味着祝廷诤有反清意识。还有记载说：山东刘遴等人刻印族谱，其中有以"卓尔源本，衍汉维新，希是如此，嘉毓统真"十六字为刘家子孙辈分排行的用字，这本是很多族谱书中常见的事；但是刘家族人不和，有人就告到官府，说什么"语句不经"、"匿祖别宗"，因而兴了一次文字之狱。山东的地方官也觉得他们"远引汉裔，殊属狂悖"，这个"汉"字不但代表刘家是汉朝刘邦的后代，还意味着他们是"汉"人的后裔，有反满之意。又有"发短何堪簪，厌此头上帻"以及有人以"守发"为名，都是反对剃发。"布袍宽袖浩然巾"则是对清朝服饰反对的文字。类似捕风捉影的文字狱案还有很多，相信不少作家只是用词不妥，择字不精，结果几乎都得到一个处死的收场，而家人也被充军，甚至沦为奴隶了。

第二，因惩罚诋毁污蔑皇权而兴的文字狱：乾隆二十年浙江布政使彭家屏家纂修的族谱中把明神宗万历年号照旧书写成"历"字，没有敬避皇帝的御名"历"字，犯了大不敬罪。四十二年江西王锡侯编《字贯》的书，在序文中直呼康雍乾三位皇帝的名字，又删改了康熙皇帝御制的字典，"毫无尊君亲上之心"，当然判处死罪。四十三年河南一位裱褙店老板刘峨，为牟利裱褙了一批《圣讳实录》出卖，其实这是一份对考生有用的出版品，它告诉考生在考试作卷时那些字不能写必须回避，如康熙的名字"玄烨"这两个字就不能写在试卷，或是雍正的御名叫"胤禛"就得改写成"胤"、"允"及"禛"、"正"字等等，当然乾隆的"弘历"名字更不能在文章里任何的地方出现。由于《圣讳实录》里是刻着原名与改字对照参考的，原名刻上了当然就犯忌。刘峨根本是个不太通文墨的人，怎么向官方解释也没有用，最后被处斩而且家产也被充公了。四十五年，广西一位老生员吴英上书布政使希望改革一些地方政策，但他在书中写了"其德非不弘也"、"万斛之弘恩"二语，结果也以"迭犯御名"被判"凌迟处死"。胡中藻诗里有"老佛如今无病病，朝门闻说不开开"，乾隆降谕说："朕每日听政，召见臣工，何乃有朝门不开之语？"至于胡中藻出过的试题"乾三爻不象龙说"，情势更严重了，被指为是恶意的人身攻击，因为乾隆认为："乾隆乃朕年号，龙与隆同音，其诋毁之意可见。"另外，大理寺卿尹嘉铨年过七十，自称"古稀老人"，没有想到乾隆皇帝也称"古稀老人"，这也算触犯御名，构成"僭妄不法"的大罪。其他如山西王尔扬为父亲刻墓志铭上用了"皇考"二字被指为擅用"皇"字，"实属悖逆"。江苏韦玉振为父刊刻行述时，文字中有"于佃户之贫者，赦不加息"，也被斥责"身为廪生，乃敢用'赦'字，殊属狂妄"。湖北秀才程明諲为人做祝寿文，内有"绍芳声于湖北，创大业于河南"两句，"创大业"被曲解为"做皇帝"，程明諲也就因"语言悖逆"被砍了头。乾隆后期，皇帝对一些小案子比较宽松处理，像墓志铭、行述里用字不当的也有只命令毁掉或重写就算了，但也要看他当日的情绪而定，反正生死大权是操在他手里的。

第三，因严禁臣民干政而兴的文字狱：乾隆为乾纲独揽，皇权不容别人侵犯，曾经贬杀过不少大臣，民间作乱向皇权挑战的更是罪无可赦。同样的他也以文字兴狱来严办那些想干预国家军政事务的人。乾隆十六年前后，社会上广泛流传一份以孙嘉淦名义写成的奏疏，并附有皇帝的朱批字样，内容是参劾当时朝廷中满汉大臣，连皇帝南巡也受到批评。这件事闹了一年多没有查出名目，后来杀了几个武官处分查办不力的大臣了事，干政的文字狱由此开始。

湖南人刘翱写了一本名为《供状》的建议书，谈到雍正年间"地方时事"，论及他对当时查缴违碍图书的一些看法。刘翱本来是一番好意，希望政府能采用的。但是结果被斥为"以一介小民，辄敢妄谈国政"，实为"狂诞不法"，"不知安分守己"，被处以死刑。广西的吴英也是因写了一份三千字的策书，建议政府在赈恤饥民、革除盐商、保甲防盗、禁种烟叶、裁减僧寺等方面做些改革，结果被指为"不知安分"、"语涉狂悖"等等罪名，惹祸上身，落得个死刑的结局。湖南又有一位叫刘震宇的人，他花了不少时间，写成一份《佐理万世治平新策》，其中谈到关羽封号祀典应该贬抑、衣服制度需要变更等等问题，代理巡抚范时绶认为他"迹类疯狂"，没有从重处分。乾隆知道此事之后，甚为不满，以为"仅将该犯轻拟掳杖，甚属不知大义"。结果经过刑部调查，刘震宇被判了死刑，范时绶也受议处。

干政的文字狱可能以干涉到皇帝之皇后的事最为严重。乾隆三十一年，皇后那拉氏被幽禁死亡之后，显然引起社会大众的同情，十年之后有一位曾经在都察院当过书吏的人，名叫严谮，他突然向大学士舒赫德呈送了一份《请立正宫》的报告。当时是乾隆四十一年七月十七日，皇帝正在避暑山庄住夏，知道这件事随即下令叫大学士阿桂、刑部尚书英廉等人"各秉天良，将此事实心查办"，结果严谮被处以立斩。两年后乾隆皇帝又东巡东北老家，经过锦县地方时，有一位秀才金从善也向皇帝上了一件呈词，要皇帝为那拉后一事下诏罪己。皇帝说：皇后犯了"自行剪发，则国俗所最忌"的大罪，"乃欲朕下罪己诏，朕有何罪而当下诏自责乎？"金从善当然处死。上面这些都还是有凭有证的干涉政府行政案，胡中藻在诗集子里有"那是偏灾今降雨，况如平日佛燃灯"二句，从字面上看似乎是颂扬乾隆皇帝蠲免钱粮、赈济灾民善政的；但是大皇帝不那么想，他硬说："朕一闻灾歉，立加赈恤，何乃谓如佛灯之难觐耶？"真是欲加之罪，何患无辞？

从以上乾隆朝部分文字狱案中，我们可以看出：一、不少案子是望文生义、断章取义而起的。二、乾隆不但以文字兴案办活着的人，连死去的人也不饶过。三、掀起家人、友人、仇家等的告讦之风。四、除当事人外，亲友、师生，甚至地方官都有受到牵连处分的。难怪多年之后，龚自珍还说："避席畏闻文字狱，著书都为稻粱谋。"

这样惨烈、无理的文字狱，除了表示专制君主有生杀予夺的淫威以外，也使得一般人民安分守己，做个顺民，而知识分子则更是生活在恐怖紧张的气氛中，只好写些徜徉山水的诗文，做些不关时事的纯古典学问研究了。言论被钳制、思想被禁锢，文化的活力与创造性当然也受到扼杀的影响，这是乾隆朝文治的一大缺陷。

三十七
乾隆对满洲图书文献的贡献

　　不少人对乾隆皇帝有负面的看法，认为他好大喜功、穷兵黩武、销毁古书、兴文字狱，像似做了不少坏事。这些评论不是没有道理的，而且也是有相当根据的。不过，乾隆也做了很多有益于国家与文化界的事，不说开疆拓土那些大问题，就以前面谈到的文治方面的事来说，他为后人收集了可观的珍贵资料，编成丛书，供大家参阅，如果不是他用政府力量从事这样的大工程，相信原先收藏在民间的图书一定有些在日后的兵灾人祸中毁掉的。他大兴文字狱，虽然钳制了民族思想；但是考据学的大兴也未免不是一件学术上的大成就。如果没有乾嘉时代的朴学家的辛苦耕耘，可能很多中国古典学问后人无从研究了；至少要从乾嘉为起点作研究，而且不见得能有当时学者那样的好成绩。乾隆在保存、整理与弘扬中华文化方面应该是有罪也有功的。至于他对自己满族，在图书文献上所做的工作，更是值得一提。

　　我们知道，满洲人原本只是阿尔泰民族南支的一系，明朝人称他们是"蕞尔小夷"，文化程度本来不高。他们虽有自己的语言，但文字到明神宗万历二十七年（公元1599年）才因努尔哈齐的兴起而创造出来，当时初创的文字很不完备，甚至还夹了一些蒙古文在里面，反正满洲文是由蒙古文脱胎而来，外形很相似，而且有些词句也是沿用蒙古文的。后来到清太祖努尔哈齐的儿子清太宗皇太极当了大汗，建立了清朝，才把老满文作了一些改进，如增加字母，附上圈点，使字形容易辨识，发音更为完全，再加上吸收了不少汉文作外来语，词汇大大地增多了，乃成较为进步的新满文。

在老满文创制后不久，努尔哈齐就命令官员们用他们自创的文字记录档案了，从万历三十五年到皇太极建立大清那一年（公元1607～1636年），三十年间，总共写记了新旧满文的"档子"四十大本。大清朝建立后，内三院等衙门里仍旧不断记录档案。这些《旧满洲档》与《内三院档》在满清入关入主中国时都带进了北京。

清朝初年，戎马倥偬，当然不会想到这批祖先的旧档案，即使在康熙统一中国之后，有心标榜文治之时，也没有为祖先的这份珍贵文化遗产做一点工作，直到乾隆即位不久，才有大臣在内阁库房的旧档册堆里发现了一批"盛京（沈阳故宫）旧本"，据当时的官员向皇帝报告说：这些旧档因为"年久糟旧"，已经有残缺的现象了。而且其中有"不仅无圈点，复有假借者，若不融会上下文字之意义，诚属不易辨"。这是说旧档是一些用没有圈点的老满文写的，其中还有假借蒙古文的。发现这些旧档的人也要"融会上下文义"后才能看得懂内容。皇帝立刻指示鄂尔泰、徐元梦两位大臣，叫他们先编一个简明的新旧满文对照字典，整理并贮藏好这批资料，因为"无圈点字原系满文之本，今若不编制成书贮藏，日后失传，人将不知满文肇端于无圈点字"。大臣们后来编好了一部对照字典《无圈点字书》，并"托裱装订"了旧档，然后开始整理的工作。这些工作是从乾隆六年（公元1741年）开始的，直到乾隆四十年，"旧档"中的三十七本，三千多页，已经被专家官员重抄成了一份老满文的副本及一份加了圈点的新满文的新产品。乾隆四十三年，皇帝又命大学士阿桂、于敏中等人，派内阁中书满洲人兴宁等八人，加紧赶办，再抄两份，送到盛京收藏。乾隆四十五年，旧档无圈点及有圈点重抄本各一套也送到了沈阳盛京，恭敬地存藏在崇谟阁中了。沈阳的这一套旧档，在光绪末年被日本人发现，后来复印了一份回日本，从此世界学坛才知道满族早年还有这么一种珍贵的档案存在。经过中外学者的研究，发现这批旧档里有很多关于满族兴起时的清朝皇家的人事记述，八旗的渊源，明清战争的实况以及满族原始的文化风俗等等，都是后来清代官书不详的，或是根本不记的，真是"三百年来的秘史"。试想如果不是乾隆皇帝如此热心重视，花了三十多年时间整理并重写了这些旧档，即使完好地保存到今天，相信能读那些老满文的人也没有了，遑论利用内容来探讨清初历史呢！

　　乾隆朝另一件整理与保存他们满族祖先古老文化产业的工作是绘制《满洲实录》。《实录》本来是专记皇帝大事的专书，这本书以"满洲"代替皇帝的名号，实在特别，同时书中文字兼写满、蒙、汉三种，又配上了几十幅插图，真是少见的体式。乾隆四十三年，皇帝在乾清宫里看到从盛京老家带来的旧本《太祖实录图》八册，怕皇家子孙"不能尽见"，所以下令大臣"依式重绘二本，以一本贮上书房，一本恭送盛京尊藏，传之奕世，以示我大清亿万子孙毋忘开创之艰难也"。可见这《满洲实录》就是早年制成的《太祖实录图》，是记清太祖努尔哈齐建造汗国时的记事专书，自从带到北京之后，便放在皇帝处理日常政务的乾清宫里，当然能看到此书的人不多。乾隆为了广为流传，并让皇家子孙知道祖先创业的艰难，所以命令照式绘写两份，分别放在皇子念书的上书房与沈阳老家的故宫中。乾隆四十六年又下令再画一份，放在热河的避暑山庄行宫，"以便披览"。二十世纪里这部书又被几次翻印，现在很多大图书馆中都可以轻易地看到这本书了。

　　有关清太祖努尔哈齐的《实录》，皇太极在关外改建大清朝的时候，就按汉人的传统为他父亲纂修了《武皇帝实录》。在《武皇帝实录》成书前，曾经就《旧满洲档》的资料先编了一套《太祖实录图》，这部不合正统规格的实录图就是乾隆重绘制的《满洲实录》底稿本，由此可见：乾隆把他们祖先两大古老文化遗产都加以整理并再版了，贡献是应该被肯定的。

更值得一提的是乾隆在这次重绘《满洲实录》时，竟未更动书中的内容，并不像修《四库全书》那样地强调满清正统，可以说是原文照抄地绘制了几份。现在举几个例子来作说明：

一、仍称明朝为"大明国"，如"大明国的万历汗"、"大明国的太子太保李成梁"等等。

二、对于努尔哈齐本人也不称"清太祖武皇帝、高皇帝"或"上"，还是用早年称呼为"太祖聪睿贝勒"、"太祖谦恭汗"、"太祖英明汗"等，跟汉文努尔哈齐实录中的书法不同。

三、记年份不用干支，月份还是以"在春天当中的月"表示二月，"秋天最后的月"表示九月，完全是阿尔泰语的本色。

四、早年《太祖实录图》中所记的残忍杀人事件与家族中的淫乱事件完全照录，不加掩饰或删除。

乾隆四十年代，正是文字狱大兴，强调满清正统、强化皇权的时刻，皇帝竟以如此坦然的态度整理并保存祖先文献，真可以称得上是一位忠诚无私的学者帝王了。

由于《满洲实录》里也照样描下了《太祖实录图》中七十几幅插图，有人戏称简直像是一部"连环图画"的书。不过这些插图，史料价值还是很高的，因为我们从中可以看出当年明清交战的情形、满蒙汉各族人所穿的衣服、所使用的武器、居屋与蒙古包的模样、努尔哈齐当大汗典礼与大宴等等的实状。再说最早版本《太祖实录图》在此次重绘制《满洲实录》后不到二十年在一场宫中大火中烧毁了，乾隆的重抄重绘的工作也因而显得更有意义了。

除了这些先人的文化遗产以外，乾隆在位期间还为满族文化编制了专书，或便于人们研究，或广为流传至永远。以下就是当时出版品名称：

辞书方面有《清文鉴》、《满洲蒙古汉字三合切音清文鉴》、《满汉对音字典》以及《五体清文鉴》等。其中《五体清文鉴》是一部满、蒙、藏、维、汉五种文字对照的分类大辞典。全书共分二百九十二类，收词条一万八千多个，修成于乾隆中期，是研究民族语言的一部重要工具书。

史学传记方面有《开国方略》（记清人入关前历史）、《宗室王公功绩表传》（专记满族贵胄的事迹功勋）、《八旗满洲氏族通谱》（专录满洲八旗姓氏源流与始居地）、《满汉名臣传》等。

政书典制方面有《八旗通志》（记各种有关八旗制度与人物的专书）、《满洲祭神祭天典礼》等。

另外还有《满洲源流考》，全书分部族、疆域、山川、国俗四门，以清朝为纲，详述自周肃慎以来满族祖先的历史等事。

乾隆又为了强调他们本族自创的语文，除了以满文翻译部分儒家经籍与政府的典制史地书外，特别命令在臣工与僧侣中邀请专家，以满文翻译《大藏经》。《大藏经》是佛教一切经典的总集。乾隆三十七年（公元1772年），正是向全国收集遗书的时候，皇帝突然想到：

> 盖梵经一译而为番，再译而为汉，三译而为蒙古，我皇清主中国百余年，彼三方久属臣仆，而独缺国语之大藏可乎？

他认为《大藏经》已由印度梵文先后译成西藏文、汉文、蒙古文了，怎么能独缺满洲文本呢？乾隆同时举办《四库全书》的纂修与《清文全藏经》的翻译，实在是大手笔，也是学术宗教界两大如"万里长城般的大工程"。皇帝翻译《大藏经》的目的，他说并不是为了"以祸福趋避教人"，而是在让大家学习满文，并从佛教经书里知道"尊君亲上，去恶从善"的道理。可见他坦白地承认是有功利动机的，也是为推广满族语文教育的。

《清文全藏经》到乾隆五十五年（公元1790年）翻译完成，前后历时十九年。据庄吉发教授称："台北故宫博物院现存满文《大藏经》计三十二函，北京故宫博物院存有七十六函，合计一百零八函，都是清代内务府满文原刻朱色初印本，其形式规格及朱色浓淡，俱彼此相同，应属于同一来源的满文《大藏经》。"而且认为乾隆当时"为了适应译经的需要，在译经过程中，增加了许多满文新词汇，对满文的研究，提供了很丰富的语文资料，对满洲语文的发展产生了很大的影响"。

确实是的，很多人根本不知道世界上还有一种满洲文字存在，即使知道有这种文字的人，也大都觉得它是已经没落的，甚至死去的文字。尤其辛亥革命后民国初期，大家反清反满，连同满族的语文也被视为不值得一学的东西，真是到了弃之如敝屣的地步。可是今天满洲文的图书文献大公开了，包括乾隆年间整理的与新制作的在内，大家才发现真是一座大宝藏，不但对满族特有文化以及清朝历史的研究有极大极多的裨益外，对探讨中国很多领域的学问也有帮助。就以《清文全藏经》来说，它是由汉文的《大藏经》翻译而成的，一般读者看汉文本时，不一定能通晓文义，尤其是一些佛学方面的专有名词，可是你若懂得满文，它的译文就像我们中国古经的白话翻译一样，浅显易懂，因此《清文全藏经》的译成，对印度佛教思想来说，既多了一种文字的译本，又增加了普及性。

乾隆与他的祖先曾经将中文的儒家经典几十种译成了满文本，对满族人士通晓汉学无异是一种津梁。又因为满文是拼音文字，西洋人学起来比学中文容易，盛清时来华的传教士都会满文，他们把满文本的四书五经带回了欧洲，引起了西欧的中国热。直到20世纪前期，德国学者还说："满文为我们研究汉学开辟了一条大路。"乾隆朝整理、保存、弘扬满洲文献的贡献，显然又加上将中华文化传播到西欧一项了。

三十八

行旅天子

乾隆皇帝在位六十年，据统计：从他登基开始到去世前，他一生之中的各种巡幸活动多达一百五十多次，其中拜谒祖先东西陵寝及东巡六十六次，到承德避暑山庄住夏与木兰秋狝五十二次，巡幸畿辅地区包括明陵、盘山、天津等地共十四次，东巡山东曲阜八次，南巡江浙六次，西登五台山六次，巡访中州一次。他每年都会出外巡走，至少两三次，真可谓是位行旅天子了。

乾隆如此频繁的出巡，很被后人非议；不过，他巡幸也是有各方面成效的，不能抹杀不谈。先来看看他几乎定期的避暑山庄与秋狝之行。

皇帝去避暑山庄除了他生母仙逝等特别原因外，几乎是每年都去的，甚至还有时候一年去两次的。通常夏初由京城出发，秋后再返回京师，偶尔也有住上四五个月的。专家们说：乾隆统治六十年，约有十年的光阴是在山庄度过，山庄是清朝的第二政治中心。

在一般的情形下，皇帝是先到山庄，后行秋狝。在山庄的时候除处理北京进呈来的文件公事外，重要的是与蒙、藏、回各族高层领导人联络感情，建立良好关系。乾隆常在山庄万树园、大政殿、澹泊敬诚殿等处大宴

三
十
八

行
旅
天
子

233

蒙古等族王公、高层领袖，并举行演戏与武术活动以娱嘉宾，或藉以切磋技艺，加强尚武精神。有一位随从皇帝去山庄的军机处官员描写过竞武的情形：

> 未至木兰之前，途次每到行宫，上辄坐宫门外较射。射毕，有跳驼、布库诸戏，皆以习武事也。……

跳驼据说是选出一些身手好的人从八尺高的骆驼背上跃过，落地时需直立不倒。布库系蒙古语，相扑、摔跤的意思，两人比赛角力，倒地的人为失败，"胜者跪饮一卮而去"。除了这些游艺活动之外，皇帝也接见各族王公贵族，封赐爵号，赏给缎匹、银两等。乾隆二十年以后，由于准噶尔与回疆的动乱逐渐平息，中央直接控制西北边疆，民族事务也增多了起来，因此避暑山庄周围也进行了大规模的营建工程，以肆应需要。由此可见：皇帝每年去热河山庄，不全为避暑，更不是为了"荒游"，"上每岁秋狝，非特使旗兵肆武习劳，实以驾驭诸蒙古，使之畏威怀德，俯首帖伏而不敢生心也"。

秋狝常在中秋前后举行，就是皇帝带领着各族军人武士一齐去打猎，打猎的队伍有时会多到几千上万人。打猎的场所称"木兰围场"，"木兰"是满洲语"哨鹿"的意思，这块总面积达一万多平方公里的围场离避暑山庄一百多公里远，是康熙皇帝选定的，秋狝与山庄住夏都是康熙设计的联系蒙古等人的手段，乾隆是仿照实行的，只是成果比他祖父更要好些。

秋狝行围的方式有少数人入山，边走边打猎，或是在平地行猎。围猎是规模最大的，由皇帝率领着皇子、皇孙与王公大臣，以及蒙古等族人马，浩浩荡荡地入山，像行军一样有秩序地前进，违反命令的要受罚，大家先作成一个包围圈，然后逐渐缩小，最后捕杀野兽，皇帝也亲自参加，很多时候让皇帝、皇子射杀那些被困的兽类，以显示皇帝的权威。兵士们在捕猎野兽时杀声震天，一如在战场交锋，皇帝也藉以训练战士作战能力。哨鹿则是皇帝带着一批精锐劲旅，在深山里吹着木制的长哨，模仿雄鹿求偶的声音，骗引母鹿，当母鹿出现后即以枪箭射杀。皇帝和参加哨鹿的人立即生饮鹿血，据说能使人延年益寿。

行围时间前后需要二十天左右，每天黎明前入山，日落后回营，满蒙各组军士陈列"战果"，皇帝论功行赏，鼓励大家。晚间则常以猎得的野兽，举行野餐会。木兰行围结束时，又举行一次大型的庆功兼惜别会，大家狂欢，气氛极为融洽，因此每年秋狝不但是一场军事技能的测验运动，也是清廷与西北各族的联谊大会。

四次东巡分别是在乾隆八年、十九年、四十三年、四十八年举行的。最后一次皇帝已年逾古稀，他也感慨地说："此别回瞻增有怆，再来度已恐无能。"那么他又为什么到落后的东北地区奔波呢？乾隆在诗句里也说得很明白："四度陪京谒祖陵，敬思前烈益兢兢。"可见他东巡的目的是拜谒祖陵，思念祖先创业的艰难，鼓励自己与满洲人要守住祖宗江山而努力才是。因而每次东巡，皇帝一定要特别举行隆重的谒陵大典，对太祖努尔哈齐与太宗皇太极表示崇敬与怀念之情，在沈阳还亲临一些开国功臣坟地去赐祭，感谢他们在开国事业上的贡献。留居盛京的宗室贵族与守土官员，乾隆也借机笼络他们，除分别赏赐银两、缎匹等物之外，又邀请所有亲戚一齐参加大宴，宴后或赐诗篇，或讲武比射，家人团聚的欢乐气氛达到最高潮。另外对于当地的官员普遍地加官一级，有过要被处分的也概予免罚。一般人民则受到免除积欠的钱粮与次一年的全部正额地丁赋税的优待，真是皆大欢喜。乾隆也利用东巡时视察边区，检查战备，看看新训练的年轻一代满洲兵的情形，因为关内每次大型战争都会从满洲老家调一批兵员来作战，确实这些满族新兵比关内各地老态的兵士要能作战，因此清朝帝王对老家子弟兵一直很重视。清朝皇帝东巡还有一项任务，那就是怀柔科尔沁等漠南蒙古。这些蒙古部族有些与清朝皇家世代联姻，有些也是从早就与清朝结盟的，皇帝既然东巡，顺道与他们聚会，赏赐给他们大批

三十八

行旅天子

物品金银，以联络感情。尤其是科尔沁蒙古，从太祖、太宗时代就联姻了，乾隆皇帝自己的豫妃也是蒙古人，他自己的皇三女也嫁给了科尔沁的辅国公布腾巴尔珠尔，难怪皇帝在与科尔沁蒙古贵族们聚会之后，会留下"塞牧虽称远，姻盟向最亲"以及"中外君臣自一家"等诗句了。

乾隆东巡有优恤蒙古、巩固盛京、教训宗室、视察边疆等等的作用，所以他在第三次东巡后降谕中外，要他的子孙将来必须举行东巡，亲访老家，如果有"无识之臣工，妄以人主当端处法宫，综理庶政，不宜轻出关外。此即我朝之乱臣贼子，当律以悖命之罪，诛之勿赦"。他如此地说重话，可见他对东巡的重视。

在所有行旅活动中，乾隆最重视的是到南方江苏、浙江等地的"南巡"。皇帝晚年曾写过一篇《南巡记》的文章，其中说：

> ……予临御五十年，凡举二大事，一曰西师，一曰南巡。……

"西师"是指乾隆二十年至二十四年间对准噶尔与回部的用兵。这场历时五年的战争，平定了准部，统一了回疆，开拓疆土两万多里，奠定了天山南北路与青藏等地的安定基础，实在是大事件。"南巡"怎么也被说成是头等大事呢？皇帝的解释是："江左地广人稠，素所惦念，其官方、戎政、河务、海防，与凡闾阎疾苦，无非事者，第程途稍远，十余年来未遑举行。"到了乾隆十四年冬天他又说，十五年他将有五台山等地之行，而十六年正是他生母皇太后的六十大寿之期，所以他决定陪母亲去南方巡幸，作为祝寿献礼。

乾隆对他生母是极尽孝道的，为"圣母六旬万寿"到南方游览名胜也许是一个原因；但自乾隆即位以来，中央与南方的关系逐渐地产生了一些问题，例如皇帝一直提拔八旗人士进入官场，扩大族人政坛势力，这对素称"人文渊薮"的江南乡绅与知识界而言，权益受到很大的损害。同时皇帝下令清厘欠税，江南大户积欠的也最多，急令补交，当然也使江南富户不满。因此有些乡绅与官员出面表示意见了，甚至有人对皇帝指名抨击了。而江浙一带，当清朝入关时就有人从事反清反满的运动，思想有问题的人很多，如"千古悖逆之人"吕留良、"名教罪人"钱名世、《明史》案的主角庄廷鑨等等，乾隆也说过浙江"民情狡诈"。但是江浙是全国赋税的重地，皇帝不能坐视不问，而且需要起而行地去安抚笼络才是。

皇帝在乾隆十六年（公元1751年）、二十二年、二十七年、三十年、四十五年以及四十九年（公元1784年）先后六次南巡，尽管有"艳羡江南，乘兴南游"之嫌；但乾隆的南巡显然还是对当时政治、经济与文化思想上有正面作用的。例如：

一、览视黄淮河工：黄河因夹带大量泥沙，到下游不断造成决口，形成大水灾。康熙时代就非常重视河工。乾隆效法乃祖，除最后一次南巡因年过七十，前五次都实地认真地视察了河工，因为他说过"南巡之事莫大于河工"。乾隆督察河工不是做表演，他真是参与研究这项水利工程的。例如他命令增建储水坝，编为仁义礼智信五座。他主张在徐州一带改筑石堤，以保工程经久耐用。他也决定用以工代赈，动员灾民筑堤，因为这样"于穷黎有益，而于工程亦易集其事"，何乐不为。凡此都足以说明他在南巡途中真为黄河工程做了一些事，河患也因而减轻了许多。

二、兴工修筑海塘：钱塘江连接东海，江水顺流而下，海潮逆江而上，相互冲击，所以杭州与海宁一带的海塘，容易被冲溃，造成水灾。康熙、雍正时都非常重视海塘工程，因为水灾波及江南很多地区，而且也都是富庶的鱼米之乡。乾隆即位后就命令过："海塘工程，着动正项钱粮办理其事。"可见他的关心与决心。六次南巡中，第一次因听大臣说"江海安澜"，认为"毋庸亲临阅视"。第二次南巡时听说潮势渐趋北岸，所以其后南巡都去督看海塘工程。在他不断关怀与指导下，先后修建了二百多里的鱼鳞石塘，代替了原有的土塘，防堵了吴越平原遭受水灾的袭击。清史名家孟森先生也称赞乾隆在海塘工程上，"谋国之勤，此皆清代帝王可光史册之事"。

三、争取广大民心：乾隆是最了解也最强调"民为邦本"的皇帝，他在历次南巡途中必定对所经之地的人民蠲免钱粮，举办平粜，赦免人犯，以博取人民对他的拥戴与对中央政府的支持。乾隆又为了标榜"重农务本"，每次到江南时，都告诫臣工与随行人员"春苗遍野，毋得践踏"。在他到达某一地区时，官吏都来迎驾，他也会下令要官员们不得借口办差而稽延日常政务，尤其是民间的讼案，处处表现在关心人民。据日后统计，他六次南巡，单是免除经过的各州县积欠钱粮就高达两千万两之多，人民怎么不同声感激？

四、笼络官吏士商：每次南巡乾隆都在笼络官吏、乡绅、士商方面做了不少工作。对沿途退休在乡而有影响力的乡绅予以接见，赏饭、赐人参、貂皮。有时还晋封官爵、赐他们子孙功名。对任职的大官则赏金赐银，题诗给匾，以示倚重。有过的官员则特准让他们重新做官，恢复原有官品。官员们每每感激戴德，愿为皇帝效忠。地方上读书人杰出的，皇帝召他们来面试，成绩好的赏他们功名，也有带回京城做官的，充分表现了皇帝奖励文学的用心。南巡中，皇帝也联络商人，凡"承办差务，踊跃急公"的赏给"按察使"、"奉宸苑卿"衔，与大家建立良好关系。

皇帝又在沿途向至圣先师孔子、大禹王、明太祖、山神、河神、江神以及御道三十里内的历代贤良忠义名臣烧香行礼，以示尊敬，这也是笼络各省民心的一种手段。

乾隆一生的行旅活动，确实有助于巩固统治权，消弭种族敌意，好处是很多的，不过行旅的花费惊人，影响中央与地方财政，而且在地方上引导了奢华的风气，在官场里产生了钻营、贪婪的不良风气，这些后遗症也是可怕的。

乾隆真是一个会花钱的皇帝，一生打过十次大型战争及很多次地方性的平乱军事行动，军费开支实在无法估算。他又经常到处行走，巡幸四方，消费也是可观的。其他如为了表现文治鼎盛而在收集、整理、修纂各种图书资料方面，更不惜工本地投资。他自己讲究吃喝，宫眷又那么多，花钱必然不少，而他又爱大兴土木，在位期间，除黄淮、海塘工程之外，离宫的兴建，更教人叹为观止。

这里所说的离宫以圆明园与避暑山庄为主。其他如北京城的拓置、紫禁城内宫殿的增修，中南海与北海一带宫苑的经营，香山静宜园、万寿山清漪园、玉泉山静明园、京郊畅春园等的维修与加添景点等等，因为篇幅所限，不能赘述。

圆明园本来是康熙时代赐给雍正的一所郊区大别墅，在北京城的西北郊外，与康熙的行宫畅春园为邻。康熙为什么把这座园林称为"圆明园"呢？据说有"圆而入神，君子之时中；明而普照，达人之睿智也"的涵义，祝福园主是位智慧通达的人，会实行符合人民需要的中庸政策的。乾隆为皇子时，雍正让他在圆明园的"长春仙馆"住过，并赐他号为"长春居上"。乾隆当了皇帝之后,即在圆明园原址的东边,大加拓建,命名为"长春园",与原有圆林、万春,构成一个大园林区。乾隆本想在他归政退休后在此安度晚年的,因此对扩建的工程很费了一番思量,最后他决定长春园区以西洋式建筑为主。

乾隆十二年(公元1747年),皇帝从一幅西洋铜版画上看到西洋园林里有喷泉,因而引发了他的兴趣,于是找来当时在宫中服务的意大利人郎世宁(Giuseppe Casligliore),命他设计建造西洋楼,郎世宁后来又推荐了懂得机械物理学的法国传教士蒋友仁(Michel Beniot)参与,工程进行中,皇帝也"每日均来观察,且时常发问",并且指示洋楼游廊等处要画西洋油画。西洋楼及楼前喷泉竣工时,皇帝以"天谐奇趣"之意,命名这幢楼为"谐奇趣"。据说乾隆喜欢在这里欣赏音乐与观看喷泉。音乐是由乐队演奏的西域音乐或是西洋音乐,不是中国传统的国乐。

第一幢"谐奇趣"西洋楼完工后不久,皇帝又命蒋友仁等建造第二幢名为"海宴堂"的西式楼房。这一幢楼规模大多了,喷泉也设计得别出心裁,建成后有教士说可以媲美巴黎的凡尔赛宫,尤其是喷泉的奇特,可谓匠心独具。因为在海宴堂前大空地上分布了很多喷泉,其中十二生肖的大喷泉最为醒目,十二个人体兽头的青铜雕像,分别是鼠、牛、虎、兔、龙、蛇、马、羊、猴、鸡、狗、猪,代表子、丑、寅、卯、辰、巳、午、未、申、酉、戌、亥十二个时辰,每隔一时辰即由代表那个时辰的兽头喷水,正午时则十二个青铜兽像同时喷水,集中落水在喷泉中心一个精巧铜制的中国古代水计时的漏壶中,可谓竭尽了巧思。

乾隆对西洋建筑工程的兴趣更大了,接着又兴建第三幢名为"远瀛观"的洋楼。这幢楼里后来陈列很多珍宝名画,金碧辉煌,建材用了不少汉白玉,堪称费钱费工。远瀛观的喷泉称为"十狗逐鹿",喷水时由十只狗口中一齐喷出,射向中间的铜鹿,而鹿角上也同时喷水,颇为壮观。

除了谐奇趣、海宴堂、远瀛观这三幢主体大楼之外,长春园北部还有一排洋楼群,如养雀笼、方外观、蓄水楼、方河等等。这一系列洋楼从乾隆十二年动工，到二十四年告竣，前后历时十二年多，为清朝皇家园林增添了异国风情与色彩。可惜整个圆明园区的豪华建筑，在清末英法联军一役中，被洋人洗劫宝物，破坏部分建筑。光绪二十六年（公元1900年）再遭八国联军劫掠破坏，遂成一片废墟，现在只剩下远瀛观的断垣残雕供人凭吊了。年前香港著名艺术商拍卖会所竞标的几件青铜兽头，就是当年洋人抢劫的赃物。

乾隆最敬爱他的祖父康熙，一生事事都要效法皇祖。他是因圆明园牡丹台前的见面而被康熙带回宫中教养的，也是因为避暑山庄狮子园聚会而进一步走上继承大位之途的，这两处皇家园林对乾隆而言，确实具有特殊意义。而且他祖父康熙营建避暑山庄还有政治与军事上的目的，山庄的大兴土木是意料中了。

康熙晚年几乎花了二十年的时间经营位于承德北郊的皇家最大园林避暑山庄，一方面来避暑，但更重要的是在此联络蒙藏回部贵族，增强边胞对清廷的向心力。另外又举行木兰行围，训练官军作战力，加强保卫国家的实力。康熙时代的避暑山庄虽然已经有了三十六景的名目，也仿照南北园林的特点，建成了不少宫殿与景区；不过康熙时代的建筑大多简朴，花费不算太多。乾隆即位之后，对山庄不断地大规模改造和扩建，直到乾隆五十五年（公元1790年）才满意地暂停了兴建事宜。他除了在山庄内部的宫殿区与苑景区进行了很多工程，如把三十六景增加到七十二景外，他又在山庄的东面与北面山区，增建了不少寺庙，成为著名"外八庙"系列群。

山庄内的处理政务与皇家生活的宫殿区以及由湖、山、平原构成的苑景区，建筑与景点实在太多，不能一一叙述。现在仅就有意义的寺庙群作一简介，相信就可以看出乾隆时代山庄建筑辉煌一斑了。

康熙五十二年（公元1713年），各部蒙古王公贵族来承德，为庆祝康熙六十大寿，建造寺庙，康熙同意在武烈河东岸山脚下造了溥仁寺与溥善寺（已不存），规模不很大，寺内供三世佛与二侍者，两边有十八罗汉，这是外八庙中年代最古的了。

大兴土木建离宫

乾隆二十年（公元1755年）平定了准噶尔蒙古，皇帝在避暑山庄大宴卫拉特（厄鲁特）四部蒙古的汗、王等高层，由于蒙古王公们笃信喇嘛教，皇帝便下令依西藏三摩耶庙的式样，建造普宁寺以为纪念。寺内又竖立石碑，记述平定达瓦齐、阿睦尔撒纳叛乱的经过，并以满、汉、蒙、藏四种文字书写。庙的建筑很特别，内供大佛，并有日殿、月殿、白塔，象征"四大部洲"、"八小部洲"，富有佛教的宇宙观。

乾隆二十九年（公元1764年），又在武烈河东岸的高地上，建造了安远寺，又称伊犁庙。原来在新疆伊犁有"固尔札庙"，是准噶尔部众夏季进行宗教活动的所在。后来在阿睦尔撒纳叛乱中被毁了。乾隆二十四年准部首领达什瓦投清来承德居住时，乾隆为笼络准部，命照"固尔札庙之制，营建斯庙"。从此以后，蒙藏高层贵族来承德朝见乾隆时，安远庙便成了他们集会、诵经踏步、进行宗教活动的场所。

乾隆三十一年（公元1766年），皇帝又下令造普乐寺，也是为蒙古杜尔伯特部等少数边胞来朝见时作观瞻用的。庙的主体建筑"阇城"上的旭光阁，很像北京的天坛祈年殿，很有科学与艺术的价值。

乾隆三十二年至三十六年（公元1767～1771年），又在山庄北面建成外八庙中最大的普陀宗乘之庙。普陀宗乘就是藏语布达拉的汉意，可见这座庙是与喇嘛教神王达赖喇嘛所居布达拉宫有关的。乾隆三十五年是他自己六十岁生日，第二年又是他母亲八十大寿。皇帝又仿康熙六十寿诞建溥仁寺故事，"以构斯庙"。普陀宗乘之庙由将近四十座佛殿与僧房组成，占地二十二万平方米，配上藏式白塔，汉式排楼亭阁，很是美观。加上在一群白色建筑之中又以大红台为主体，更给人庄严宏大、色彩鲜明的感觉。庙内还有很多石碑，刻记着建庙的缘由，堪称重要历史文献。

普陀宗乘之庙是清朝"神道设教"留下的史证之一。特别值得一提的是这座庙完工之日，正是土尔扈特蒙古从俄国统治下重归中国之时，他们的领袖渥巴锡汗到承德山庄来晋见乾隆，并到普陀宗乘之庙行礼，乾隆把流浪国外多年的蒙古来归说作是"佛法无边"，"诚有不可思议者"，是他"神道设教"政策的"善因福果"。皇帝兴建这座大庙,既满足自己好大喜功的心愿,又达到了控制蒙藏的目的,可谓一举两得。

乾隆三十九年(公元1774年)山庄北面最西侧的殊像寺开始兴建,次年完工。这座寺庙完全是汉族庙宇的建筑,从修建的文献中可以看出,因为在乾隆二十六年皇帝陪生母去了五台山,山上有殊像寺,内供文殊菩萨像,皇太后很敬重,于是回京后便在香山造了一座宝相寺,全仿五台山殊像寺而建。这次在山庄外建的殊像寺也是仿宝相寺建的,庙里原有高十二米的文殊菩萨骑狮像一尊,两旁有侍者,甚为壮观。乾隆自命是文殊化身,也把早年西藏献丹书说满洲就是文殊的转音。所谓"法尔现童子,巍然具丈夫。丹书过情颂,堂堂如是乎?"用以在蒙藏喇嘛教世界中发挥他的崇高地位,修这座庙仍有政治目的。

乾隆四十五年(公元1780年),在普陀宗乘之庙东面又造了须弥福寿之庙。这一年班禅喇嘛特地从后藏来为乾隆庆祝古稀万寿,皇帝因而下令仿照班禅所居的札布伦寺,造了这座庙供班禅在承德讲经与居住之用。这座庙与普陀宗乘之庙一样,都是覆盖鎏金铜瓦,金碧辉煌。

避暑山庄的外八庙现在已有些倒塌或剥落的,但是它们确是清朝对蒙藏与西疆其他民族加强联系与统治的历史证物。

总而言之,乾隆皇帝在位期间,大兴土木建离宫是事实,不论是为了他个人的享乐,或是为了政治军事的需求,这笔工程费用一定是可观的、可怕的!

不光彩的生财之道

　　乾隆一朝用于战争军需、河工海塘、水旱赈济、土木建筑、官员俸禄、四出巡幸、行围打猎、赏赐臣仆、祭祀庆典、宫中衣食等等的费用，实在无法计算。可是到他晚年，国库里还有盈余，而且盈余的数字，不比乃祖乃父为差。他究竟如何平衡他这一朝开支的呢？

　　我们先来了解一下，清朝国家的收入是些什么？按照正常的情形，国家的正项钱粮有地丁、盐课、关税三大项，由于中国以农立国，所以地丁正项是国家的主要财政收入。雍正以后，丁银的人头税改在土地内征收，但不影响当时的财政。至于国家正项钱粮的一年总收入，大约三千多万两白银左右。

　　现在且以"十全武功"中第二次金川之役来说，据统计就耗费了七千多万两白银，比两年的国家总收入还多。清廷到底是如何应付这些庞大支出呢？原来遇到发生大事件时，经费除中央拨发库银外，各省也有协济军饷的，还有官员富商捐输的，因此中央负担的军需只是一部分。二次金川战争时，两淮盐商江广达、程俭德等人就捐献银四百万两，还有其他各省，特别是广东洋行商人也都"志切同仇"地捐出数十万两不等军费。又如台湾林爽文之役，在福康安被任命来台之后，皇帝为了坚定他必胜的信念，就曾颁布谕旨叫邻近各省协济，尽快地拨白银三百万两到福建备用。另在皇帝的倡导下，广东的洋商潘文严、盐商李念德等捐银五十五万两。山东、长芦盐商捐银五十万两。两浙盐商何永和等捐银七十万两。两淮盐商江广达等捐银二百万两，用以供作军需。同时皇帝又发动浙江、江西、四川、湖广、江苏、安徽等省派办米粮一百多万石，送往福建作军粮与救济台湾灾民贫民之用。由此可见，乾隆朝战役虽多，不少军需是出自地方与商界，中央并没有全部负担。

更重要的乾隆还有一套生财之道，说起来很不光彩，但确能为他平衡支出，解决财政上的大问题。

乾隆生财之道的第一种方法是将犯罪官员，特别是贪官的家产充公，以充实国库。例如贵州巡抚良卿、按察使高积等人运铅贪污案、云南布政使钱度等人运铜贪污案、云贵总督李侍尧及其家人张永受贪污案、甘肃布政使及全省大小官逾百人的捐监案、闽浙总督陈辉祖的侵吞充公物品贪案以及总督富勒浑、觉罗伍拉纳的贪污案等等，还有官小到如知县的，只要是贪污，大概都会遭到"查办"的下场，而"查办"就是先"抄家"，犯官的财产先予充公。乾隆朝贪案特多，因而这方面的收入也特多了。与贪案相关的上级官员，有时也受到处分，像甘肃捐监贪案，邻省的陕西巡抚毕沅也以"瞻徇畏避"降三级留用，并罚银共五万两，也为国库增加一些收入。闽浙总督陈辉祖与江苏巡抚闵鹗元因为有弟弟在甘肃任官，也是捐监大案的涉案人，这两位兄长都被"永远停支养廉银"。养廉银是官员的津贴，数额比正俸多上几十倍的，这一"永远停支"，当然又为国库省下一笔开支。另外还有一个例子，乾隆一直称好的大学士于敏中，他死后家人争产，讼案闹到皇帝面前，经调查之后，于家产业竟高达两百万两，皇帝认为必是于敏中在生前贪污所得，所以只给了三万两做嫡孙于裕德生活费，其余的全都"入官"了。这类的例子很多，不能赘举；不过这项财政来源是相当可观的。

四十

不光彩的生财之道

乾隆的第二个生财手段是鼓动富商捐输。凡是有大事发生时，如战争、天灾、河海工程等等，富商在地方官员暗示下，都会踊跃捐献。《清史稿·食货志》里说：

> ……乾隆中，金川两次用兵，西域荡平，伊犁屯田，平定台匪，后藏用兵……淮、浙、芦、东各省所捐，自数十百万，以至八百万，通计不下三千万。

仅以两淮的盐商来说，《清盐法志》里就记下以下数笔：

乾隆三十八年八月，商人江广达等，"公捐银四百万两，以备金川军需之用"。

乾隆四十七年六月，商人江广达等，"公捐银二百万两，以充东省工赈"。

乾隆五十三年正月，商人洪箴远等，"以后藏奏凯在即，公捐银四百万两，以备赏需"。

乾隆五十三年九月，商人江广达等，"以荆州堤塍被水冲浸，公捐银一百万两，助工赈之需"。

另外，两淮盐商江春，在乾隆时代，"每遇灾赈、河工、军需，百万之费，指顾立办"。

其他山西、河东各地商人也有捐输的，数量也不算少，由此可见：皇帝也有从富商身上寻找国家财政源头的。

还有一种公私难分的筹钱方法，那就是利用皇家庆典与皇帝巡幸让官员与富商们报效。举例说，乾隆二十六年及三十六年，皇帝为母后分别庆贺七十与八十大寿。两淮、长芦、浙江的盐商遵命来京，装饰西华门至西直门地段的景点，"以遂其衢歌巷舞之忱"。每次花费银在几十万。乾隆五十五年，皇帝自己八十圣寿，早期就颁布上谕，这是历史上罕见的"升平盛瑞"，当然要大办庆典，原定经费一百多万两，由官员、商人和各省民人敬致，各省高官在养廉银里扣缴四分之一。中央王公大臣也"在俸廉内分别坐扣",结果宗人府的亲王、贝勒、贝子们共得银三十七万四千八百五十五两,各部院衙门的文官共得七万四千六百七十五两,武职大臣共为一万七千七百五十五两。各省大小衙门报效银九十九万六千二百零五两;大家共襄盛举地为皇上祝寿,中央与皇室并没有花费什么钱。巡幸也是盛典,官员们(主要是外省的)也要奉献庆贺,如乾隆四十一年春天东巡山东,据清宫内务府《奏底档》所记,沿途有蒙古王公,不少巡抚、盐政、织造,都陆续"恭进"金银宝物,蒙古亲王阿尔善就送了黄金六十锭,"重五百九十二两"。河南巡抚徐绩恭进貂皮一百张、乌云豹一千张、银鼠一千张,还有其他的缎绸衣料。湖北巡抚陈辉祖敬呈"洋磁小刀三十六把、象牙火包三十六个"。两淮盐政伊龄阿的出手最大,送了皇帝黄缎马挂料、各色八丝缎袍料、天青八丝宁绸挂料、各色八丝宁绸挂料等各五百件以及大荷包二千对、银奖武牌三千面。其他还有江苏巡抚萨载、杭州织造福海、河东总督姚立德、四川总督文绶、江西九江关监督、广东总督李侍尧、巡抚熊学鹏等也都纷纷"进呈"各式各样的礼物。皇帝只是到山东祭孔,马屁官员竟从江苏、江西,甚至四川与广东等地来进献大批财物,实在过分。乾隆南巡所过地方更多,一切行宫园林的整治,沿途景点的装饰,宴饮迎送的开销,珍异宝物的进献,耗资之巨显然就更大了。皇帝出巡所收到的礼物,大都统归内务府,由皇家享用。

乾隆最坏的生财方法是"自行议罪银"的倡设。"自行议罪银"又简称"议罪银",是和珅为皇帝发明的。这项办法是朝廷中央和各省官员凡犯有过失,或皇帝认为有过错,甚至官员根本没有犯错而他本人觉得应当"自赎"时,都可以自行"议罪",上缴若干银两以了事,免去处罚。这种议罪罚银和抄家充公的不同,银两不必缴中央的户部,而由军机处催交,得到之后径交为皇家服务的机关内务府,内务府的收入当然就是皇帝的收入。由于这种经济来源不很光彩,所以清宫里把这笔烂污收入记在《密记档》,显然是见不了人的。当时人知道这件事,说和珅"专尚损下益上，从而获乾隆之固宠"。

《密记档》现在公开了，在北京一史馆与台北故宫博物院里都可以看到这类档案，现在略举数则，以为说明：

乾隆四十七年三月，巴延三因"民人谭老贵自缢身亡一案"，奏交自行议罪银八万两。

乾隆四十八年，盐政使西宁因盐课事"办理不善，商人拖欠甚多"，奏交自行议罪银八万两。

乾隆四十九年，和珅代奏李天培"因遣犯脱逃，重囚监毙"之事，交自行议罪银四万两。

乾隆四十九年，伊龄阿"因参窦光鼐实属错谬"事，交自行议罪银三万两。

乾隆五十年十二月二十六日，富勒浑代奏运司张万选因"船只缺少不能筹划添补"事，交自行议罪银三万两。

乾隆五十一年八月，和珅等代奏雅德因"浙江税务缺少"事，交自行议罪银六万两。同年和珅代奏福崧名下交银二十万两。

乾隆五十一年，明兴代奏原任巡抚吴垣之子吴承代父因"湖北活埋民人一案"事，交赎罪银三万两，当年交银一万两，余银两年内交清。

以上只是部分记事，但是已经足够我们了解这项罚银免罪的大致内容了。皇帝用这种方法来筹钱花用，也真是少见的。

事实上，皇帝还有其他法子牟利的，如发放官帑借给商人来收取高利等等，这里不能详述了。不过，无论如何，乾隆的很多生财之道是不可取的，也是不光彩的，而且后遗症很可怕。皇帝向官员、富商要索以增加收入，官员与商人能不倍本加利地收回吗！所以地方大小官员只有从变相的加税或是贪污来补回。盐商们也取得很多盐引，甚至加价来专利售盐捞回成本。吏治政风当然有变坏的影响，而人民负担的加重更是不能避免的了。

对清朝历史有一些了解的人，一定知道乾隆后期有一个恶名昭彰的大奸臣和珅，他是佞臣，也是贪官，清朝中叶的吏治政风被他弄得更乱更坏，清朝的中衰他也应该负一些责任的。

不过，以往大家对和珅的认识可能不够完全，甚至于有些成见，我觉得应该对此探讨一番才对。

首先，他是不是如大家说的"少贪无籍"，出生贫寒之家的人呢？现在专家们已经否认这件事了。因为他家原是满洲八大姓之一的钮祜禄氏，他的远祖额亦都是努尔哈齐时代共创龙兴大业的功臣。五世祖尼牙哈纳也是清朝入关前后历次战役中的勇将，以军功获得三等轻车都尉世职。他的父亲常保承袭了世职，后来还当武官做到福建都统的职位，所以和珅不是出身于微寒家庭，而是一个中等武官之家。

他的父亲显然很重视他的教育，送他到咸安宫官学里读书，而他在这所官学中学会了多种语文，包括满、汉、蒙、藏文，并且通晓四书，能诗能文，也能绘画，而这些学艺方面的能力与成就，对他日后的升官得宠，都有极大的帮助。这里且录一些他死前所作的诗给大家看看：

月色明如许，嗟余困不伸。

百年原是梦，卅载枉劳神。

……

对景伤前事，怀才误此身。

还有绝命诗中说：

五十年来梦幻真，今朝撒手谢红尘。

他时水泛含龙日，识取香烟是后身。

这些似谣似偈的语言似乎有些不寻常处。

其次，他是如何跻身政坛而且变成大红大紫的人物的？有关这方面的传闻很多，有人说当他在銮仪卫当差时，有一次，皇帝御轿上的黄盖不见了，乾隆很不高兴，便责问谁应负责；和珅应声说："典守者不得辞其责。"说得那么从容文雅，因而引起爱才皇帝的注意。也有说皇帝在出巡的旅途上看到边报，谈到有要犯逃脱的事。乾隆震怒，引用了《论语》里"虎兕出于柙"之语，随从的侍卫们都不知道皇帝在说什么，和珅却说："谓典守者不得辞其责耳。"乾隆看他仪表俊雅，声音清亮，于是问起他的出身。他向皇帝回答是"生员"。后来又向皇帝报告他当年名落孙山的经过，还背诵了他当年所写试卷文章的内容，皇帝听完后不假思索地说："汝文亦可中得也！"不久和珅就升官内调了。还有一种说法是皇帝与和珅发生了同性恋，因而"爱"上了和珅，这说法的可能性不大，因为和珅得宠时，皇帝已年近古稀，宫中又有年轻貌美的贵人、常在，乾隆如果有如此的性怪癖，应该在青壮年时就会发生的。不过，和珅的得宠是事实，他从乾隆三十四年承袭三等轻车都尉后，不久就当了仪仗总督、宫廷贴身侍卫，进而升任副都统。乾隆四十一年出任户部右侍郎、军机大臣、内务府总管，当时和珅才二十八岁。两年后和珅又兼步兵统领，充崇文门税务监督。乾隆四十五年更升任户部尚书兼议政大臣，再授御前大臣，充四库全书馆总裁官。这一年，皇帝又把最爱的皇十公主嫁给了和珅的儿子丰绅殷德，和珅真是位极人臣了。他又外结封疆大吏、领兵大臣，内掌官员任免、刑法诉讼、谏议策划、政令公文。尤其是户部与崇文门关税监督这些职位，让他操作了清朝中央的财政大权，一时"内而公卿，外而藩阃，皆出而门"。

和珅升官何以如此之速？官位如此之高？他究竟凭借了什么呢？以下几点也许值得参考：

一、和珅虽无大才，但是鬼聪明是有的。他很能猜测乾隆的想法，迎合皇帝的旨意做事。这件事在当时或稍后就有人提到了，例如说有一年顺天乡试《四书》，题目由皇帝钦定的，皇帝出了题目之后，太监捧出《四书》，和珅问太监皇帝出题时看了哪本书，太监说《论语》第一本，和珅便知道大概是"乞醯"一章，因为这两字当中嵌着"乙酉"，而当年正是乙酉年，和珅的善体皇帝心意，由此可见一斑。不过这件事只是传闻，不是事实，因为乙酉年是乾隆三十年，和珅才十六岁，还没有当侍卫呢，这只是时人对他会揣摩上意的一种表示。另外在《春冰室野乘》里又有一说，谈到乾隆禅位后当太上皇时，因为朝政仍归乾隆主持，嘉庆只是"实习生"而已。有一次他与乾隆同坐乾清宫大殿中，和珅被召单独入见，可是太上皇"闭目若熟寐，然口中喃喃有所语，上（嘉庆）极力谛听，终不能解一字。久之，忽启目，曰其人何姓名？珅应声对曰：高天德、苟文明。上皇复闭目，诵不辍。"过了几天，嘉庆就问和珅究竟是怎么一回事，和珅说："上皇所诵者，西域秘密咒也，诵此咒则所恶之人虽在数千里外，亦当无疾而死，或有奇祸。奴才闻上皇持此咒，知欲所咒者必为教匪（白莲教）悍酋，故竟以此二名对也。"这也是说明和珅懂得乾隆心意的。还有一个真实事件，足以说明和珅是迎合帝旨、擅长揣摩的，那是乾隆四十六年皇帝要增补兵额的事。朝臣们不赞成的多，尤其是阿桂反对，他说："此项经费（指增兵）岁增三百万，统计二十余年即需用七千万两。"等于把国家当时盈库存款全用光了，所以他请求"不添补腹里省份之兵"。和珅了解皇帝必行此法，因而排众议，极力赞成，皇帝后来也坚持增补兵员。这就是乾隆宠幸和珅的原因之一，因为他能迎合皇帝志得意满、好大喜功、爱听谀言等的心理。

二、乾隆晚年，精神体力都逐渐衰退，而他又要独揽大权，常有力不从心之感。同时他一生极尽享乐，供需奢侈，要庞大经费来支付。因此他需要一个寄托心腹而又能为他筹措大量钱财的人，而和珅正是当时的头号人选。事实上，和珅对于理财与敛财是有一套本领的。他担任崇文门税务监督时，使崇文门税关的收入一直居于全国三十多个税关中的前几位，而这个税关实际上由内务府控制。和珅又兼为内务府总管大臣，他也把这个皇家"进项不敷用"的衙门变得"岁为盈积，反充外府之用"的生财单位。尤其他发明的"自行议罪银"办法更为皇家增加了大笔财源，不但满足了皇帝的骄奢私欲，也让讲求排场的乾隆好做很多外廷的大事。同时和珅的能力也表现在政事与军事方面，至少让皇帝认为他"承训书翰，兼通清汉；旁午军书，唯明且断；平拉萨尔，亦曾督战"。甚至还称赞他："勤劳书旨，允称能事。""臣工中通晓西番（西藏）字者，殊难其人，唯和珅承旨书谕，俱能办理秩如。"这样能办事又会生财的官员怎能不令皇帝宠幸？

三、乾隆晚年习惯骄奢淫夸，特别喜欢陶醉、自满在他一生成就的事功中，他常常与历代帝王相比，比开拓的疆土、比拥有的人口、比赈蠲银两的多、比文治武功的盛。七十岁以后更庸俗地跟历史上帝王比年龄的高，在位的长，甚至比家庭子孙的繁旺，他藉此获得满足。和珅"为人狡黠，善于逢迎"，当然容易受到乾隆赏识了。他虽然位居大学士，也当上了军机大臣，但是在乾隆面前，仍像当年的侍卫一样，必恭必敬，以奴才身份出现。据说"皇帝若有咳唾之时，和珅以溺器进之"。朝鲜人也说：和珅对乾隆"言不称臣，必曰奴才，随旨使令，殆同皂隶"。乾隆的儿子都没有像和珅这样孝顺的，这样忠顺的大臣当然被皇帝宠幸了。

由于以上的一些原因，和珅很快变成皇帝面前的大红人。尤其他控制着户部、税关与内务府这些衙门，他更能做到一些"能使鬼推磨"的工作，"一时贵位无不仰其鼻息，视之如泰山之安"，也有人说："时和公相，声威赫奕，欲令天下督抚皆奔走其门下以为快。"事实上，他真有权能帮助高官的任免，因为他能通天，在皇帝面前说情。

和珅把一些职位看作是肥缺，如河道总督、户部银库郎中、两淮及各地盐政等等。这些官位如果不打通他这一关是不可能得到的。而要得到这类官职，当然非花钱不可。"任河帅（河道总督）者，皆出其私门，先以巨万纳之帑库，然后许之任视事"。还有一些官员犯罪罢官之后，也可以花钱从和珅那里得到复职，像陕西宁羌守备就以二十万两官复原职。最丑恶的一笔交易是两淮盐政征瑞在和珅丧妻时送了二十万两奠仪，和珅竟讨价要他增加为四十万两，这种敛财的方法也真是少见的。

还有和珅能不能算是一个专权跋扈的大魔头呢？这一点也值得商榷。他是一个佞臣，一个大贪官，是毋庸置疑的；但是他专权到什么程度，还是问题。比方说在军机处里，一直到乾隆禅位，他始终不是首席军机大臣，阿桂一直在他前面。军机处的其他大臣也不是个个怕他。阿桂虽与他在一起同事，但"除召见议政外，毫不与通接交"，和珅对他讲话，阿桂都是"漫答之"。和珅也恨阿桂，"终身与之龃龉"。王杰也是军机大臣，这位"忠贞亮直"的清官常与和珅顶撞，有一次和珅握着王杰的手说："何其柔荑若尔？"嘲笑王杰手柔细像女人。王杰毫不示弱地说："王杰手虽好，但不会要钱耳！"指出了和珅的隐私，令和珅"赫然退"。另外一位军机大臣刘墉（戏剧里的刘罗锅），戏弄和珅的趣事更多了。其他董诰、嵇璜等军机大臣也都与和珅相抗，可见和珅根本不足称为权臣，他只是会弄权营私得皇帝宠幸而已。

实际上，皇帝也不见得事事都庇祖他，例如御史曹锡宝告发和珅时，皇帝虽没有治他罪，但不久免去了和珅崇文门税务监督的职务。乾隆五十六年，护军海望窃取库银，和珅是管库大臣，被皇帝降一级任用。五十九年又因吉林大库人参亏缺，和珅迁延不办，又被皇帝降了两级留任。尤其在用人方面，事实上也不如野史传闻中说的那么夸张，乾隆还是紧握着人事任命权的，所谓"不可太阿倒持"，这是皇帝一生执政的原则，皇权怎么能让和珅侵犯？

和珅的官愈大，胆也愈大。乾隆末年的不少贪污大案都是与他有关的，没有他这座"靠山"，官员是不敢为非作歹的。他的劣迹连他儿媳妇皇十公主都对夫婿丰绅殷德提出警告说：你父亲在外名声不好，皇父在，尚可担待，但总有一天恐怕身家难保！果然在太上皇死后三天，新君嘉庆就以二十条大罪状把和珅逮捕入狱，又十天后，下令赐死了。如果不是乾隆皇十公主向哥哥新皇帝求情，可能和珅不会得到全尸入土的。

和珅死后，家产充公，共列房屋、店铺、器物、金银、衣饰、田产等一百零九号。在嘉庆四年（公元1799年），皇帝说一百零九号中只清算出二十六号，当时就合银二万二千三百八十九万多两了。清末梁启超说：和珅的总家产应在八万万两左右，比全盛时期清朝十年总收入还要多，数字真是大得惊人。难怪当时有人说："和珅跌倒，嘉庆吃饱！"

和珅死前有诗说："百年原是梦，卅载枉劳神。"他三十年辛苦向中外大臣搜括来的财产，最后都被入官了，他真"枉劳神"了一场。更坏的是他累积的赃钱家产都是从大小官员处取得的，官员们"羊毛出在羊身上"，又从人民身上如数甚或加倍地取回，政治风气哪能不坏？国家哪能再藏富于民？清朝中衰的现象真的透现了！

"一岁主、百岁奴"

《清朝野史大观》里有一则《内监改姓》的短文，内容是：

> 高宗（乾隆）待太监最严，命内务府大臣监摄之，凡预奏事
> 之差，必改易其姓为王，以其姓多难分辨，宵小无由勾结也。

乾隆确实对待太监很严，而且极不重视太监的人权，甚至强调："一岁主、百岁奴"的古谚，用以重申太监万劫不复的卑微地位。

太监是一群被阉割后在皇家服务的男性奴仆，他们存在的历史悠久，古书里称他们为寺人、阉人、宦官、宦者、中官、内官、内侍等等，明清时代多称太监。清朝在关外与明廷对抗的早期，努尔哈齐的家里就有"太监"了。入关后，明朝的太监仍多服务宫中，不过，清朝鉴于明末太监揽权过甚，改太监衙门为内务府。顺治亲政后，因汉化又恢复明朝十三衙门的太监制度，但给太监的权力大为限制，如规定太监官位不得高于四品、不许结交外官、不许干预政事、不许擅出皇城、不许假弟侄等人色置买田产等等。康熙以后，内务府重新恢复，并特设敬事房来管理太监，从此太

监的命运更惨，一经入宫，便注定了他们终身为皇家的奴隶了。康熙常斥责太监，说他们是"最为下贱"的"虫蚁一般之人"。乾隆即位后，对太监的管理更严，在他父亲雍正死后不到百日，他就对前朝的宠监发难，说他倚老卖老，不遵宫廷礼仪，强调"太监等各宜凛遵制度，恪守名分"，接见王公大臣时"礼貌必恭，言语必谨，不可稍涉骄纵"。如若太监有妄自狂纵，不遵守制度的，一经查出，"首犯之人，立行正法"。

乾隆七年（公元1742年），皇帝统治地位巩固了，乃下令依清初以来的"祖宗家法"或"惯例"，编纂宫廷的"法典"——《钦定宫中现行则例》与《国朝宫史》。

这两部"法典"中虽然记载了很多宫廷事务，但也规定了不少有关太监的法条，明确地记下了管理及处分太监的文字。例如大到不许太监干政、结交外官等等的"家法"，小到不许口角斗殴、饮酒酗醉、相聚赌博、看守失误、喧哗无礼、妄行宣传等等。另外如私藏器械、持刀入殿、容留外人等更是罪大恶极。凡是犯了这些条款的，轻则罚银、责板，重则砍头处死。

乾隆朝虽然明定了法典，但太监犯法的仍然很多，现在分类略举数例如后：

一、太监违失礼仪被罚的：

乾隆三年（公元1738年），直隶总督李卫觐见皇帝，在宫中等候召见时，奏事处与内殿太监多人与李卫攀谈。皇帝后来知道此事，甚为生气，并说："伊等身系内监，如何可与总督聚语！"下令将小太监失礼的重责四十大板，首领太监也因失于管教，分别处以降级与罚俸的处分。

乾隆九年，养心殿太监刘玉因为坐在栏杆上休息，被认为不懂规矩，被重责四十大板。

乾隆十三年，养心殿太监曹进孝、杨义等搬运宫殿陈设品时因出汗而将脱下的衣帽放在窗台上，也认为是失仪，下令治罪。乾隆皇帝是以专制淫威，严苛地要求太监做循规蹈矩的奴隶，不能有半点越轨的行为。

二、太监因失职被罚的：

乾隆十六年夏天，皇帝有一天换穿夏装时，由于太监未仔细检查衣服，致使在袖口里留下的一根针刺划了乾隆的手臂，这事被视为严重的大事，太监张玉、蔡勋被枷号一个月、鞭一百，罚满之日还要罚当苦差。

乾隆四十三年，有一夜皇帝半夜醒来询问时刻，寝宫内的坐更小太监常宁等困极入睡，这就犯了失职之罪，被重打四十大板。这类案件还有很多，不尽举了。

三、太监因种种恶习而被罚的：

乾隆九年二月，皇帝居住的养心殿内库遭窃，存银一百多两被偷，经彻查在太监张玉床下发现被窃的银两，张玉供称因吃酒赌钱需要花用才偷钱的。乾隆下令将张玉带到瓮山（现在的景山）用竹杖当众活活打死，并令很多太监观看行刑，以收杀一儆百之效。

乾隆二十九年，北海的永安寺又发生陈设物品被窃案，经过调查，证实是寺内太监王玉柱等人所为，因为他们"久赌无钱，必致偷窃"。皇帝特别告诫太监不可偷窃，否则一定会受罚，甚至到"苦处当差"。

乾隆二十八年，又有圈禁太监赵进禄在内果房值房放火，又窃取衣物逃走。后来赵进禄被捕，押赴德胜门外正法。总管、首领太监也因此案而被分别治罪。

乾隆三十一年，首领太监张凤盗毁金册被正法，失察总管等分别议处。

乾隆四十八年，有一群太监因为在圆明园西洋楼争捕螃蟹而发生斗殴，结果有一名叫张忠的太监被打死，闹出了人命大案。皇帝闻讯后命内务府严查办理，审得实情后，做出了判决：主犯太监郑进忠拟斩立决。从犯田进忠重责四十大板，发黑龙江赏索伦兵为奴。孙玉等往吴甸永远铡草当苦差。

四、太监干政而被罚的：

太监干预政治事务当然比一般的行动失仪、偷盗失职更严重。清初顺治时就已明令宣布并铸铁牌于交泰殿说明："有犯法干政，窃权纳贿，嘱托内外衙门，交结满汉官员，越分擅奏外事，上言官吏贤否者，即行凌迟处死。"可见开列了项目，又清楚地说出"凌迟"的惨刑。乾隆皇帝编纂《钦定宫中现行则例》与《国朝宫史》时，并没有在处分条例中写下干政的这些内容与处分，只在书中卷首的《训谕》中载记铁牌等事，显然太监干政是罪大恶极的事，是根本原则的问题，不需要像一般管理问题处理，所以不必赘述的。乾隆初年，御前太监郑爱桂曾在皇帝面前品评大臣，说"张照之长，以形梁诗正之短"，因而被定为"上言官员贤否"之罪。三十九年又发生高云从结交外官案，处分了官员多人，这件案子是因为大学士于敏中向高云从打听有关皇帝对观亮的看法评价，高云从提供了皇帝在观亮奏折上的朱批文字消息。同时于敏中也为高云从买地受骗的事，请地方府尹蒋赐棨解决问题。后来案情暴露了，高云从被立即斩首，大学士于敏中、军机大臣舒赫德、总管内务府大臣英廉等人都受到严厉申斥，蒋赐棨等人则受到革职的处分。

太监都来自贫穷家庭，绝大多数又是文盲，净身之后，由于身体的残缺，形成心理上的问题。有些人因忍受不了皇帝主子的打骂、斥责，感到生活绝望而走上自杀之途。也有人因森严宫规、枯燥生活而酗酒赌博的。更有人因不堪奴隶生活或犯了偷盗、失职等罪后逃亡的。乾隆时代又大造离宫，需要太监的人数大增，因而宫中常有太监不足的现象。皇帝为补足缺额，曾不止一次下令从王公家中征召太监来宫中服役，或是规定各王公宗室定期或不定期地向宫中进献太监。乾隆这种皇权至上的作风，使得王公家的"旗下太监"渐为宫中所专用，这也是稍后有人感慨地说"近日文武大臣未尝闻有用太监者"的原因。

乾隆皇帝正像他的祖先一样，对待太监是非常严苛的，这对皇权伸张、政局安定等确实都有好处。不过，身为太监的一群人，他们真是悲惨极了，只能在宫规家法下，毫无人权可言地生活，在长期精神压抑桎梏下，麻木、空虚，甚至精神异常、行为变态地度过一生。

　　乾隆时代是清朝的鼎盛之日；但也是世界，特别是欧美的社会经济迅速发展的时代，因此乾隆朝的中外关系值得作一观察。

　　从人类发展史上可以看出：中国与西方各是两个独立发展的地区，而这两个地区在早期的交流往来又很少。中国有悠久的历史，是东亚唯一的大国，也是东亚文化的中心，因而形成各邦来朝的局面，中国以"天朝"自居，其他国家都被视为"外夷"，中国有"民无二王"的独大观念。清朝原来也是辽东的一个"看边小夷"；但是他们成为中国主人之后，也接受了君主睥睨一切、唯我独尊的观念，并袭用了"天朝"对外体制，对东亚与欧美各国的交往仍存留在"普天之下，莫非王土"的历史沉淀中，以封贡制度作为国家对外的主要政策。在封贡理念之下，平等外交的概念根本是没有的，中国永远是宗主国，外国是属邦，属邦绝对不能不遵天朝制度的。

　　然而在世界另一个角落的欧洲，自罗马帝国灭亡后，他们逐渐形成以民族与语言为主的大小割据国家，这些国家之间的生存与发展以及他们彼此间的往来方式，与东亚各国的制度迥然不同。就外交说，他们以使臣来交涉并解决有关国家重要利益的事宜，他们以缔约与结盟来作为保护或发展自身利益的手段，这些概念在当时的清朝是没有的。

从15世纪之后，由于新航路的发现，西欧国家又兴起了殖民主义浪潮，大家以军事征服与武力夺掠的方式向欧陆与海外进军。西班牙、葡萄牙曾经风光过一时，后来英国战力大增，击败了西班牙的"无敌舰队"，取得了海上霸权，乃进一步向海外扩张，先后在北美、西非、南亚建立了不少殖民地，印度便是其中之一，而势力又伸展到缅甸、尼泊尔。中国与印度等国近邻，又是多年来西方人熟知的"黄金、丝绸遍地之国"，因而英国人想打进并占有中国市场是势所必然的。乾隆后期，英国除了有强大的军事力量之外，政党政治使国家增添活力，工业革命又使国家经济力量更上层楼，庞大的生产力急需寻求原料与开拓市场，而封闭的中国正是他们梦寐以求的对象，贸易商业等问题就成为乾隆时中英之间的主要交涉所在了。在西欧国家都认为通商是互通有无、互相受惠的事，"天朝"的想法则以为中国地大物博，无所不有，根本不需要"外夷"的产物，所谓"不宝远物"，与外国通商只是给别人"施以小惠"而已，所以不以牟利为目的，常常多设限制，给外人多感不便。

清朝既以"天朝"自居，以封贡作外交准则，欧美国家来中国谈互派使节等的平等外交关系是不可能的，只有在迁就的情形下，进行商业的关系。

盛清时期中外商业贸易可分为海陆两路，海路以英、法、荷兰等国为主，陆路则仅以俄国一个国家最重要。海路贸易在康熙年间开设了闽、粤、江、浙四个海关，乾隆二十二年（公元1757年），为有效管制"外夷"，防止"外夷"与汉族结合而形成反侧力量，通商口岸由四处减缩为广州一地。两年之后，英国派大班兼通事洪任辉（James Flint）到天津交涉，希望重新开港，经清廷派出大臣会同两广总督处理之后，不但没有多开商港，反而又订了"防范外夷五项规条"，对外商在广州的活动生活、行商的职权与商欠、黄埔外船的稽查防范等问题，作了具体规定。英国方面对此甚为不满，乃有乾隆五十八年（公元1793年）英国马戛尔尼（Lord G. Macartney）特使团的来华。

马戛尔尼一行于1793年7月（阳历）到达天津大沽，然后前往热河避暑山庄，觐见乾隆皇帝，呈递国书，并参加庆祝万寿。9月21日离开山庄，从陆路经北京、杭州、南昌、广州等地返回英国。

马戛尔尼的请求，例如允许英国到宁波、舟山、天津等地贸易，在舟山附近一小海岛作为英商居住与贮存物品的场所等事，乾隆一概以与天朝制度不符，全部"不便准行"。乾隆的决定完全体现了清廷限制对外贸易的政策，也表现了维护国家主权的决心。中英外交与商贸的问题一时不能解决，只有待日后诉诸武力了。

乾隆朝陆路的对外关系，由俄国独家包办。康熙与雍正年间虽已订立了《尼布楚条约》与《恰克图条约》，两国商贸的地点本有北京、尼布楚、恰克图、祖鲁海鲁四个地方，乾隆五十八年皇帝说：

> 从前俄罗斯人在京城设馆贸易，因未立恰克图之前，不过暂行给屋居住。嗣因设立恰克图以后，俄罗斯在彼处交易买卖，即不准在京城居住，亦已数十年，现行俄罗斯在恰克图边界贸易。……

由此可见：陆路商贸逐渐集中到恰克图，与海路贸易集中于广州一地，是有相同防范目的的。清廷为什么也要防范俄国人呢？他们难道也像英国人一样的"夷性犬羊"吗？确实，俄国人比英国人还要可怕。

自从康熙时代与俄国人签订《尼布楚条约》之后，俄国可以派大型商贸团每三年来北京交易一次，另外也准许他们的传教士与留学生来华传教与研习中国学问，并长期居留北京，十年改派一次。商队的买卖除了携带犯禁之物有时产生麻烦外，问题还不算大。传教士与留学生在乾隆统治的六十年间，至少改派过五次。在西方各国未取得派驻使馆之前，这个教士团实际上成了沙俄派驻北京的耳目，经常向俄国政府提供清朝政治与经济方面的情报。传教士的情报来源约有两个途径，一是他们自己从当时住京的法国天主教耶稣会士处获得，因为耶稣会有不少人在宫中服务的。另一是传教士责成留学生到处收集。在乾隆三年（公元1738年）就有俄国留学生罗索兴在理藩院里利用当翻译的机会，窃取了一份详细的中国全图，转呈给了俄国政府。乾隆十一年（公元1746年）又有一个叫伏拉迪金的俄国留学生回国时，带走了很多中国机密情报，其中包括从宫廷收藏的地图上摹绘的《中华分省图》与《北京地图》。留学生中也有在汉学研究上具有好成绩的，甚至还有翻译满汉文字的书成俄文的，如《八旗通志》、《异域录》、《理藩院则例》等等，他们算得上是学者，归国后都造就了一批通满汉语文的中国通，为日后侵华作准备。清朝政府逐渐了解俄国人的这些不良动机与行为后，当然要设法让他们远离北京，乾隆年间恰克图成为一口通商的地点，是有其原因的。

海路来的通商国家，其事务多半交给沿海地方官员处理，最优待的由礼部出面接待。陆路的俄国因与蒙古接壤，所以将中俄关系与蒙古事务看成一样，划归理藩院管辖，因此负责一口通商的恰克图贸易事务也由理藩院过问。由于清政府不重视国际贸易，而把对外通商视为对外国"施惠"，所以清廷对北京或恰克图的贸易基本上不征税，只希望外国人得到这些恩惠而不在边境上闹事即好。由于这种"施惠"的想法，所以遇到俄国有违反行为时，清廷就停止贸易以示惩罚，就像对海路来的外国一样，以"封舱绝市"作为制"夷"的手段，以惩治不恭顺的"外夷"。乾隆年间，在恰克图也多次停止过贸易，如二十七年（公元1762年）因俄方增收税款，四十三年（公元1778年）俄人妄自尊大，五十年（公元1785年）俄兵入境抢劫等事，都停止了交易，尤其五十年的这次，停止通商竟长达七年之久，最后还是因俄国政府"卑辞恳请"才恢复的，而乾隆当时的态度很强硬，在与俄国重订的《恰克图市约》中毫不客气地说：

> 恰克图互市于中国初无利益，大皇帝普爱众生，不忍尔国小
> 民困窘，又因尔萨那特衙门（俄国枢密院）吁请，是以允行。若
> 复失和，罔再希冀开市。

俄国的外交手段比英国圆滑，绝不与清廷正面起冲突，只在暗中俟机而行。

中国贸易的物品，大体上从俄国的进口货为毛皮，而中国的出口货物则以丝绸、棉布和大黄为主。乾隆十五年以后，茶叶的地位日见重要。当时与俄国贸易的是山西商人，这些"西帮茶商"的茶叶多采购自福建武夷等地，经江西、河南、张家口等处运往恰克图。乾隆中期以后，形成了"彼以皮来，我以茶往"的兴盛局面。

海上国家的运来货物则以欧洲的毛织品、铅、钟表、北美的毛皮、南洋的胡椒、檀香、印度的棉花、鸦片等为主。从广州出洋的物品，以福建、安徽的茶、浙江的生丝、江苏的土布、江西的瓷器等为大宗。

俄国来华贸易一般说是赚钱的，英国与中国的贸易则是入超。英国公司在1710～1759年间的盛清时代，向东方出口金银达两千六百八十三万多镑，而收入远较这个数字为低，所以平衡与中国的逆差是英国长期以来谋求解决的大问题，这也是日后英政府与商界大力向中国推行鸦片贸易的原因，因为鸦片销售能给英国带来极大极多的财富。

英俄两国是当时对中国最有侵略企图的国家，他们从海陆两方面就像铁钳似地从南北两方夹来。乾隆年间又是英俄两国经济繁荣、科技发展的时代，清朝则逐渐步上中衰之途，乾隆的十全武功虽然使英俄等列强不敢贸然对中国进行殖民侵略；但马戛尔尼与俄国传教士、留学生所搜得的情报，实已透现出清朝国内动乱不稳、社会不安、武力废弛、科技落后种种事实了。而乾隆仍陶醉在自满的心态中，昧于国际情势，不能顺应世界潮流，大做"天朝"美梦，导致不久后中外武力冲突的不幸事件。

四十四

马戛尔尼有没有磕头？

　　乾隆五十八年（公元1793年），英国为了要中国取消贸易的种种限制，给予英国商人便利与保护，并希望取得一处住人与存货的地方以及两国互派使节等事，特地组成了一个庞大的特使团，由贵族马戛尔尼（Lord G. Macartney）为特命全权大使，司当东（Sir G. Staunton）为副使，用了为乾隆祝寿名义，带领了很多天文数学家、艺术家、医生以及卫兵总数近两百人，浩浩荡荡地来到天津，转往承德避暑山庄觐见乾隆，结果双方为了觐见时行不行磕头礼发生了争执，弄得大家都不愉快。究竟马戛尔尼等人有没有行三跪九叩首的中国大礼呢？当事人有不同的说法，后人也有不同的看法，直到今天似乎还未能得到真相。现在就先来看看当事人的说法。

　　英国副使司当东记八月初十日在万树园大御幄中接见英使的情形说：

　　　　……皇帝进大幄以后，立即走至只许他一个人用的御座前面的阶梯，拾级而上，升至宝座，和中堂（和珅）与另外两位皇族紧紧靠在皇帝旁边，跪着答话。

264

特使马戛尔尼……通过礼部尚书的引导，双手恭捧装在镶着珠宝的金属盒子里面的英王书信于头顶，至宝座之旁拾级而上，单腿下跪，简单致词，呈书信于皇帝手中，皇帝亲手接过，并不启阅，随手放在旁边。……

　　根据以上文字第一次英使见皇帝是行的"单腿下跪"礼。第二次马戛尔尼觐见乾隆是在八月十三日皇帝的八十三岁生日当天，马戛尔尼自己的《日记》写道：这天他们步入万树园，到了皇帝的御幄前为皇帝祝寿，没有详述行礼等事。司当东则说他们是去了一个庙宇形状的大殿为皇帝祝寿，"特使及随从行深鞠躬礼，大家同朝一个方向叩拜，而皇帝本人，则如天神一样，自始至终没有露面"。

　　司当东的儿子当年十三岁，也随团来到避暑山庄，后来他也追记当年的情形说：

　　（九月十七日，皇帝寿诞日）我们早早就到了大殿，在过厅里等了一阵，然后进入内院，在那里看到了二三百名排成行的大员。接着，我们听到庄严的音乐，随着一声令下，我们单膝跪地，俯首向地。我们与其他大员和王公大臣连续九次行这样的礼，所不同的是他们双膝跪地而且俯首触地。……

　　从以上三种记述，我们不难看出他们都说没有行三跪九叩首礼，只是"单膝跪地"，只有小司当东说他们连续九次行单膝跪地礼。另外马戛尔尼说两次觐见都在万树园，司当东父子则都说第二次觐见是在一个殿子内院中，不是万树园。

　　马戛尔尼还在他的《乾隆英使觐见记》中，谈到他在承德最后与中国官员争论觐见乾隆皇帝礼仪的问题。如书中记说：九月十日早晨（阴历八月初六），征瑞、乔人杰、王文雄三人与马戛尔尼就礼仪问题继续前议，马戛尔尼认为一国使臣如果向他国皇帝行礼高过于向本国国王行礼的礼节，那是绝对不行的。如清皇帝坚持其行中国三跪九叩头礼，那么清廷同样要派官职相等之大臣，向英国国王及王后像行此礼。马戛尔尼还向三人解释，英国礼是屈一膝持陛下之手而亲吻。以后又经过中午与晚间的几次磋商，双方达成的协议是：英使在觐见时行单腿下跪礼，免去拉手亲吻一项。马戛尔尼在他的书中还说："待附庸国之礼，与待独立国之礼不同，贵国必欲以中国礼节相强，敝使死也不奉教。"

同书又记：九月十一日（阴历八月初七日）上午，征瑞、乔人杰、王文雄三人偕同马戛尔尼等前往拜见和珅，和珅颇为高兴地说："使自远国奉命而来，所送礼物，复备极珍贵。凡中国风俗，贵使以为不适者，不能相强。将来觐见时，贵使可即用英礼，不必改用华礼。贵国皇帝之手书，亦可由贵使面呈。"

马戛尔尼的这番说法好像是他争取到最后胜利了，和珅为皇帝做了主，让他以英国礼节觐见。不过所述的还是呈递国书的那一次觐见，不是庆祝"万寿圣典"的觐见，这一点值得注意。

若凭马戛尔尼与司当东父子的记事，可知他们口径一致地都说没有行三跪九叩首礼。不过在这次特使团中，有一位名叫安迭生的团员，他事后说："其时所行之礼，凡目睹盛者，皆严守秘密，疑其中必有不可告人之事也。"究竟是什么不可告人的事呢？马戛尔尼的亲戚，也是使节团的秘书温德（又作文带）曾有如下的记载："当皇帝陛下经过时，有人通知我们走出帐篷，让我们在中国官员与鞑靼王公对面排好队伍，我们按当地方式施了礼，也就是说跪地、叩头、九下。"温德的这份手稿现在存藏在都柏林，已经被人发现并利用写成专书了。

英国当事人的记载已经有不同的说法了，马戛尔尼的行礼事还应该再找史证进一步研究才对。现在就让我们来看看中国方面是如何记载这件事的。

乾隆从两广总督郭世勋的奏折中知道英国要派使臣来"表其顺慕之

心，愿大皇帝施恩远夷，准其永远通好"。事实上英国是要求改善外交与通商关系来的，两广总督不正确也不负责任地翻译"夷禀"，所以从一开始大臣就没有向皇帝说真话。

乾隆五十八年八月中旬，英国特使团坐舰还没有到达天津大沽口时，皇帝就给负责接待英使的钦差大臣征瑞降了谕旨说："交往礼仪，关系甚重。"因此征瑞在见到马戛尔尼后便向他说："以各处进贡者，不特陪臣俱行三跪九叩首之礼，即国王亲自来朝，亦同此礼。"经过多次开导，据说英使连日学习，渐能跪拜。

当英国使团从天津到北京时，皇帝发现大臣报告中有"遣钦差来朝"等语，乾隆立即下令："该使臣为钦差，此大不可。"可见皇帝心中想的仍是"人无二王"。

马戛尔尼到北京后，态度突然有了改变，他请征瑞给他送一封信到承德，与和珅商量礼节的问题，他提出若要他向乾隆行中国式的三跪九叩首礼，他希望"贵国皇帝钦派一位同本使地位身份相同的大员，穿着朝服，在英王陛下御像前，行本使在贵国皇帝面前所行的同样礼节"。征瑞没有先期把信送到承德，直到随同英使到达热河时才交给和珅。和珅看过该信之后，劝英使放弃这一主张，但马戛尔尼坚持己见，他要在乾隆面前行与对英王一样的单腿下跪的礼节。因为"一国使臣如果向他国皇帝行礼的规格高于向本国国王行礼的规格，那是不对的"。

当乾隆知道英使对行礼有意见时，非常愤怒，随之取消八月初六日的觐见活动，并连续降谕，斥责英使"骄矜"，批评各地大臣对英使的优礼供应，并命令采取"稍加裁抑"的措施，减少对该团的赏赐与日常供给，"所有格外赏赐，此间不复颁给。京中伎剧，亦不预备。俟照例筵宴万寿节过后，即令该使臣等回京"。

马戛尔尼等发现皇帝生气后，唯恐一事无成地回国，乃与和珅等进行磋商，连续几天，终于有了共识，即在皇帝生日前的八月初六日招待会上，英使在万树园可以向皇帝行英国礼。但在八月十三日山庄行宫澹泊敬诚殿上祝寿礼，英使应向乾隆行中国式的三跪九叩首礼，呈递国书。乾隆后来因念"伊等航海远来"，"诚心效顺"，"自应仍加恩视，以遂其远道瞻觐之诚"。行礼事是在互相让步下达成的。

以上的共识不是随意说说的，而是有史料可以证明的。我们知道：朝廷凡举行重大典礼，负责的官员必须先拟定典礼的朝仪礼节与具体程序，奏请皇帝批准后遵行。马戛尔尼这次觐见是大事，而且事先又已经产生了在礼节上的"骄矜"表现，大臣们更要小心地妥善安排，否则若有不符制度或令皇帝不悦之事，负责官员们的责任可大了。因此军机处就为马戛尔尼呈递表章的典礼，拟写了一份仪式清单，呈皇帝御览批准，总接待官和珅又就军机处的清单略加更动，呈奏皇帝。这两份报告目前仍存在北京一史馆的军机处《上谕档》中。由于内容大致相仿，现在录出比较详细的和珅报告如下：

> 臣和珅谨奏：窃照英吉利国贡使到时，是日寅刻（四时），丽正门内陈设卤簿大驾。王公、大臣、九卿俱穿蟒袍补褂齐集。其应行入座之王公大臣等，各带本人座褥至澹泊敬诚殿铺设毕，仍退出。卯初（五时），请皇帝御龙袍褂升宝座。御前大臣、蒙古额驸、侍卫仍照例在殿内两翼侍立。乾清门行走、蒙古王公、侍卫亦照例在殿外分两翼。侍卫内大臣带领豹尾枪长靶刀侍卫亦分两班站立。其随从之王大臣、九卿、讲官照例于院内站班。臣和珅同礼部堂官率钦天监监副索德超（葡萄牙耶稣会士，公元1793～1810年在钦天监任职）带领英吉利国正副使臣等恭奉表文，由避暑山庄宫门右边门进呈殿前阶下，向上跪捧恭递。御前大臣福长安恭接，转呈御览。臣等即令该贡使等向上行三跪九叩头礼，毕。其应入座之王公大臣以次入座，带领该贡使于西边二排之末，令其随同叩头入座。俟皇上进茶时，均于座次行一叩礼。随令侍卫照例赐茶，毕。各于本座站立，恭候皇上出殿，升舆。

臣等将该贡使领出，于清音阁外边伺候。所有初次应行例赏该国王及贡使各物，预先设立于清音阁前院内。候皇上传旨毕，臣等带领贡使，再行瞻觐。颁赏后，令其向上行谢恩礼毕，再令随班入座。谨奏。奉旨：知道了。钦此。

这是当时官方存档的资料，不能造假的，所以当年八月十三日在避暑山庄澹泊敬诚殿的觐见，英使应该是行了三跪九叩首礼。

不过现代史家中有人认为和珅奏折不过是清朝方面在觐见之前一厢情愿的安排，对英使并无约束力，不能证明英使确已照和珅的安排行事。况且《清实录》等官书中也没有文字说英使行了磕头礼，只说：

万寿节，上御澹泊敬诚殿，扈从王公官员及蒙古王、贝勒、贝子、公、额驸、台吉，并缅甸国、英吉利使臣等行庆贺礼，御卷阿胜境赐食。

还有朝鲜人黄仁点也向他的国王报告：

咭利国俗称红毛国，在广东南，水路屡千里之外，数十年来不通中国，昨年始入贡，而其人状貌黄毛鬈发，丑恶狞悍，朝见之时，不知礼数。

既然"不知礼数"，显然是没有三跪九叩首地行礼了。

赞成行中国礼的现代学者则认为大臣对皇帝庆贺万寿，必然行三跪九叩首礼，官书里不须详记；而朝鲜人黄仁点是乾隆五十九年春天到北京来的冬至兼谢恩使，他到京城时已是英使觐见乾隆事后半年多了，他自己不是亲身目睹的，而是得自传闻的，是否可靠，大有问题。

另外，还有一些事也许是可以帮助我们了解这件礼节争议真相的，如当时在军机处衙门当章京的管世铭，他随从皇帝到了避暑山庄，为马戛尔尼行礼事他还特别写了一首《癸丑（乾隆五十八年）仲夏扈跸避暑山庄恭记》的诗：

献琛海外有遐邦，生硬朝仪野鹿腔。

一到殿廷齐膝地，天威能使万心降。

在这首诗后，管世铭又特别写了注文："西洋英吉利国贡使不习跪拜，强之，止屈一膝，及至引对，不觉双跽俯伏。"我自己以为管世铭的诗比黄仁点的报告应更可信，也就是说不论是"强之"，或是"天威"，总之马戛尔尼等人是双膝跪地了。

乾隆皇帝一生最敬爱他的祖父康熙，事事都以康熙做榜样。康熙时代俄国六次派使臣来华，不行三跪九叩首礼的都被驱逐出境。乾隆十八年，葡萄牙使臣入京，行的也是三跪九叩的中国古礼。由此也许可以推想，乾隆是不会特准马戛尔尼等人行单膝跪地礼的。

至于军机处与和珅所奏呈的程序与礼节清单，既经皇帝御览批准，即使是一厢情愿的安排，专制而又皇权至上的乾隆皇帝能临时不令英使照规定行事？而英使若真的行"单腿下跪"礼，皇帝不驱逐他们出境，反请他们在卷阿胜境饱餐享受美食？这似乎都是违反"天朝"常规的。马戛尔尼等可能搞些小动作，装得"不习跪拜"，最后才"双跽俯伏"，给人"不知礼数"的感觉。

从明朝末年开始，西洋传教士就以科学技术敲开了中国大门，敲开了宫廷大门，走到了皇帝身边。特别是康熙年间，一度得到皇帝任用，并与皇帝建立过相当的情谊。不过专制皇帝永远是强调皇权高于一切的，凡威胁到帝王统治地位的都必被消灭。西洋宗教在康熙末年就为礼仪之争而受到排斥了，甚至被禁绝了。雍正在位期间，对西洋宗教更怀有疑心与畏心，当然更为严加禁止。乾隆即位后，虽宣谕声称他要亦步亦趋地以祖父康熙为楷模，所谓"朕惟体皇祖之心为心，法皇祖之事为事"。不过他对西洋宗教显然不感兴趣，更没有好感。对于西洋科学也只重视物质享乐一面，而毫无兴趣去从事研究。乾隆一生笃信佛教，自信是文殊菩萨转世。他曾经对西洋传教士巴多明（Parremin）说过：

> 汝等欲中国人为天主教徒，此为汝教之宗旨。……一旦有事，彼等唯汝是听。朕知今日无所惧，然洋船千百沓至，必将生事。

> 朕不需要传教士，倘若朕派和尚到尔等欧洲各国去，尔等国

王也是不会允许的。……

可见乾隆对天主教惧怕万分，怕天主教煽惑人民，发生社会动乱，影响到他的统治权，因此他对天主教的严禁政策，绝不会比他父亲雍正逊色。除了刚上台的期间，为了表示中道的宽仁，放松过几年。据说当时郎世宁曾向皇帝请求缓和禁教，皇帝乃有开放的谕旨，后人赞誉郎世宁"片言之功，有胜于千百之奏疏"。事实上，乾隆禁教的原则是不变的，当他听到福建巡抚周学健因闽北有私行传教而说"中国民人，一入其教，信奉终身不改，且有身为监生而坚心背道者"等话时，立即下令大兴教案，从乾隆十一年以后，血腥的教案就时有所闻了，西洋宗教在乾隆朝是无法传布的。

不过，乾隆对有些传教士的态度是很不同的，为了要利用他们，他施展了巧妙的手段，表面上对传教士，特别在宫廷服务的，表示关心，给他们生活上照顾，有些还赐予官衔；但骨子里头没有宽容让步之意。乾隆平日绝不与传教士讨论西方教义，也不许中国人皈依天主。现在先来谈谈皇帝对传教士中若干人的照顾。最有名的大画家郎世宁被皇帝授予奉宸苑使衔，赏赐饰有蓝宝石的三品顶戴。另外一位画师王致诚则赏予内务府郎中职衔。又据内务府的零星档案，记载了当时在如意馆里工作的西洋画师："德天赐每日份例盘肉三斤，每月菜鸡七只半。""巴茂正每日份例盘肉三斤，每月菜鸡七只半。""又每人每日成例：红枣、桃仁、圆眼、荔枝、西葡萄各二两，随时鲜果八个。"可见对教士们的饮食是供应丰富的。

乾隆虽说他处处要效法他祖父，但是在对西洋文化爱好方面却有不同。康熙之所以重视科学技术，其主要目的是为了实用，此事我已在《康熙写真》的小书里作了说明。乾隆则对自然科学的兴趣不大，也无心学习，只是为了消费性的享乐需求。前面我已谈过乾隆利用郎世宁等人建造圆明园西洋楼的事了，下面再举一些实例来叙述西洋教士们为他服务的其他情形。

乾隆对中国戏曲很爱好也有研究，他对西洋音乐似乎也有很大兴趣。即位后不久他命令张照重修《律吕正义》时，叫张照去请教传教士德里格（意大利人）、魏继晋（德国人）与鲁仲贤（波希米亚人）。皇帝也曾在宫中组织过西洋乐队，他命内务府官员将宫中所存藏的西洋乐器如长拉琴、小拉琴、西洋箫、象牙笛、铁丝琴等先清理出来，让西洋传教士熟谙西乐的魏继晋、鲁仲贤、那永福等人"认看"，因为他们都"能知律吕"，然后命西洋教士"打出琴谱"，在瀛台、陆花楼等地教宫中小太监或是交给皇家剧团里的"弦锁（索）上人学"。皇帝还命令内务府为这批小太监、弦索人、传教士做了"靴子"、"扎巾"、"盔头"、"衣裳"等制服，显然组成了一支以演奏室内乐为主的小型管弦乐队。这些资料都是记载在《内务府各作成做活计清档》中的，当然是可靠的史料证据。

乾隆自己懂得中国绘画，而且也能画些花鸟山水画，因此他对西洋教士中擅长画画的特别赏识。例如郎世宁就是乾隆最喜爱与欣赏的西洋画家，不但授予他奉宸苑卿官衔，他七十大寿时乾隆还为他祝寿，并赏赐丰厚的贺礼。乾隆三十一年郎世宁七十八岁时病逝北京，皇帝特赐予侍郎官衔，又赏银三百两为他治丧，使其身后备极哀荣。郎世宁的作画题材很广，人物、花鸟、山水，兼而有之。有一些如《万树园赐宴图》、《阿玉锡持矛荡寇图》等，堪称历史画作，除艺术外，有历史内涵。另外在养心殿西暖阁内有一幅巨画，以"焦点透视法"作成的乾隆画像，一如《马术图》一样，其中主要人物出自郎世宁的手笔，其余部分多由中国画家补绘，形成中西合璧的画风。郎世宁还与艾启蒙（Ingatins Sichebareh）、王致诚（J. Denig Attiret）等绘制了一套十六幅的《乾隆平定准部回部战图》，更是当时的历史记实名画。这些在宫中服务的西洋传教士画家，对中西文化所作的交流贡献是巨大而深远的。

乾隆皇帝对西洋机械工业产品的兴趣极浓，尤其是钟表等物品。他实在可以说是一位钟表狂热爱好者，有一次他竟然对两广总督李侍尧与粤海关监督李永标说："此次所进镀金洋景表亭甚好，嗣后似此样好看者多觅几件。再有大而好看，亦觅几件，不必惜价。如觅得时，于端阳进贡几件来！"他的喜爱与急于搜求的心意真是溢于言表了。由于乾隆一生搜集西洋钟表，因而在紫禁城宫中及离宫的殿子里，到处都有西洋钟，有时他也将次等的钟表赏赐给阿哥、公主、或是亲近的王公大臣，圆明园中特设"钟房"，作贮藏与修理钟表之所。西洋教士中通晓机械学理的不但为皇帝照顾钟表，也有时为乾隆制作一些装有发条的玩器，如"自行狮子"，能行百步之遥，甚至"自行人"学人行动，供皇帝消遣。最令皇帝激赏的这类玩具中有一个叫"万年欢"的，是一件机械人表演戏剧的超大型玩具，当时为了庆贺皇太后六十寿辰特制的，皇帝也参与了设计的工作，制成后，据说皇太后至为喜欢。

乾隆皇帝确实是猎奇大家，凡是新奇的事他都愿意一探究竟或试作品尝。在内务府的档案中，我们还可以发现他对西洋餐饮也发生过兴趣。在乾隆十八年残存的部分资料中，看到皇帝命令做"西洋布膳单"、"西洋布毡衬垫单"、"西洋叉子"及"金星玻璃靶（把）西洋刀子"等物，显然是制作一批西洋餐具，乾隆一度品尝西洋大餐应该是可信的。

以上是从史料里发现出来的一鳞半爪，相信已能反映乾隆利用西洋传教士的一些事实了。乾隆时代正值清朝极盛时期，康熙、雍正这两位祖先为乾隆提供了挥霍享乐的政经条件。因此乾隆从他个人的喜好与兴趣出发，广泛地使用了西洋教士为他服务，尽量享受西方已有的文明。皇帝对音乐、绘画、钟表、喷泉、建筑等有猎奇的兴趣；但对天主教始终存有戒心，不仅不让在中国传布，反而设法给予无情打击，彻底镇压，如乾隆十一年（公元1746年）福建教案处死了在当地传教的白多禄（Petrus Sanz）主教；十三年（公元1748年）在江南苏州府也因西洋教士黄安多（Antoius J. Henriaues）与谈方济（Trisfan de Attimis）传布禁教而遭杀戮，并牵连许多中国教徒，这些严厉的措施使得西洋宗教在当时只得敛迹不能出现。

然而乾隆对若干传教士的态度还是很好的，经常赐宴、赐金、赐官衔，致使不少教士也看不清他的禁教真面目，因而对他仍抱有各种幻想，总希望靠努力工作，博取皇帝的欢心，允许他们传教。事实上皇帝也有故作姿态表示要放宽政策的，但始终没有行动。乾隆对西方教士的驾驭手段是高明的，他能迷惑、蒙蔽一些传教士，得取他们的理解，甚至赞许，就像一位名叫汪达洪（Ventavon）的教士说的：

　　乾隆皇帝是一位堂堂正正、风姿英发的君主，具有英俊的面貌，而又有高尚的胸怀。如果这个皇帝对于他的国民很严厉，我相信，这并非他的性格使然，勿宁说这是由于为了把包括中国、鞑靼这样广大地区的国家，维持在从属与忠诚的范围内，就不得不采取严厉的政策了。

　　不过，也有西洋传教士比较冷静理性，他们早就了解乾隆的两面手腕了。像钱德明（Amiot）就有这样的看法：

　　自传教士到中国以来，从没有一个皇帝像乾隆这样利用过他们服务。然而，也从来没有一个皇帝像这个皇帝这样虐待他们，并对他们所传播的天主教颁布过最可怖的禁令。

　　钱德明是乾隆年间来华并为宫廷服务过的人，他的说法是中肯的，乾隆就是这样一位对待西洋传教士的人！

四十六

乾隆的妻与妾

　　清朝宫廷的后妃制度，到康熙以后，大体上已定型了。以皇后一人居
中宫，地位最高，以下皇贵妃一人、贵妃二人、妃四人、嫔六人，以及不
限人数的贵人、常在、答应，她们分居东西十二宫。乾隆在当皇太子之时
已经娶了近十位的王妃、庶妃，做了皇帝以后，又纳了不少地位低的妾。
据专家统计，乾隆一朝，有史料可考的，先后立皇后三人，皇贵妃五人、
贵妃五人、妃六人、嫔六人、贵人十二人、常在四人，共为四十一人。在
这么多的妻与妾之间，乾隆似乎对发妻孝贤纯皇后富察氏的感情最好，可
谓情深意笃。富察氏于雍正五年（公元1727年）七月嫁给乾隆为嫡妃，乾
隆即位后第二年底即乾隆二年十二月立为皇后，她为乾隆生了两男两女，
不幸于乾隆十二年（公元1748年）病逝，享年三十七岁。
　　孝贤纯皇后富察氏出自名门，是一位雍容尊贵的大家闺秀，她虽位居
皇后之尊，但是待下宽慈，而且有节俭的美德，特别对出身寒微的乾隆生
母，孝敬得无以复加，这使得皇帝对她十分地钟爱与感激。孝贤后也许是
被命运作弄，她为乾隆生的两个儿子，永琏与永琮，原本是皇帝的至爱，
永琏是富察氏所生的长男，乾隆即位后就秘密指定他为皇位继承人，但在

276

乾隆三年十月刚九岁时竟突然过世，使皇后悲痛万分。乾隆十一年四月，富察氏以高龄产妇又为皇帝生下一男即七皇子永琮，皇帝也十分高兴，还特别写诗提到"宫中弄璋之喜"的事。但是这位皇帝有心让他继位的嫡子永琮，却不足两岁就因天花身亡了，皇后因爱子再遭夭折，终于大病了一场。

第二年，乾隆十三年，皇帝筹备了经年的东巡就要出发了，皇后的病体也刚刚复元，其实并不适合她去长途奔波，但是一则为了在路上照应侍奉皇帝的生母，再则她因为想去泰山昭应祠还愿，另外也可能有乾隆要她出外散散心的原因，她最后决定随大队人马上路了。

这一年的二月初四日，皇帝领着一大群文武官员、宫眷人等从京城出发，经过河北省到山东，二十二日在离曲阜两日行程的河源屯，适逢皇后三十七岁生日，皇帝特命在御幄内设宴，庆祝皇后千秋令节。后来他们去了孔庙、孔林祭拜至圣先师，随后登泰山到各处名胜拈香。三月三日，大雪初晴，在前往济南途中，皇后禁不住连日风寒病倒了，虽经御医诊治，病情似未见好，皇帝乃于初八日下令回銮，直奔德州改搭御舟返京。三月十一日，皇太后与皇后都到了德州，登上了停泊在月城下运河上的御舟，可是孝贤后的病势转剧了，当天深夜就离开了人世。皇帝悲痛至极，只能在暗中饮泣，第二天他为死去的爱妻写下几首挽诗，其中有一首是：

> 恩情廿二载，内治十三年。
> 忽作春风梦，偏于旅岸边。
> 圣慈深忆孝，宫壸尽钦贤。
> 忍诵关雎什，朱琴已断弦。

另外还有一些"半生成久别，一见定何时？""愁喜惟予共，寒暄无刻忘"、"不堪重忆旧，掷笔黯神伤！"句子，真可以说是他心中血与泪交织成的文字。

四十六

乾隆的妻与妾

乾隆对孝贤后的感情是真诚的、永恒的，在往后的五十年中，经常在他的诗作里看到他对孝贤后至死不渝的爱情告白，有时在观赏明月的时候，他写下了"同观人去遥，玉轮依旧朗"。在孝贤后生日或忌辰日，他会吟唱出："嫌人称结发，嗟我失齐眉！"乾隆五十五年春天，皇帝已年高八十，他在孝贤后的墓前不禁说出：

> 三秋别忽尔，一晌奠酸然。
> 追忆居中闱，深宜称孝贤。
> 平生难尽述，百岁妄希延。
> 夏日冬之夜，远期二十年。

　　他说不想活到一百岁了，但愿在不远过二十年的时候与爱妻相见吧！乾隆死前四年，他让位给儿子嘉庆，那一年他去祭孝贤后的时候，写了"齐年率归室，乔寿有何欢？"第二年又去皇后墓前致祭，又说："孝贤后于戊辰（乾隆十三年）大故，偕老愿虚，不堪追忆！"由此可知，乾隆自孝贤后仙逝后，一直追忆他的发妻，他对其他的后妃等人显然都是没有真正爱情的。

　　皇后在旅途死亡之后，随即由水陆路赶送回京。一路上所经之处，都有官员与皇室人员举哀行礼、痛哭随行，直到安奉梓宫于长春宫正殿为止。最难得的是皇帝自己身穿白绸孝服迎灵，辍朝九日，自己又为爱妻降旨定好谥号为"孝贤"，并每日到皇后灵前奠酒。此后初祭、大祭、满月、百日、暂安、周年……等等典礼，乾隆每次都亲自参加，上香致祭，他对皇后的情爱由此可知。

　　皇帝如此重视富察氏死后的礼仪，有关的大臣当然会做得更好，让皇后的身后备极哀荣。首先总理丧仪的大臣议定：宫中妃嫔、皇子、公主等都要穿白布孝服，皇子剪掉发辫，皇家女成员剪发。亲王以下，凡有顶戴的满汉文武官员百日内不准剃发，停止嫁娶作乐二十七天。京城里所有军民，男的拿下冠缨，女的不准戴耳环，违反的一律治罪。对于外省的官员与人民，自清初以来，皇后死亡时从没有过什么服丧等的丧仪，这次可不同了，规定各省文武官员，都须摘下官帽上的红缨，齐集公所，哭临三天。官员们在一百天内不准剃头。持服穿孝的二十七天当中，不准嫁娶。一般军民，也要摘缨七日，丧期间不能嫁娶，不能作乐，以示哀悼。

这些规定不是说说就算了，皇帝还认真地执行。他责骂过皇子永璜、永璋未尽孝道礼仪，公开表明不会要他们继承皇位；他处分过翰林院官员把"先妣"写成"先太后"；光禄寺官员准备的初祭供品不清洁被降三级；外省官员上折表示哀悼的时间稍晚的，也有几十人受到惩罚。而违反规定在百日内剃头的官员被处死的包括湖广总督、河道总督、知府多人。总之，乾隆如此重视孝贤皇后的丧礼丧仪，实在都是出于对她的真爱。

乾隆对皇后富察氏的爱是丰富、慷慨而且无尽期的；可是对继位皇后的乌喇那拉氏却不然，相反地是恨之欲其死的。

乌喇那拉氏也是乾隆当太子时娶为侧福晋的，即位后当富察氏晋封为皇后时，她也同时被封为娴妃，地位只在皇后之下。皇后富察氏死后，理应由她来担任皇后，"摄理六宫"；可是皇帝对富察氏不能忘情，一直到孝贤后死后三年丧期届满，而且是在皇太后老人家的一再催促下，皇帝才同意立乌喇那拉氏为皇后的。但是皇帝始终不能像爱富察氏那样地去爱这位新立的皇后。在中秋节前宫殿月下伫立时，仍然"有忆那忘桃花节，无言闲倚桂风寒"的惆怅感受，不能忘记德州水边桃花初放时富察氏病逝的不幸。乾隆也自己分析过他不能爱那拉氏的原因，他说："岂必新琴终不及，究输旧剑久相投。"他认为旧剑（富察氏）与他情投意合，而新琴（那拉氏）终究是比不上的。这是皇帝在初立那拉氏后三年之间的坦白说明。不久乾隆也作过反省，既然已经立了那拉氏为皇后，理应放弃一些成见，因此从乾隆十六年起，似乎对那拉氏善待了很多，夫妻的感情也日有增进，这件事也许可以从乾隆十七年与二十年，那拉后分别为乾隆生下两位皇子永璂与永璟的事实作为证明，那拉氏自嫁给乾隆以后，一直到她辞世，就只生了这两位皇子，可见这段期间她方得到皇帝的宠爱。那拉氏虽被称为"赋性安和"，但本人确是一位满族刚烈的女性。自她生下次子永璟之后，皇帝似乎又移爱到另外一位年轻的魏妃身上，在乾隆二十年至三十年这段期间，魏妃竟为皇帝生了四男二女，而且其中一男就是日后继乾隆为君的嘉庆皇帝，在不能逆来顺受的那拉后心中，当然对皇帝有说不尽的不满了。乾隆三十年（公元1765年）初，皇帝第四次南巡，皇后那拉氏、令妃魏氏等人都陪着乾隆生母一齐去江南，闰二月十八日，皇帝在杭州旅次突然下令额驸富隆安把"突发疯疾"的那拉后严加"保护"地送回京师，后来消息才传开来，据说皇后冒犯了皇帝，又在老皇太后前哭诉，恳求在杭州出家为尼，最后拿出预藏的利剪，将三千烦恼丝连根剪下。按照满洲人家的习俗，只有大丧的时候女子才剪发，平时剪发是犯忌不吉的事。那拉后竟当众自行剪发，行为实在是"突发疯疾"。

皇帝返京之后，一度想要废掉那拉后，由于不少大臣反对，他才放弃这个念头；不过那拉氏却被打入了冷宫，而且把她历次受封的册宝，全部缴回，事实上是使她失去了皇后的位号。乾隆三十五年七月，那拉后孤独地死去，身边只有两名宫女做伴，皇帝却去承德避暑山庄住夏了。事后皇帝还下令降格为她办丧礼，不以皇后身份而只以贵妃名分为她治丧，同时主办丧仪的也不是礼部，而是内务府。乾隆对那拉氏不仅毫无恻隐之心，夫妻之情也可以说是断绝了，真是出人意外。

那拉后在杭州突然剪掉头发的真正原因不知，不过当时外间很流传一种说法，说"皇上在江南要立一个妃子，那拉皇后不依，因此挺触，将头发剪去"。姑妄听之吧。

乾隆年间还册封过第三位皇后，那是孝仪皇后魏氏。不过魏氏被封时已是乾隆六十年九月，是皇帝退休禅位的前夕，魏氏是新君嘉庆的生母，母以子贵，因此才被封为皇后，当时魏氏已死后二十年了。

乾隆从那拉氏幽死之后一直没有立后，不过魏氏已被晋封为皇贵妃，实际上已"摄六宫事"了，可惜她于乾隆四十年病逝，享年四十九岁。

不少人以为魏氏娘家是汉人，入宫后初为贵人，后来历进为令嫔、令妃、皇贵妃，她的父亲据说是在内务府服务的小官清泰，她是由选秀女而入宫的。内务府旗属秀女出身多不高贵，一旦她们当成后妃，整个家庭也都会高贵起来，常常被"抬旗"成为皇家所属旗的属人，姓氏也加上一个"佳"字，如慧贤皇贵妃高氏，抬旗后称高佳氏，魏氏也是一样，她当了妃子以后也改称魏佳氏了。另有一种说法是嘉庆皇帝的生母是苏州女伶，被地方官购觅而来，因为她的色艺俱佳被乾隆所宠爱。清朝家法很严，因此魏氏先认内务府官员清泰为父，改变了身份，才由秀女一途入宫的。不过，我们现在没有可靠的史料来确证她的家世与来历，不能乱下断语。

　　乾隆皇帝除了封过三位皇后之外，还有五位以"贵妃"为称的妾。在五人之中，最特别的，也是后人一直流传很多故事的是所谓的"香妃"。香妃实际上应该称为容妃，她是来自新疆的回族。清朝从入关以来，几代帝王还没有娶回族女子为妃嫔的，所以从族籍上说她比较特别。又据传说她艳丽多姿，美貌绝伦，身上有一种异香，所穿的衣服在洗涤之后，"水皆芬香扑鼻"，所以野史里称她为"香妃"。有人说她原是回部小和卓木霍集占的妻子，后来被俘送到北京，因"帝夙知霍妻艳色"，纳入宫中，封为妃子。也有人说香妃入宫是要为他们回部报仇的，后来被太后赐死。这些说法经专家们考证认为都不可信。香妃一般称为和卓氏，她确是回人，但她的家族没有随从霍集占等反清，相反地，她的叔叔额色尹与图尔都以及堂兄玛木特等人都还是领兵到清朝将军兆惠大营中来帮助官军作战的，后来兆惠对他们有些疑虑，建议皇帝将他们"或留京城，或安插西安、哈密等地"，以防止他们再反侧叛清的。结果皇帝谕令将他们的"家口送京"。由于他们在征讨霍集占之时确实有战功，所以在乾隆二十四年十月，将额色尹、玛木特等授以公爵与头等台吉。第二年二月，清宫档案里有新封和贵人，并赐珊瑚朝珠、金银首饰、缎纱皮绵等物的记载，可见当时香妃和卓氏已正式成为皇帝的妾了，当时她才二十七岁。乾隆娶了回族和卓氏，不久之后，他又下令将一名宫女巴朗指配给了和卓氏香妃的哥哥图尔都，加强了满回通婚的关系，因此有人以为乾隆娶和卓氏，正像他的祖先多娶蒙古女子一样，都是有政治与军事功利目的的。乾隆显然对回族的习惯非常尊重，像他们满族皇家一直尊重蒙藏人崇信喇嘛教一样，皇帝特别命令由专人为和卓氏做饭菜饮食，即使带和卓氏南巡江南或东巡山东等地时，也为她准备一些喜欢的羊肚片、酒炖羊肉、奶酥油野鸭子等的名菜，从不让她接触到猪肉的食物。春秋大祭与元旦祀神，和卓氏也不令受胙，品尝猪食。和卓氏于乾隆二十五年入宫时赐号和贵人，两年后晋封容嫔，不久再升为容妃，她于乾隆五十三年病逝，活到五十五岁。

很多历史上的传闻疑案，都是有它们被人相信的原因的，香妃的传闻也是一样。首先有位大诗人王闿运在他的《湘绮楼文集》里写了一篇《回妃》的短文，说乾隆平定回部之后，把一个生有美色的回女养于宫中，号曰"回妃"。这位回女"怀其家园，恨于亡破，阴怀逆志"，想暗杀皇帝，乾隆"悲壮其志，思以恩眷之"，结果此事被太后知道了，乘皇帝离开宫廷祭神时，召集了宫女，把回女"绞而杀之"。到了民国以后，北京故宫古物陈列所在1915年展览一幅宫中收藏的戎装女子画像时，主办单位在这幅像下贴了一张《香妃事略》的说明，其中有：

> 香妃者，回部王妃也，美姿色，生而体有异香，不假熏沐，国人号之曰香妃。……回疆既平，兆惠果生得香妃，致之京师，帝命于西内建宝月楼居之，楼外建回营，毳幕苇鞲，具如西域式。又武英殿之西浴德堂，仿土耳其式建筑，相传亦为香妃沐浴之所。盖帝欲借种种以取悦其意，而稍杀其思乡之念也。……皇太后微有所闻，屡戒帝弗往，不听；会帝宿斋宫，急召妃入，赐缢死。上图即香妃戎妆画像，佩剑蛊立，纠纠有英武之风，一望而知为节烈女子。

故宫古物陈列馆既然如此介绍，并且把宝月楼、回子营、浴德堂等史迹也都附会到了香妃身上，一时香妃故事变得尽人皆知，大家共信了。事实上据专家孟森、郭成康、单士元诸先生考证，宝月楼（今中南海新华门）是因为瀛台与皇城城墙间没有屏障，暴露皇帝活动的隐私而兴建的，容妃住在深宫大内，从未住过宝月楼，当然不是乾隆的藏娇所在了。回子营确实为安置投诚在京回人规划的，乾隆还为他们建造了礼拜堂，并说明回部首领们在京城的都"赐居邸舍"了，其余"服官执役"的"咸居之长安门之西"，"都人因号称回子营"，显见这也不是为香妃专造的。至于浴德堂，根本不是沐浴之所，是元代就有的建造。皇帝也不可能让香妃从内宫或宝月楼经过文武百官注目的地方到几里之外的浴德堂去洗澡。更夸张的是那张《香妃戎装像》，原先是保存在承德避暑山庄的，画上有一黄签，题为"美人画像"，并没有注明就是容妃，主办展览的人员为了宣传，改称《香妃戎装像》，确实收到了市场效果，当时前往观赏的络绎不绝，陈列馆可能从门票上赚了不少钱；但是香妃传说的后遗症到今天还在发酵，众说纷纭呢！其实容妃的墓已被开掘了，她的身世与历史已经得到澄清了。

四十七

乾隆的子与女

　　乾隆共有四十多个妻妾，只生了十七个皇子和十个公主。由于皇帝活到八十九岁，所以他的后代人数还是很多，计有孙子、曾孙、玄孙等总共一百多人与他同时存在，真算得上是一个五代同堂的大家庭了。

　　乾隆所生的十七个皇子可以下表说明：

　　孝贤皇后富察氏生永琏、永琮。

　　皇后乌喇那拉氏生永璂、永璟。

　　孝仪皇后魏佳氏生永璐、永琰、永璘及早夭未命名子一人。

　　庶妃富察氏生永璜。

　　纯妃苏氏生永璋、永瑢。

　　嘉妃金氏生永珹、永璇、永瑆及早夭未命名子一人。

　　舒妃叶赫那拉氏生子一人，未命名。

　　贵人珂里叶特氏生永琪。

　　这十七位皇子中，有七人不到十岁就病逝了，他们包括永琏、永琮、永璟、永璐和三位早夭的。又有两位过继给乾隆堂兄弟家为子嗣，他们是永珹与永瑢。而永璜、永璋、永琪又分别于乾隆十五年、二十五年、三十一年分别去世，因此皇帝后来实际上只能在五六个儿子当中选择继承大位的人了。

皇帝最爱皇后富察氏，她又是嫡妻，她生的两个儿子都曾先后被皇帝意属为继承人。乾隆元年七月初二日，皇帝在乾清宫西暖阁，召见王大臣九卿等高官，宣布依雍正创立的密立储君法，预定了皇储，当时皇帝没有明说出是何人，到乾隆三年永琏病逝后他才向大臣们降谕说："二阿哥永琏乃皇后所生，朕之嫡子，为人聪明贵重……是以于乾隆元年，遵照皇考成式，亲书密旨，召大臣面谕，收藏于乾清宫正大明光匾之后，是永琏虽未行册立之礼，朕已命为皇太子矣。……"永琏死时才九岁，被列名为继承人时刚七岁，能否断定他"聪明贵重"将来必定是位贤君，实在很难讲，不过他是皇帝的"嫡子"，所以立为皇储，事实上，雍正皇帝强调的是人选要完美，不应该分嫡庶才对。

永琏死后，约有十年的时间，乾隆没有再立其他的儿子为皇太子，直到十二年岁暮，当皇后富察氏的第二子永琮痘症死亡时，皇帝才又透露出消息说：永琮是"圣母皇太后因其出自正嫡，……朕亦深养成立，可属承祧"，可见他还是赞同用汉人"立嫡立长"制度的。但是"嫡嗣再殇"，让他想到"乃朕立意私庆，必欲以嫡子承统，行先人所未曾行之事，邀先人所不获之福，此乃朕过耶！"永琮死后三个月，嫡妻皇后富察氏也仙逝了，乾隆再想立嫡也不可能了，建储之事一搁就是近三十年。

乾隆四十年稍前的时候，皇帝已经六十五岁左右了，他又有了立储的念头；可是此时他只能在永璇、永瑆、永琰、永璘四个皇子中作选择了。其他的大多去世或是过继给了皇家至亲。剩下的四人当中，永璇年纪最大，快三十岁，他是一个精于书画的艺术家，尤其书法赵孟頫，很有造诣；不过他为人轻躁，做事颠倒，任性贪玩，甚至放纵到酒色下流的境地，加上脚有毛病，不良于行，皇帝根本没有想到他能当未来的皇帝。永璇的同母弟永瑆，诗文见长，书法尤佳，是一位具有文学艺术天才的皇子，他也寄情翰墨诗酒，文人气质过浓，而且十分汉化，这绝不是皇帝想要的皇储对象。永璘则从小就不喜欢读书，性情更是轻佻浮躁，年长后更常常私出宫廷去寻花问柳，行为不检，他自己也有自知之明，不着当皇储想，只以声色自娱。唯一令皇帝稍为满意的是十五阿哥永琰，他比起其他兄弟来，算是品学兼优，文武俱备的了，连大臣们也觉得他为人稳重，处事刚明。尽管他并不能达到乾隆的最高标准，但是客观条件如此，皇帝最后只有指定他为皇位继承人了，他就是日后的嘉庆皇帝。

乾隆对于儿孙的教育非常重视，一方面要求他们能读好书，成为知书达礼的人，另一方面也防止他父亲一辈兄弟间为争权争继而发生家人间的骨肉相残不幸，因此乾隆规定所有皇家男童六岁起必须开始读书，而且每天都得按时到上书房里去上课。授课的老师都是一些优异的内阁学士与翰林院的饱学人员，并派大学士等高官为总师傅，"稽查督饬"。皇子皇孙每天卯时（上午五至七时）进，申时（下午三至五时）出，"攻五经、史、汉、策问、诗赋之学"，另外还有武官教授皇子们骑射，以及满蒙官员教满蒙语文。

皇子读书时不能随便离开书房，有事外出必须呈奏。乾隆三十五年永璇未经奏闻而擅离书房，不但永璇受到痛责，他的师傅观保、汤先甲以及总师傅多人也都被认为不负责任，"漫无觉察，所司何事！"乾隆一心一意地要以书房来让皇子"检束身心"，他是怕皇子行动太自由会在外结党营私，或是以自己高贵身份枉法做恶，这样会养成他们的骄横跋扈气习，更坏的会各自培植势力后将来作谋取大位之争。皇帝管教子孙读书之严，连朝中的大臣都是知道的，赵翼就这样写过：

> 本朝家法之严，即皇子读书一事，已迥绝千古。余内直时，率五鼓入。……黑暗中残睡未醒，时复倚柱假寐；然已隐隐望见有白纱灯一点入隆宗门，则皇子进书房也。吾辈穷措大专以读书为衣食者，尚不能早起，而天家金玉之体乃日日如是……宜乎皇子孙不惟诗文书画无一不擅其妙，而上下千古成败理乱已了然胸中，以之临政，复何事不办？……

乾隆曾经对上书房的老师们说过："师傅为诸皇子授读，岂仅以寻章摘句为能，竟不知随事规劝，俾明大义？"明大义就是要懂得做人的道理。因此皇帝对于皇子有了非礼的行为都是非常痛恨的。乾隆十三年，嫡后富察氏死后，庶出的皇子永璜、永璋在迎丧时表现得不够悲痛，皇帝大怒，责骂他们于"孝道礼义未克尽处甚多"，竟如此的"茫然无措"。更严重的是这两位皇子竟因此而丧失掉了皇位继承权，因为皇帝认为他们根本"无情"，"无情"的人将来如何能当皇帝！所以乾隆降谕说："此二人断不可承继大统。"他们的师傅和亲王弘昼、大臣来保、鄂容安等人各罚俸三年，还有其他官小的罚俸一年。

另外，永璘这位皇子是"好嬉戏"出名的，皇帝也厌恶他至极。乾隆五十四年加封诸子时，他的同母生的哥哥永琰被封为嘉亲王，永璘不但没有加爵进升，反而"降为贝勒"，以示对他不良品行的惩罚。

由于乾隆皇帝严格管教皇子，除永琏、永琮外，他对其他皇子都极少给予慈父的自然情爱。甚至永琰被他指定为继承人选后，他在冬至祭天大典上，当面对永琰与其他皇子默祷上苍说："如所立皇十五子永琰能承国家洪业，则祈佑以有成；若其不贤，亦愿上天潜夺其算，令其短命而终，毋使他日贻误，予亦得以另择元良。……"父子感情如此功利现实，难怪乾隆的儿子们对他畏惧有余，回报给他真挚爱意则绝少。尤其到他老年"十七男惟剩斯五"，当然会有"幻以为欢幻以悲"的苍凉诗调了。

乾隆的女儿共有十人，但长大成人出嫁的只有五位，她们是：

一、皇后富察氏生的皇三女固伦和敬公主，乾隆十二年下嫁科尔沁蒙古王公色布腾巴勒珠尔，留住京师。乾隆四十年驸马随军征金川，结果阵亡军中，和敬公主从此孤独地住在豪华的公主府中，直到乾隆五十七年病逝，享年六十二岁。

二、纯惠皇贵妃苏氏生的皇四女和硕和嘉公主，乾隆二十五年嫁大学士傅恒之子福隆安，是皇帝与傅恒家亲上加亲，但和嘉公主命薄，乾隆三十二年她二十三岁时就去世了，夫婿福隆安的官当时也没有位极人臣。

三、孝仪皇后魏佳氏生的皇七女固伦和静公主，乾隆三十五年下嫁喀尔喀蒙古亲王策凌之孙拉旺多尔济，乾隆四十年死，得年仅二十岁。

四、孝仪皇后魏佳氏生的皇九女和硕和恪公主，乾隆三十七年下嫁大学士兆惠之子札兰泰，这位公主的寿命也不长，乾隆四十五年她二十三岁即离开了人世。

五、惇妃汪氏生的皇十女固伦和孝公主，她是皇帝最小的女儿，生于乾隆四十年，当时他已六十五岁，加上她长相跟乾隆皇帝一样，所以很得宠爱，她的生平值得叙述的事也最多。

和孝公主的生母汪氏被册封为惇妃的时候，称赞她"毓质柔嘉，提躬端淑"，"娴兰宫之礼教"，她应该是一个温顺有礼的女性；但是在乾隆四十三年她却做了一件极其凶暴的事，她竟将一个宫女活活打死。这件"从来未有妃嫔将使女毒殴立毙之事"，令皇帝十分震怒，认为"若不从重办理，于情法未为平允"。不过后来还是因汪氏"曾育公主，故量从末减耳"。显然是皇帝不忍在小公主的年幼心灵里留下太大的伤痛，才没有把惇妃摈黜或打入冷宫。

小公主在皇宫里享尽人间福分，尤其皇帝又为她找到了一个合适的婆家，乾隆在她六岁的时候指婚，让她嫁给与她同年的和珅儿子，皇帝特别为这位准女婿赐名为丰绅殷德。"丰绅"是满洲语 fengshen，意思是"福禄"、"福祉"、"福分"等，总之是祝福他们的。和珅当时三十多岁，是皇帝面前的大红人，权势也很高，乾隆把最爱的小女儿嫁给和珅家，将来一定是幸福美满的，这可以说是古稀老父的一项特意安排。

乾隆五十三年，公主十四岁，皇帝又破例册封她为"固伦和孝公主"。"固伦"是满洲语"国家"的意思，"和硕"指"一方"或"一隅"，当然不如"固伦"大，因此按照清初规定，只有皇后所生的女儿才能冠以"固伦公主"名号，皇妃生的只能用"和硕公主"为称。皇十女和孝公主是惇妃所生，本来不能称"固伦"的，由于皇帝的特宠，给了她

"固伦"的最高称号。第二年，小公主奉旨完婚，典礼之铺张、隆重，据说到将近十年后乾隆崩驾的时候，京城里人还在津津乐道当时的盛况呢！

那一年的十一月二十七日是钦天监选出的黄道吉日，皇帝先在保和殿里大宴额驸（驸马）丰绅殷德与王公大臣们，然后接受小公主行礼拜别。据说那天公主穿的是金黄色绣龙朝褂，头上戴了一顶镶有十颗大东珠的貂皮朝冠，乘銮仪卫准备的彩舆，由内务府大臣以及很多福晋命妇们乘车随行，浩浩荡荡地穿过北京大街，到达和珅家时，鞭炮齐鸣，和珅夫妇都在家门口向新儿媳妇屈膝跪安，真是天家龙女，气势万千地嫁到了和珅家中。至于公主的陪嫁妆奁，有的先期送到，有的是婚后皇帝的再赏物件，应有尽有，源源不断地从宫中运出，经常在京城街道上出现。婚礼当天，京中官员为了让皇帝高兴，或是为巴结和珅，很多文武百官，都手奉如意等珍宝，"拜辞于皇女轿前"，人数多到"无虑屡千百"。公主与驸马回门的那天，皇帝又高兴地赏了白银三十万两。难怪当时京中，甚至朝鲜都为这场豪华婚礼，叹为观止，久传不衰。

可惜公主婚后不到十年，乾隆皇帝逝世了，她的公公和珅也随着被处死，若非公主向皇帝哥哥嘉庆求情，恐怕连个全尸都得不到，会被凌迟示众的。和珅的家产不久也被没收了，丰绅殷德因公主关系没有被牵连入罪；但他对世间荣衰变化、人情冷暖感到茫然失望，顿时变得消极起来，嘉庆十五年辞世，得年三十六。和孝公主此后则以坚强的毅力活到四十九岁病逝。嘉庆与道光都很照顾她，这一点也许令乾隆在九泉下可以稍得安慰的。

四十八

谈乾隆的吃喝

乾隆贵为天子，他的饮食管理当然应该与一般百姓和官员不同，尤其他讲究品味，注重食补，因此有关他吃喝方面的事，值得一述。

首先我们来看看清宫帝王饮食方面的一些传统。皇帝每天只吃两顿大餐，他们叫"早膳"与"晚膳"。早膳通常在卯正一刻（早晨六点稍过），晚膳则在午时（中午十二点至两点钟之间）。大餐之外，每天又有酒膳、晚点小吃之类的，都是在晚间的多。皇家不说"吃饭"、"用饭"或是"开饭"，是因为忌讳"饭"字与"犯"音同，他们用的词是"传膳"（通知准备开饭）、"进膳"与"用膳"等特用语。

皇帝用膳平日都是他一个人自用，他的妻妾子女都不能与他共餐，除非他特别下令叫某些人来和他同桌共食，或是逢年过节及宫中特别喜庆日子，才见到皇家团聚吃喝的情景。即使如此，皇帝还是高高地端坐在他的金龙大宴桌上，妃嫔们还是分坐在东西两排的餐桌边，按地位高下，陪皇帝吃一餐"官式"大餐，谈不上家人欢聚的气氛。

乾隆平时用膳的地方也没有一定的餐厅，有时候在弘德殿、东暖阁，有时候在养心殿。即使到避暑山庄住夏，他的餐厅也有如意洲、一片云等处。

按照清宫的规定，皇帝、太后、后妃、皇子、公主都各有为他们烹调饮食的灶房。乾隆皇帝的餐饮是由"御茶膳房"备办的，这个单位由皇帝特命亲信大臣总管，膳房里每天准备的菜式，由何人主厨，用些什么食品，都要写成报告请总管的大臣划行，以示负责，这也是今天我们还能看到很多《膳底档》资料的原因。

乾隆皇帝每天究竟吃些什么食物呢？《膳底档》正好可以提供给我们这方面的信息。现在我就随着乾隆年纪的不同，来列举他的一些日常菜单。

乾隆十六年他四十岁刚过，算是壮年阶段，这年六月初四日的早膳是卯正一刻用餐的，菜式为：

芙蓉鸭子一品、羊肉炖窝瓜一品、羊肉丝一品、韭菜炒肉一品、清蒸鸭子额尔额羊肉攒盘一品、竹节卷小馒首一品、匙子饽饽红糕一品、蜂糕一品、葵花盒小菜一品、银碟小菜四品。随送肉丝汤膳进一品、猪肉馅馄饨一品、果子粥一品、鸡汤老米膳一品。

六个多小时后到了未时，他用的晚膳菜单则是：

燕窝肥鸡歇野鸭一品、葱椒肘子一品、鸭子火熏炖白菜一品、后送炒木须肉一品、肉片炒扁豆一品、蓝肥鸡烧狍肉攒盘一品、象眼小馒一品、白面丝糕糜子面糕一品、猪肉馅汤面饺子一品、腿羊肉攒盘一品、银葵花盒小菜一品、银小菜四品、随送粳米乾膳一品、次送芙蓉鸭子一品，羊肉丝一品。

乾隆三十年，皇帝五十五岁了，他这一年南巡江浙等地，在旅途的菜单可以举出一天的来看看：

闰二月十一日卯初，请驾伺候：冰糖炖燕窝一品，辰初二刻，虎跑泉进早膳，用折叠膳桌摆：燕窝火熏鸭丝一品、鸡冠肉炖鸡软筋一品（宋元做）、羊肉丝一品、煳猪肉家鸡卷攒盘一品、银葵花盒小菜一品、银碟小菜四品。上传：摊鸡蛋一品。随送清蒸鸭汤膳（未进）、粳米膳一品、金银豆腐片汤、额食二桌：奶子二品、饽饽十品以及十二品一桌内领管护食四品、盘肉四品、八品一桌。上进毕。赏皇后软筋一品、庆妃燕窝鸭丝一品、令贵妃攒盘肉一品、容嫔羊肉丝一品。

　　当天的晚膳是下午两点钟左右开始的，用膳的地点是杭州西湖边的行宫中，菜式计：

　　燕窝烩糟鸭子一品、鹿筋酒炖羊肉一品（张成做）、肥鸡豆腐片汤一品、蒸肥鸡烧狍肉攒盘一品。后送青笋爆炒鸡一品、枣儿糕老米面糕一品、象眼棋饼小馒头一品、火熏豆腐馅包子一品。高恒（当时的两淮盐政）进：酥油野鸡爪一品、糟鹿筋糟猪腰一品、银葵花盒小菜一品、银碟小菜四品。随送：肉丁炒粳米老米膳一品、燕窝芙蓉汤、鸭子豆腐汤一品。额食四桌……。上进毕，赏：皇后燕窝糟鸭子一品、庆妃攒盘肉一品、令贵妃包子一品、容嫔酒炖羊肉一品。晚晌伺候：爆肚子一品、燕窝拌鸭一品、青韭鲜虾一品（宋元做）、拌老虎菜一品。上进毕，赏：皇后爆肚子一品、令贵妃燕窝拌鸭一品、庆妃青韭炒鲜虾一品、容嫔拌老虎菜一品。

　　乾隆四十年，皇帝年逾花甲，五月二十八在宫中的晚膳吃了：

　　葱椒肉一品、口蘑锅烧鸭子一品、肥鸡大炒肉炖杂脍一品、碎杂鸭鸡一品、锅爆鹿肉一品、烧狍肉油攒野鸡盘一品、山药鸭糕一品、象眼小馒头一品、白面丝糜子米面糕一品、猪肉馅侉包一品、小菜五品、粳米乾膳一品。

乾隆四十四年，皇帝在承德避暑山庄避暑，有一天晚膳，他吃了以下的几道菜：

燕窝莲子扒鸭一品（系双林做）、鸭子火熏萝卜炖白菜一品（系陈保住做）、扁豆大炒肉一品、羊西尔占一品。后送鲜蘑菇炒鸡一品。上传：拌品腐一品、拌茄泥一品、蒸肥鸡烧狍肉攒盘一品、象眼小馒首一品、枣糕老面糕一品、甑尔糕一品、螺狮包子一品、银葵花盒小菜一品、银碟小菜四品，随送豇豆水膳一品。次送燕窝锅烧鸭丝一品、羊肉丝一品（此二品早膳收的）、小羊乌叉一盘，共三盘一桌。

乾隆五十六年，是皇帝八十大寿后一年，宫廷菜单上记录五月二十日的菜式是：

寅初二刻进早膳：山药鸡羹一品，燕窝口蘑锅烧鸭子一品、羊肉丝一品、清蒸鸭子烧猪肉卷攒盘一品、煳猪肉攒盘一品、竹节卷小馒头一品、孙泥额芬白糕。未初二刻晚膳：炒鸡大炒肉炖茄子丸子一品、燕窝火熏鸭丝一品、羊他他士一品、后送扁豆炒肉一品、蒸肥鸭烧鸡肉卷攒盘一品、象眼小馒头一品……随送红豆水膳一品。

以上只是万千膳单中点滴，不过似乎已经让我们看出乾隆一生餐点的大致情形了。第一，他还是追随满族祖先的传统，吃肉类很多，猪、羊、鹿、狍、鸡、鸭等他几乎每天都吃，只是不吃牛肉，这可能与他宣传重农有关。第二，他一生对燕窝与鸭子有着偏好，猪肉、鸡肉也有相当程度的喜爱。米面食则都吃，糕点也是每天不缺的。第三，南巡以后蔬菜的量有些增加，尤其豆腐做的。同时药膳也在菜单上逐渐出现了，江南民间的家常菜也搬上了皇帝的餐桌。第四，乾隆似乎愈吃愈懂得品味与以食补身的道理。以上引的避暑山庄的一顿御膳为例，他在晚膳中吃了鸡、鸭、猪、羊、狍子五种荤菜，但也有燕窝、莲子、白菜、扁豆、萝卜、茄子、鲜蘑等蔬菜佐餐，特别他又点了拌豆腐与拌茄泥，再加上米面糕饼，真可谓各项营养兼备了，这对他能活到八十九岁可能是有关系的。第五，菜单上的菜名虽然很多，但皇帝相信"食少病无侵"，显然他都是浅尝即止的。因此剩下的食物他都下令赐给妻妾们享用。有人说赏菜给妻妾就是表示当晚要"行幸"做暗示。如乾隆三十八年七月初六日有"赏顺妃晚膳如意洲"记事，认为就是皇帝当晚将召幸顺妃。这也许有可能；不过乾隆三十年江南巡幸途中，经常在《膳档》里见到在同一天赏皇后、庆妃、令妃、容嫔等御膳的事，相信皇帝不能在同一晚召幸那么多妻妾的，因此"行幸"之说还值得商榷。第六，乾隆皇帝吃海鲜的记事也不多，这显然与满族餐食习惯有关。有一次朝鲜人进贡带鱼二十尾、大口鱼二百尾、广鱼一百尾、金鲅鱼二十贴、红蛤二百斤、海参二百斤、海菜二百斤。小太监荣世泰传旨问道负责的官员说：你们收到这些物品何处使用？总督张应回答说：是奴才们带进京伺候万岁爷赏人用的。皇帝又降旨："是。"可见乾隆不懂得也不喜欢这些海产品。另外，我们从《膳档》也可以了解：乾隆因四处巡幸，遍尝大江南北口味，因而宫廷菜单到他晚年也受到影响而有些改变。特别是苏州厨子进入御膳房之后，"豆豉炒豆腐"、"糖醋樱桃肉"、"鸡丝肉丝煸白菜"等等的菜式常见了；不过也有很多菜是南北融会、满汉合璧的全新菜肴，乾隆是一位保存传统，力求创新的君王，菜式方面也能证实这一点。

乾隆皇帝每天吃的水果不见于档案，不过他食用果品很多。除了近畿及盛京上三旗果园里长的北方水果如桃、杏、梨、葡萄、山里红等以外，各地官员上贡的土产也很多，如广东的橘橙、福建的荔枝、新疆的哈密瓜等等，天下名优特产宫廷里四时皆有，随时呈上乾隆的餐桌。

乾隆对饮料是相当讲求的。他每天所喝的水不少，因为他相信"水之德在养人"。他最喜欢喝京城附近玉泉山中的泉水，也许是受了康熙的影响，他对泉水也做过进一步的研究，发现玉泉山泉水一斗重一两，济南珍珠泉重一两二厘，扬州金山泉水重一两二三厘，杭州虎跑泉水重一两四厘。他认为水的"味贵甘其质贵轻，然二者正相资，质轻者味必甘，饮之而蠲疴益寿"。他曾用他特制的银斗到处量水，结果还是玉泉山的最好，所以称玉泉水为"天下第一泉"。他不但居住宫中时饮用玉泉水，出京、巡幸也命人"载玉泉水以供御用"。

朝鲜人说乾隆"平生不饮酒"，这对朝鲜人的好酒来说相对的是正确的。不过乾隆晚膳时通常还是小酌一番。据档案所记："例进玉泉酒二两。"玉泉酒是宫中特制的，像似糯米的甜酒，含酒精度不高。皇帝爱喝玉泉水，也命人以玉泉水造酒，取名玉泉酒。现在宫中还存留配方，也许值得一看：

> 每糯米一石，加淮曲七斤，豆曲八斤、花椒八钱，酵母八两，箬竹叶四两、芝麻四两，可酿玉泉酒九十斤。

另有一种记载说：

> 玉泉酒三百七十斤需南糯米三石六斗，麸曲、面曲、豆曲各二十斤，大淮曲一块，引醋二斤，玉泉水一百六十八斤。

配料虽有不同，但水必须取自玉泉山的玉泉水，本来天下名酒都与基本材料用水有关，玉泉的水质好，造成的酒必然不差。

康熙皇帝平日不饮酒，年节喜庆日他会为大家助兴少喝几杯，他"能饮而不饮"，节制的功夫很好。乾隆每天喝二两淡酒也对身体有益，不算嗜酒。他的儿子嘉庆皇帝则胜过他了，据说每天要喝六七两到十四五两不等的玉泉酒，显系多了一些。

皇帝不吃牛肉，但喝牛奶熬成的奶茶，每天随点心、果饼等呈进。牛奶、乳饼、乳酥等奶制品都是内务府下内三牛圈进呈来的牛奶，再由厨房师傅专心制成食品。

乾隆时代御膳房中的厨师都是各地选来的高手，餐饮材料又都是四海的精品及应时鲜货，因此这位活到近九十岁的皇帝真可是享尽口欲之福了。比起人关初期的皇家御膳来，内容增加了，味道鲜美了，汉化的程度也深入了，当然奢侈现象也透现出来了。

乾隆皇帝不但是政治家、军事家，他也是文学家与艺术家，而且在文学与艺术方面的造诣很高，可以列入名家之林。他从小就接受了优良的而且完整的儒家教育，打好了汉学的坚实基础，继承皇位后又利用公余之暇博览群书，并几乎不断地写作诗文，批览奏章，使他在作文作诗与书法上大有精进。当时著名的史家兼诗人赵翼说乾隆皇帝的"圣学高深，才思敏赡，为古今所未有。御制诗文如神龙行空，瞬息万里"。赵翼曾经为政府写过一篇碑文，后来经皇帝稍加润色，赵翼读后，佩服之至，并说："御笔删改，往往有十数语只用一二语易之，转觉爽劲者，非亲见斧削之迹，不知圣学之真不可及也。"赵翼的话也许有些夸张，但乾隆的文章很好应该是可信的。乾隆喜欢读书，但不是一个迂腐的读书人，尤其不墨守儒家的教条成规。比方他对大圣人孟子就有过评论，认为孟子见梁惠王时说"何必曰利"一语，他就觉得不很妥切，因为利有公利与私利，公利不但能讲，还应该强调，"利在乾元五德之中，古圣所言，岂可去其一而不用？"可见他是有不寻常的见解的。

乾隆的学问根柢深厚，是一事实。但他在诗书画方面的成就更是可观。他从小就爱写诗，在当太子的时候，诗作就已经写成一千多首了。执政之后，他怕自己学习汉人写诗的陋习，玩物丧志，影响国家大事，他还写诗警告自己："赋诗何必多？杜老言诚正。况乎居九五，所贵行实政。"但是他日后的诗作不但没有减少，反而数量大增，到他死前不久编集他的御制诗的时候，竟然发现他在潜邸时写了一千零八十首诗，在位六十年间共得诗作四万一千八百首，三年多太上皇又完成七百五十首诗，他一生总共写了四万三千六百三十篇，比唐朝三百年二千个诗人所写诗的总和还多，连他自己也得意地以为是"文坛佳话"。皇帝日理万机，哪有时间写出那么多首诗呢？当然有些诗是大臣为他捉刀的，也有些是大臣帮他作了些修改的，不过皇帝有兴趣写诗，而且日复一日不断地写诗，仍是难能可贵的。他自己曾经说过："几务之暇，无他可娱，往往作为诗、赋、文，赋不过数十篇，诗则托兴寄情，朝吟夕讽。"可见皇帝以写诗来调剂生活。皇帝富有四海，可以尽情找乐子，乾隆以写诗消遣自娱，也算得上是个高尚的爱好了。乾隆诗多数缺少艺术性，有人甚至评论为"格调不高，佳作不多"，或是说"高宗（乾隆庙号）诗最不堪"，这些也许是从纯文学与艺术的观点而发的，对于一位整日忙碌的君主来说，可能是苛求了一些。郭成康教授说：

　　（乾隆）皇帝献给孝贤皇后的上百首诗堪称最见真情的上乘之作，只有在这些诗中，乾隆才真正放下帝王的尊严，尽情地抒发了内心深处对异性的眷念，乾隆皇帝写了那么多悼念结发妻子的诗，并且把这些坦露个人胸中隐秘的作品收入《御制诗》出版，让后世子孙和天下文人去评说，对皇帝而言，无疑是一件需要勇气的事。……悼念孝贤皇后的诗篇虽仅及其全部诗作总数百分之一，却也足以使乾隆跻身于诗人之列而毫不逊色。

　　郭教授的话实在是公允的评语。同时我个人还有一项看法，作为研究历史的人，乾隆诗应该是一座宝山，它是蕴藏着大量珍贵史料的宝藏。乾隆自己也说过：他的诗作，"其间天时农事之宜，莅朝将事之典以及时巡所至，山川名胜、风土淳漓，莫不形诸咏歌，纪其梗概。"因此乾隆的诗有丰富的史事内涵，是研究他本人、家庭、思想、理政、用兵以及各种当时中外大事的资料宝库，可以说是研究乾隆朝历史不可或缺的史料之一。

乾隆有汉族汉书人的习气喜欢写诗，同样他也很重视自己的书法。他在中国书道方面确实下过一番工夫，他年幼时见到他祖父康熙能写一手好字，并且赠送过他几件御书墨宝，在他的幼小心灵中，留下不可磨灭的印象。他处处效法他的皇祖，在书法上当然就勤于苦练，希望有成了。乾隆特爱王羲之的字体，其余如苏、黄、米、蔡等大家的字帖他也经常临摩，加上经年累月的不断练习，成就是可观的。有人赞美他的字说：

> 妙印锺、王，临池游艺，大而擘窠等丈，小而细楷绳头，各臻极诣。拈毫点染，旁涉绘事，文艺在握，造化为师，有非顾、陆之规矩，六法所能彷佛者。

这种说法实在夸大其词了，不过现存的乾隆手迹还很多，有奏折的朱批，有古画的题画诗，有山川名胜的碑刻，有名寺古刹的匾额，相信大家可以看出他的字是有其独特风格的，比一般文士或是官员的书法并无逊色，虽不及真正名书法家的苍劲或柔雅；但以一个工作繁忙的帝王来说，尤其是一个"异族"入主的帝王来说，他的书法造诣也应该是数一数二的了。

一般人不知道乾隆会画画，他自己也没有吹嘘过他这方面的才艺；不过他十九岁当太子的时候就有习画的记录了。早期他专攻花鸟，常在藩邸里作画以"抚景兴怀，抒清思而消永日"。在他初登大位的时候，还为他生母画了岁寒三友、牡丹、白燕、石竹等六幅画，后来政事多了，也无暇作画了。不过他培养了不少大画家，如邹一桂、张宗苍、钱维城等人。以钱维城来说，他在翰林院里修满文课最后考试交了白卷，本来要受严重处

杰出的文学家与艺术家

分的。乾隆看他有绘画天才，不但没有处罚他，反而让他在内廷专心作画，终于成就了这位画家。乾隆的画作不多，只是偶尔为之，例如他曾绘《盘山千尺雪》一幅，与张宗苍的《苏州寒山千尺雪》、董邦达的《西苑千尺雪》以及钱维城的《热河千尺雪》四图合装，他把自己与名家齐名。他又模仿李迪的《鸡雏待饲图》作画一幅，墨刻多份，赐给各省的总督巡抚，要他们照顾百姓，就像照顾饲养的小鸡一样，"即雏哺之微，寓牧民之旨"，官员们应时刻以"保赤为念"，他是为政治服务的目的而绘画的。皇帝不是大画家，但他能绘画是事实。

　　乾隆皇帝的高雅嗜好还可以从他的酷爱戏曲一事上窥知。他每次出外巡幸，各地官员都为他安排戏曲的演出，不论是东巡山东曲阜或是视察天津，"每日都有戏台承应"。特别是文化水平特高的江南，加上扬州盐商的富有，皇帝在苏、扬一带更是过足了戏瘾。据说乾隆四十五年他第五次南巡时，遇到这样的欢迎场面。

　　　　御舟将至镇江，相距约十余里，遥望岸上著大桃一枚，硕大无比，颜色红翠可爱。御舟将近，忽烟火大发，光焰四射，蛇拏霞腾，几眩人目，俄顷之间，桃焉然裂开，则桃内剧场中峙，上有数百人，方演寿山福海新戏。

　　如此铺张地迎接皇帝光临，也算是别开生面的一奇，当然花费很多，连皇帝都说"过于繁费"；不过皇帝却满心欢喜。

　　皇上既有此喜好，想得宠的大臣当然设法讨好了。凡是遇到宫廷里有大庆典的时候，必以演戏来庆贺。乾隆十六年，皇帝的母亲崇庆皇太后六十大寿，"中外臣僚纷集京师"，而戏曲的演出几乎到了疯狂的境地。"自西华门至西直门外，十余里中，……每数十步间一戏台，南腔北调，备四方之乐，……后部未歌，前部已迎，左顾方惊，右盼复眩，游者如入蓬莱仙岛。"

皇帝爱戏疯狂还不止此。崇庆皇太后七十寿辰时，京中演戏更胜于前，那一年清廷为付给"扮演彩戏工饭零星费用银"就高达一万七千二百六十两多，可见参加演出的人数之多。老皇太后八十嵩寿时，戏曲演出的规模更大。就只西直门外的长河一带就有八座点景戏台，由于演员们演出卖力，乾隆还赏赐了很多戏曲艺人。皇帝自己过八十大寿的那一年，除了京城里以演戏来庆祝之外，全国各地也分别上演剧目，府、县衙门到处搭台演戏，历时二十一天，任听当地军民前来观赏，以示"与民同乐"。京城北京与离宫圆明园以及承德避暑山庄也到处演戏，这一段期间，全国简直是个大舞台，到处都在演出精彩的戏目。同时还有更值得一提的是这一年南方的徽班进京，奠定日后京剧的诞生基础。由于皇帝的爱戏曲，他扩大了皇家剧团南府与景山学校的规模与编制，培养了很多的戏曲人才。又因为他从小就深受祖父康熙在戏曲方面的熏陶，加上日后不断接触到各地的戏曲，他下令相关的官员改进戏曲的内容，从牛鬼蛇神发展为历史大戏，使内涵大为丰富。他自己也尝试创作，当时人说：乾隆"精音律，《拾金》一出，御制曲也"。这是一本戏中串戏的有深度作品，可见乾隆在听戏作为消遣之余，事实上他对戏曲的提倡、人才的培养、剧本内容的创新，特别是京剧的诞生，都有着极大的贡献。

乾隆雅爱艺术并从而研发创新一事，也可以从他喜欢玉器而使玉器发展在他统治时期中到达了鼎盛高峰可知。他登基之后的乾隆元年，清宫《造办处成做活计清档》里就有这样一段记载：

　　十一月十七日，将白玉石子一块，查得如意陈设一、纸样一张。碧玉石子一块，画得双友瓶纸样一张。司库刘久山、太监毛团呈进。奉旨：准做，钦此。于乾隆二年五月十一日传旨：将现做的玉太平如意、碧玉双友瓶呈览，钦此。本日首领萨木哈将未做完的二件呈览。奉旨：添做万年如意字样，钦此。于三年五月十六日呈览。奉旨：将白玉如意上流云做透的，其万字上飘带着磨去。再，碧玉双管瓶绺做净，钦此。于三年八月初九日做得白玉如意，随茜色牙座呈进。于三年十一月十二日做得碧玉双管瓶，瓶木座呈进，讫。

从这两件玉器制作的过程来看，皇帝是全程监督、指导工作的。他已经不只是一个爱玉的人了，而且成了美玉作品的设计人了。同样，由于皇帝爱玉，当时玉器市场也掀起了热潮，价值日益高涨，而制作玉器的专家也人才辈出，大家相争地以巧思设计精品，因而形成玉器发展的颠峰。不过乾隆皇帝自有他独特的赏玉品味，他厌恶那些多加镂刻，花叶繁多以及一些惜材制作的作品，他认为这些新制玉器过于俗气，如果这类作品充斥市场，将会贬损美玉的尊贵地位。他比较喜欢摹写山水的创新玉器，因为它们具有传统文人的气息。但是一般玉匠工人哪能个个都是绘制文人画的高手呢？因此他认为新产品如果都是俗不可耐的东西，还不如仿古代铜器与玉器来生产新玉器呢！他在宫中便提倡仿古制作，这也是今天故宫珍藏有很多是"乾隆仿古"成品的原因。不过皇帝虽提倡仿古，但并不是叫玉匠们盲从不变地仿古，有时为了更美观也会略作创新的，像有些玉鼎上的兽面纹根本不是商周的原貌。最有趣的是一只现藏北京故宫博物院的玉瓶，腹肚纹饰竟是取材西洋钟表的表面图形，真可谓是大胆的创新。

此外，乾隆也是一个杰出的鉴赏家与古物收藏家，从两岸故宫博物院收藏的很多珍宝以及他写下的诗文中可以证明，由于篇幅所限，这里不能赘述了。

总之，乾隆皇帝是一位了不起的君主，也是一个杰出的文学家、艺术家。他为国家事务已付出了极多的时间与精力，自己竟能创造如此大量的诗文作品，而且不遗余力地提倡艺术、收集珍玩，他真的不是一位常人！

　　乾隆在登基的时候，曾经"焚香默祷上天"说：皇祖康熙在位六十一年，他不敢上同于祖父，所以"若蒙眷佑，俾得在位六十年，即当传位嗣子"。这固然是他尊敬康熙的一种表示；但是在他二十五岁即皇位时，谁能又料到自己能活到八十五岁呢？可是他真的做了六十年皇帝了，当年"君无戏言"，所以在乾隆六十年九月初三日，他召集了王公群臣在圆明园勤政殿当众开启他在乾隆三十八年亲书的立储密旨，宣布皇位继承人是永琰。同时皇帝降旨为了大家敬避御名而改名不便，他把永琰名字上一字改为"颙"字，因为"永"字"世所习用，而体义亦不宜缺笔"。皇帝的名字如果是"不经用之字"，臣民们就不需要改避而增加不便了。乾隆又定明年为嗣皇帝嘉庆元年，追封嘉庆皇帝死去的生母为孝仪皇后，并命有关官员筹备年底归政。这天宣布了如此重大的决定之后，永琰第一个感到不能"欣然接受"，因为皇父身体仍健康，而且并不想真正的退休，所以他第二天就上奏说自己能力不足不能胜任，请父皇下令停办归政典礼。同时又有一些亲王、大臣与蒙古王公们也联合奏请乾隆这位大家长"久履天位"，不能退隐。乾隆为了即位时默祷的话，为了诚信，坚持要归政给嘉庆；但是在半推半就下，他安排了一个新的执政核心模式。他说：

> 归政后，凡遇军国大事及用人行政诸大端，岂能置之不问？
> 仍当敕几体健，躬亲指教，嗣皇帝朝夕敬聆训谕，可以知所禀
> 承，不致错失。……

就这样乾隆又当了三年的太上皇，嘉庆则是有名无实的国君。上朝时侍坐在乾隆身边，随着太上皇"喜则亦喜，笑则亦笑"。

太上皇为了处理军国大政，确实消耗了不少精力，特别是白莲教的大叛乱，竟在五个省份里制造了社会不安，政府虽派兵去平乱，但总不见功效。对于自诩成就了"十全武功"的太上皇来说，实在是一大讽刺，令他伤感到"惭愧人称太上皇"！

乾隆的身体还算不差，尽管到了望九之年，仍能上朝并处理政事，有时也写诗读书，每年例行避暑山庄之行也照常举行。只是记忆力差了，体力衰退了，这也是无可奈何之事。据说在归政的前一年，他从承德回北京，路上遇到冷空气，他马上命随从为他换上暖帽，大臣只好跟他一样，全体换戴暖帽。可是回到北京后不久，天气变热了，他又叫太监为他换上冷帽，结果全朝文武大臣又改戴冷帽。其实清朝的定制是阴历九月十五日为换戴暖帽的日子，乾隆当年已经记忆不佳了，才闹出这样的笑话。另外也有说他在当上太上皇之后，有时他已用过了早膳，但在不久后又传早膳，让太监们与御膳房里的厨师们都忙成一团。这大概是朝鲜使臣们到北京来朝贡时听到乾隆"昨日之事，今日辄忘；早间所行，晚或不省"传闻的原因吧。

嘉庆四年正月初二，太上皇在这天的早晨还写了一首《望捷》诗，希望快点消灭白莲教乱党，"执讯迅获丑，都同逆首来"。可是到了晚间他已经病得不轻了，第二天便离开了人世，结束了他几乎占有整个18世纪（康熙五十年至嘉庆四年，即公元1711～1799年）而且多姿多彩的人生。

乾隆是年老体衰后病死的，不像清朝入关后其他皇帝有逃禅出家、被人参汤毒死以及血滴子仇杀等等的传说，他是病终的，以《尚书·洪范》所谈的"五福"来看，"以考终命列于第五者，诚以其难得故也"。乾隆这一辈子从出生到继位，到老死，可以说是一位幸福好命的人；可是没有想到在他死后一百二十九年，即民国十七年（公元1928年）却发生一件不幸惊人的大劫难——他的坟墓被人盗掘了。

太上皇死后，嘉庆正式当政，立即向全国发丧并以最隆重的礼仪为他父亲治丧。四月里定好了乾隆的谥号为"纯皇帝"，庙号称"高宗"。九月十五日乾隆安葬于河北遵化圣水峪（初名胜水峪）的裕陵，依偎着他敬爱的祖父康熙，长眠地下了。

皇帝的坟墓叫"陵寝"！清朝皇帝与后妃们的陵寝分为三大区，一是在老家东北的"盛京三陵"：永陵、福陵与昭陵。永陵在兴京（今辽宁新宾县），墓群里葬的是清朝皇家老祖先们。福陵葬的是大清皇朝奠基人努尔哈齐以及他的父、祖还有一些直系祖先。昭陵则是建立大清皇朝的皇太极与他的后妃们的安息地。二是东陵，这座陵区在遵化一带，顺治的母亲、顺治帝后、康熙帝后、乾隆帝后以及日后的咸丰、同治两家人都葬在这里。三是西陵，西陵在河北省易县地方，雍正、嘉庆、道光、光绪等帝后都葬在此区。

乾隆为什么选择东陵而不在西陵入土呢？他说是因为若"子随父葬"，那么祖父与更远祖先的墓园必被"日远日疏，不足以展孝思而申爱慕"，所以他规定他的子孙应该在东西两大陵区间轮流择地安葬，如有需要也可以另外觅地建造。

乾隆决定把自己的骸骨埋在东陵地下是在即位后第七年定案的。又过一年即乾隆八年开始动工兴建，十七年地宫完成，前后花了十年的时间，后来还经多次增修，规模确是豪华堂皇的，据后人目睹后记述：

……这座由一条墓道、四道石门和三个主要堂券组成的一个

"主"字形的地下建筑，全部是无梁无柱的拱券建筑。地宫进深五十四米，落空面积三百七十二平方米，所有券顶和四周石壁，满布着佛教题材的雕刻。它不仅是一座不可多得的石雕艺术宝库，又是一座庄严肃穆的地下佛堂。

乾隆的墓为什么被称为地下佛堂，仅从地宫四道石门上刻有一米半高的菩萨立像就可以窥知梗概了。第一道石门西扇为大势至菩萨，手握降魔杵、法铃；东扇为文殊菩萨，手持宝剑经卷。其他石门上也另刻佛像。这些石门与墓中甬道一样，都是汉白玉的高贵材料，而乾隆金棺与随葬的财宝则更是价值无法估算了。有人说：

> ……寝宫为八角形，上覆圆顶，雕塑着九条金龙，闪闪发光，寝宫面积约与故宫的中和殿相等。乾隆的棺椁是用茵陈木制成的，安放在一个八角井的上边。墓中殉葬器物，除金银元宝和明器外，都是些罕见的珍宝。……乾隆的殉葬品都是一些字画、书剑和玉石、象牙、珊瑚雕刻的文玩及金质佛像等物，其中绢、纸品都已腐朽，不可辨认。

如此丰富的宝藏能不引起贪人的欲念吗？况且乾隆陵寝附近，日后又葬下了一位慈禧太后，她的殉葬珍宝更是贵重值钱，据宣统元年（公元1909年）人估计当在近百万两之谱。由于宝物的诱人，终于发生了盗陵的大不幸事件。

本来帝王的陵寝是有专人严密保护的，只要有人在陵园附近作出不好的事，都会以"十恶不赦"罪严办的。可是辛亥革命之后，清廷被逼让位了，在对清帝优待条款中原先也列有"大清皇帝辞位之后，其宗庙、陵寝永远奉祀，由中华民国酌设卫兵妥慎保护"的文字，但北洋军阀一直混战，没有善尽这项责任。加上逊清宣统皇帝的"护陵大臣"与北洋军阀串通一气，竟然公然包买山场，盗伐林木，把整个东陵区的千百株古树尽数砍光，使陵寝暴露无遗，方便出入，更引起歹人的邪念。

民国十七年（公元1928年）阳历7月5号，忽有一批军人来到陵区，告诉守陵的人说：将要在该区施放地雷，恐有危险，命令大家走避。同时也通告附近居民："本师试演迫击炮，在陵之周围一里以内，禁止通行。"当天下午炸药爆发，直到七月十二日夜间，盗军才离开，前后历时七天多。

这一轰动全国的东陵盗宝案，经过调查缉凶之后，得到如下的一些具体结论：

第一，在东陵区内不少帝后的陵寝都被掘开，而破坏最严重的是乾隆的裕陵与慈禧的普陀峪定东陵。盗军们也想盗取康熙墓中宝物的，但因刚一发掘就大量涌出黄水，"畅如瀑布"，工作无法进行而作罢。顺治墓则听传说他是出家为僧了，根本只是空棺一只，大家没有动手。

第二，盗军掘墓时先是"刀石交加，洞门屹不动。后由某献计，改用炸药"。事实上主持这次掘墓的军官早就准备了炸药来的，后来下令"教工兵营用地雷将西太后及乾隆皇帝二坟炸开"的。乾隆墓被掘的情形大致如下：盗军先从裕陵宝城向下深掘，因构造坚固无法挖通，后来改由琉璃照壁下炸开进入地宫入口，第一道刻有菩萨立像的石门是撞开的，第四道石门再用炸药才炸开，闯进了乾隆帝后与皇贵妃六座棺椁的所在地。兵士们先将棺木外殉葬的宝物搜罗一空，然后才设法开棺取得棺内的珍宝。由于帝后的棺木都是楠木做的，而且牢牢封住，不易开启，最后还是靠着电锯才锯破。据参与其事的一个盗军说："梓官破坏时，群向棺内掠取珠宝，致将尸骸扯出棺下，于争夺中，将骸骨分析，且有军官三人互相杀戕，死于地宫中，尸体仍遗其中。"还有一个报告说：

乾隆口内含有西藏黄珠一，此珠可令尸体不朽。谭（温江）等视尸，见外皮着骨，颜色如生，唯无肉与血。珠大不易出，敲碎门牙始得。取珠时，二兵按头，一兵执乾隆之辫以力碎之，辫离脑盖，狼藉不堪笔述。

乾隆的遗体确实被这批盗军损毁了，后来清室王公遗老着手调查时，在裕陵中发现的情形更为可怕，乾隆与他的六位后妃，只有一具尸体完整，可能是嘉庆皇帝的生母孝仪皇后，墓里到处散落肋骨、膝骨、趾骨、胸骨，最初只找到乾隆的胸骨与脊骨，后来在石门所压的朱棺内才发现乾隆的头颅骨，"下颏已碎为二，检验吏审而合之，上下齿其三十六"，棺木里还有乾隆的遗骸，"体干高伟，骨皆紫黑色，腿及脊犹粘有皮肉。大体虽具，腰肋不甚全，又缺左胫，其余手指、足趾诸零骸，竟无从觅"。

第三，策划并指挥这次掘墓案的是上文提到的谭温江师长、韩大保旅长等军官，实际上幕后主使人是孙殿英军长。孙殿英是河南人，以赌博起家，后来成为豫西的土匪头目。辛亥革命后，军阀各据一方，大家招兵买马，1925年，孙殿英投靠了山东军阀张宗昌，不久后便升任为直鲁联军十四军军长。第二年，国民革命军北伐，孙殿英奉命往豫北与国民党冯玉祥军作战，结果大败，退到天津，再转往蓟县。国民革命军北伐节节胜利，孙殿英后来又接受国民党征召，成了第三集团军第六军团第十二军的军长。1928年夏初，孙殿英部队因剿东陵马兰峪一带土匪马福田而进入了陵区，经当地土豪们的煽惑，乃令谭温江等策划盗陵。在乾隆与慈禧的坟墓被炸开之后，孙殿英曾到过现场，据说："在把宝物盗出的时候，孙殿英来到墓地满满装了五只大皮箱，由孙亲手加封、盖章，交给他的亲信人员带回蓟县司令部。"乾隆与慈禧墓里损失的财物究竟有多少，无法确知。由于这件盗墓案最后以不了了之收场，所以不少人相信国民党的首脑人物包括蒋介石、宋子文、孔祥熙、何应钦、戴笠等人在内都得到了孙殿英的馈赠才不办案了。另外也有人认为宣统皇帝溥仪后来去长春成立伪满洲国也与受了盗陵的刺激有关，"不如回三百年前老家，另图创业之计划"。也许这些说法有些泛政治化了；不过曾为中国开疆拓土、融合民族、成就文化高峰的不可多得君主"竟婴此奇惨"，我们也该叫一声"天胡不仁"呀!

结语
我评乾隆

　　清朝入关后的第四代君主姓爱新觉罗，名弘历，年号乾隆，庙号高宗，俗称乾隆皇帝。他生于康熙五十年（公元1711年），死于嘉庆四年（公元1799年），享寿八十九岁。从二十五岁登基到辞世，他一共当了六十年零三个月的皇帝与三年零三天的太上皇。他一生成就了很多功业，也有不少的缺失。由于时代的不同，观点的差异，乾隆在后人心目中有不一致的评价，我个人想试着从以下几方面来看乾隆：

　　第一，个人生平：乾隆是一位聪明好学的君主，从小就接受良好而有系统的儒家教育，精通四书五经、中国史籍，对佛教也有极深的研究。他又通晓满、汉、蒙、藏、回等族的语文，爱好更是多方面的。他兼具够格的诗人、书画家、鉴赏家、收藏家等身份；但他并不玩物丧志。他曾经说："人君之好恶，不可不慎，虽考古书画，为寄情雅致之为；较溺于声色货利为差胜。然与其志于此，孰若用志于勤政爱民乎？"可见他是把政务放在第一位的。他终身勤奋读书写作，不但学识渊博，而且著作等身。他的《御制文集》共收文赋等一千三百五十多篇，其中不乏佳作，而御制诗则有五集，四百三十四卷，收录诗篇四万一千八百多首。另有《御制诗余集》以及早年收在《乐善堂全集》里的诗作，总数近五万首，数量之多，历史上无人能匹比。他确实是一位"书生"皇帝。

乾隆的生活也相当有节制，平常早睡早起，几乎不见有彻夜宴乐之事。他从不酗酒，在他数万首诗中，绝少将"酒"字入诗。他虽然讲究吃喝，但是他始终以"食少病无侵"作为"养心养身良方"。他的后宫确有后妃等四十多人，但并不沉溺于女色，后人有说他是"风流天子"的，应该不是公正的评论。他对妻妾爱憎分明，嫡妻孝贤皇后富察氏是他的至爱，可惜红颜薄命，乾隆十三年早逝，可是皇帝一辈子对她不能忘情。继后那拉氏却是乾隆的怨偶，夫妻感情一直不好，后来因皇后犯忌剪发，而被皇帝打入冷宫，最后郁抑死亡了。晚年比较得宠的惇妃汪氏，又因恃宠骄横，杖责宫女致死，很令皇帝生气，可见乾隆一生的爱情生活并不美满。乾隆的妻妾一共为他生下十七男十女，皇长女、皇二女、皇五女、皇六女、皇八女都早殇，其他的也先后嫁人。皇子中到皇帝晚年也只有皇八子永璇、皇十一子永瑆、皇十五子永琰、皇十七子永璘还健在，而且其中还有不少"性情浮躁轻佻"或是"惟以声色自娱"的，更有喜欢出皇城寻花问柳的，颇使乾隆失望，也令他备觉孤寂。在自我忧伤、自我愤恚之余，自然会以自我陶醉、自我吹嘘来求得精神满足。会揣摩皇帝心理的佞臣如和珅的就很容易被宠幸了。乾隆的思想当然与他身为"天朝"帝王，接受儒家教育，皇祖康熙熏陶等等因素有关。即使以一个自然人而言，乾隆皇帝也该算是一个有学养、有个性、有才能、有作为的人了。

　　第二，治国理政：乾隆自即位之后，六十三年如一日"兢兢业业，无怠无荒"地工作。有人对他勤政的情形说："上每晨起，必以卯刻……日日如是。"在国家有大事发生时，他更加忙碌，"每军书旁午，应机指示。……或军报到以夜分，则预饬内监，虽寝必奏"。可见他是夙兴夜寐的辛劳求治。乾隆五十三年，他还说："朕无日不以勤政为念，今虽年近八旬，而惟日孜孜，罔或稍懈。"临死前所写的遗诏中也提到："万几躬揽，宵旰忘疲，引对臣僚，批答奏章，从无虚日。"他的说法是可信的。他为什么要如此的辛苦呢？他的答案是一为"永维创业之艰，益切守成之惧"，祖宗的基业不能不守好。二是大臣不可不严加管理，"盖以欺隐之习，不可不防其渐"。三是他无时无刻不"以爱养民生为念"。他的勤政是有多重目的的。

乾隆在他统治的半个多世纪中，确实遇到过不少困难事，不论是对内对外的战争或皇家贵族与外廷大臣的专权，他都是临危不惧、勇往直前地去应付，以无比的毅力与决心，终于实现了自己的愿望。像刚接位时就碰上古州的苗变，他坚持改土归流政策；平定准部回部之战，他独排众议去用兵；在其他的战役中也是他再接再厉、不畏失败而后成功的。更令人称赞的是他知错能改，有虚心反省的长处。例如第一次征金川时能及时收兵；缅甸受挫后不再远征；兆惠黑水营被围损兵折将后他说："向来之轻视逆回，乃朕之误。"窦光鼐提出实证时他收回成命等等，都显示了他能从大局出发，理性分析，不作鲁莽负气的个人情绪面子之争。又如他在用人的关键问题上也是一样，发现自己有错误时，他会作更正。阿桂、舒赫德等人的一再起用、和珅的始终不能侵夺皇权，都是例证。

乾隆一生很注重用人之道，在宠幸和珅之前，大体上说他对臣工是赏罚分明的。鄂尔泰、张廷玉等人的结党、讷亲的专横，还有很多文官武将虽是建立过功勋的，只要一旦犯错，特别是贪赃的大罪，都会受到严惩。同样地，有罪的官员，若是有功于国家，也能得到东山再起的机会，像岳锺琪的被重用、舒赫德的入祀贤良祠，都足以说明乾隆用人的基本态度。

从用人方面还可以看出乾隆在治国理政时的"乾纲独揽"事实。早年鄂尔泰与张廷玉朋党斗争时，皇帝说："用人之权，从不旁落。"尽管"满洲则思依附鄂尔泰，汉人则思依附张廷玉，不独微末之员，即侍郎、尚书中亦所不免。……试问数年中，因二臣之荐而用者为何人？因二臣之劾而退者为何人？……若如众人揣摩之见，则是二臣为大有权势之人，可以操用舍之权，则视朕为何如主乎？"即使到皇帝年逾古稀之后，仍借大学士于敏中生前事重申"本朝家法相承，纪纲整肃，太阿从不下移"，强调生杀予夺大权尽操皇帝一人之手。乾隆五十三年底，皇帝年近八十，他对降革人员的捐复等事，又声明他亲理朝政大权独揽的方针，他说官员准复与否，"权衡悉出自朕裁"，并且批评明末"人君耽于安逸，不亲朝政"，"遂至国事日非"。乾隆是一个集权专制的君主，用人理政，事事都是乾纲独揽，这种体制固然是传统中国历史的产物，而乾隆自己更强调其正当性，这是比较危险的，因为皇帝高度集权，在客观上把一国全民的兴衰福祉完全交付给帝王意志的须臾闪念之中，相当可怕。乾隆皇帝事实上在很多大事中，特别是耗金钱伤人命的大战争中，他都犯了须臾独断的毛病，以致造成缺失，这也是乾隆治国理政方面值得评论的事。

第三，事功成就：乾隆皇帝一生的事功成就很大很多，不能——尽举，扼要言之，在政治上，他与各族人分享政权，但以满族为主，而皇权不能侵犯。中央由满蒙汉各族官员组织成的政府执行政令的推行，皇帝却高踞在上，牢牢地控制大权，正如他说的："朕为天下主，一切庆赏刑威，皆自朕出。即臣工有所建白，采而用之，仍在于朕。"他又预先严订章程，防止母后、外戚、宦官、藩镇这些历史遗留下的弊病扰乱国家。几十年如一日地严厉打击贪污不法官僚，晚年虽因种种原因不能扭转腐败风气，但他对疆吏皇亲的斩首不贷，确在政坛上产生了震慑作用。就大体言，乾隆朝的宫内与外廷是静止的，没有能推翻政权的大祸事发生过。皇帝对边疆的统治政策也是成功的。在蒙古地区加强盟旗制度；新疆设将军、都统、大臣来管理；西藏则设驻藏大臣并定好达赖喇嘛与班禅的继承制度。而在宗教信仰方面，乾隆则竭力尊崇喇嘛教，正像在内地行省尊孔崇儒一样，在意识形态上，可以说他采取了尊崇各民族的信仰政策，这对多民族国家的族群融合是有极大裨益的。

在军事上，乾隆以大规模的战争，完成了国家统一与维护领土主权的大任务。如果大小金川、准噶尔、回部以及台湾林爽文诸役，都听任事态发展，清朝边区一定四分五裂，统一大局势必不存。缅甸、安南、廓尔喀的侵扰如果不去镇压，英法的势力必然向中国延伸，封贡关系也无从建立，乾隆朝的战争何止"十全武功"，湘黔苗民、甘肃回民、台湾黄教、山东王伦等等，动乱几乎与乾隆朝相始终，这些战事的起因、规模、战果、意义虽各有不同，但为帝国安定的原因而发动的应属无疑。至于十场大战，也有其发生原因与战果，如乾隆在兴兵征伐准噶尔时说："余自幼读书，即钦天地爱物之心，深知穷兵黩武之戒，是以继位之初，即谨遵皇考之训，许准噶尔之求和，罢兵宁人，将二十年矣。"可是准噶尔还是不停地扰边，而且又有俄国暗中助虐，所以为了保护国家和民族的利益，作了用兵的正确决定。乱事平定后，强化了中央对边区的管辖，大大增加了边疆民族的向心力、凝聚力，统一了蒙藏等处的西北边疆，无异是在中国疆土拓大上做出了大贡献。

在经济上，乾隆劝农、垦荒，使全国农业生产增加，耕地面积扩大。纺织业、制瓷、造纸、采铜、冶铁、制盐等手工业也兴旺了起来，在质与量方面都大为进步。由于这些成就，人民生活较前安定，人口也繁殖剧增。商业人口与城镇的增长，使得对外贸易随之发展，国家财政得到改进，国库盈余到达前所未有的新纪录。尽管乾隆效法皇祖康熙大力赈灾、蠲免赋税，共免天下漕粮三次、地丁钱粮四次，还有其他的巡幸之蠲免等等，加上多次用兵，耗费实在惊人，但是到乾隆四十七年，皇帝还说："朕当即位之初，部库之贮银不及三千万两，今已增至七千八百万两，尚何不足用之有？"他真为当时的清朝创造了经济的奇迹！

在文化上，乾隆时期，随着经济的高度繁荣，皇帝的大力提倡，文化方面也呈现一片欣欣向荣的景象。皇帝自己先以身作则，强调"书生"的重要。他以诗文为政治手段，运用到政治统治上去。除了以诗文选拔人才外，他用诗文来阐述政治主张与统治思想；用诗文来奖慰官员，沟通君臣关系。他又下令编撰各种经说、官书、方略、续三通、十三经刻石、翻译藏经等等，并编纂历史上最大的丛书《四库全书》，对整理、保存与发扬中华文化有大贡献、有深远影响。当时民间学术文艺也极兴盛，学者辈出，著作繁多，各种学科纷纷自立门户，而且都有突出的研究成果。从事高深学术探求的有吴派、皖派、扬州学派；诗歌方面有格调派、性灵派、肌理派；散文方面有桐城派、阳湖派等，如奇花异葩，竞放于学坛文苑。

不过，乾隆努力发展文化，大力纂修图书，仍是有巩固政权目的的，因此他借着修书而毁书，毁去那些反满反清对他政府不利的文字。他也大兴文字之狱，禁锢人民思想，都是应予批判的。

乾隆朝的事功成就是可观的，政治、军事、经济与文化上的发展都到了鼎盛阶段的高峰水平。先贤有言："物极必反"，清朝也恰在乾隆时代由盛而衰，步入衰世、末世之途了。

第四，历史功罪：要评论一个伟大人物的功罪是很难的，因为伟人不是完人，他们往往是有长处也有短处，有功也有罪的，乾隆也是如此。我们就从以下几点来略作说明。

乾隆在位期间，确实关怀民瘼，重视民生。他常说："人君祈天永命，莫先于爱民、得民心，则为贤而与之，失民心，则为否而夺之，可不慎乎？"他不知多少次降谕地方官员，要他们体会皇帝的"惠爱元黎之心，时时以保赤为念"。可是在他统治的中期以后，对民变人士的镇压，疯狂地下令要杀到"除恶务尽"。正像他一面对待西洋传教士以礼遇，一面又大事屠杀在华传福音的圣徒。他对自己的妻儿也是一样，对富察氏情深意笃，对那拉氏则无情寡恩。对嫡子永琏、永琮爱如至宝，对庶出的永璋等则冷漠厌恶。他一生表现的既仁慈又残暴的行事很多，他真是一个具有矛盾个性的君主。

乾隆朝的文治是皇帝自己很得意的，也有不少后世人称赞他在提倡学术、修纂群书方面的贡献；但是他又下令毁掉了很多古籍，被人指骂为秦始皇第二。同时他又大兴文字之狱，望文生义、捕风捉影地滥杀无辜，他算得上是文化浩劫的大罪犯。他在这些政策上的表现，真是既有光辉面又有黑暗面，毁誉是都有的。

他巡幸天下，又大造离宫，实在是扰民伤财的事，颇为后世诟病；可是巡幸各地使他了解民间疾苦，又达到视察河务、监督海塘、考察吏治、笼络士人等等的政治经济目的。营建避暑山庄则有联络蒙藏等边胞的政治宗教作用，对统一国家、开拓疆土大有助益。至于圆明园西洋楼兴建以及京城郊区的"三山五园"增饰，应该纯为自己享受的，可见他在这桩事情上表现的则是既理智又荒唐。

乾隆朝的贪案很多，皇帝也不断地肃贪惩贪，毫不留情斩杀贪官，连皇亲国戚也不顾，实在难得；但是他借机也收敛了大量的贪官财产，甚至还发明"自行议罪银"来增加皇家收入，供一己花费，这与接受贿赂的贪官有何不同？这里又透现了他在办事上有正义面也有邪恶面。

"十全武功"是乾隆一生自豪的大事；但是军费耗费得可怕，总计约在一亿二千万两以上，而历次战争中，有的应该发动的，有的也不必非战争解决不可的。再说"十全"也不是十次都得到胜利成果，大军是真正班师回朝的。他确实有穷兵黩武、好大喜功之嫌。然而这十次大战役毕竟是开疆拓土、国家统一的保障，否则幅员广大的多民族国家根本无法建立！

乾隆最值得非议的有两件事，一是恋位贪权。他到八十五高龄离他生命终点不远时，体力已经衰退，精神状况也不佳，而禅位后仍要决断国家的一切军国大政。其实他早就在思想与行为上有了可怕的变化，如年轻时的自信变成自满、自诩；坚毅果断变成顽强顽固；晚年他几乎是个心理失常、行为怪异的人了；然而他仍要主持国家大政，因此和珅等佞臣才得入侍被宠幸，结果墨吏变得更多，形成"政以贿成"的污浊官场。皇帝在意志昏聩下决策，理政当然不能勤劳，用人当然不会明察，办事更难正确决断，清朝就这样走向了下坡路。另一件事是乾隆的昧于世界事务，加强闭关锁国政策，是他光辉一生的污点。他从廓尔喀战争已经知道西洋武器的精良厉害，马戛尔尼又带来很多西方尖端科学产品，他却无心学习，认为是"雕虫小技"，甚至还相信"西学中源"，不值得学习与提倡。殊不知18世纪世界在奔腾前进，一日千里，而乾隆却昏昏然地陶醉"天朝"独大的美梦之中，失去了及时了解世界、跟上世界的机会。

总的来说，乾隆对带领清朝走向衰微，对18世纪中国历史的相对落后，应该负有责任。但是他毕竟是18世纪的中国人，是天朝的大皇帝，是深受儒学影响的学者政治家，一定要他超越时代，突破传统，是不是对他也苛求了一些呢？况且他统一了国家，奠定了版图，在政经文化等方面又有功勋与业绩，他作出的成绩比前辈帝王多出很多，瑕不掩瑜，他是功大于过的，他算得上是一位杰出的伟大君主，他在中国历史上应该占有重要的地位。

图书在版编目(CIP)数据

乾隆写真/陈捷先著. —北京:商务印书馆,2010.12
ISBN 978-7-100-07576-3

I.①乾⋯　II.①陈⋯　III.①乾隆帝(1711~1799)
—传记　IV.①K827＝49

中国版本图书馆 CIP 数据核字(2010)第 244251 号

乾　隆　写　真

陈捷先　著

商 务 印 书 馆 出 版
(北京王府井大街 36 号　邮政编码 100710)
商 务 印 书 馆 发 行
北 京 京 海 印 刷 厂 印 刷
ISBN 9 7 8 - 7 - 1 0 0 - 0 7 5 7 6 - 3

2011 年 4 月第 1 版　　　　开本 680×960　1/16
2011 年 5 月北京第 2 次印刷　印张 22.25　插页 8

定价:36.80 元